本书编写组

组　长
刘军川

副组长
仇开明　　马晓光　　彭庆恩

成　员
（以姓氏笔画为序）

王明鉴　　龙　虎　　刘　红

杨立宪　　杨亲华　　李　立

李　理　　郑　剑　　鞠海涛

中国共产党与祖国统一

本书编写组

人民出版社　九州出版社 JIUZHOUPRESS

图书在版编目（CIP）数据

中国共产党与祖国统一 / 《中国共产党与祖国统一》
编写组编著. -- 北京：九州出版社，2022.9（2022.11重印）
ISBN 978-7-5225-1119-1

Ⅰ．①中… Ⅱ．①中… Ⅲ．①中国共产党－党的领导
－研究②台湾问题－研究③国家统一－研究－中国 Ⅳ.
①D25②D618

中国版本图书馆CIP数据核字(2022)第152224号

中国共产党与祖国统一

作　　者	《中国共产党与祖国统一》编写组　编著
出 版 人	张黎宏
责任编辑	邓金艳　习欣　郝军启　肖润楷
封面设计	锋尚设计
出版发行	人民出版社　九州出版社
地　　址	北京市西城区阜外大街甲 35 号（100037）
发行电话	(010)68992190/3/5/6
网　　址	www.jiuzhoupress.com
印　　刷	鑫艺佳利（天津）印刷有限公司
开　　本	710 毫米 ×1000 毫米　16 开
印　　张	22.75
字　　数	233 千字
版　　次	2022 年 9 月第 1 版
印　　次	2022 年 11 月第 3 次印刷
书　　号	ISBN 978-7-5225-1119-1
定　　价	98.00 元

引　言

　　中国共产党一经诞生，就把为中国人民谋幸福、为中华民族谋复兴确立为自己的初心使命，团结带领中国人民进行了艰苦卓绝的斗争，经过一百年来的奋斗、牺牲和创造，中华民族迎来了从站起来、富起来到强起来的伟大飞跃，实现中华民族伟大复兴进入了不可逆转的历史进程。在谋求民族独立、人民解放和国家富强、人民幸福的斗争中，我们党始终关注台湾前途命运，始终心系台湾同胞利益福祉。

　　早在成立之初，中国共产党就积极培育台湾革命力量，指导帮助台湾同胞开展反抗日本殖民统治的斗争。土地革命战争时期，我们党直接指导台湾共产党在上海成立，支持其党员深入台湾社会，开展反日革命斗争。抗日战争时期，毛泽东同志代表中国共产党人明确提出收复台湾的政策主张。在我们党指导帮助下，台湾同胞组建台湾义勇队等抗日武装力量，有组织地参加全民族抗战。包括两岸同胞在内的中华儿女同仇敌忾、浴血奋战，取得了抗日战争和台湾光复的伟大胜利。其后不久，由于中国内战延续和外部势力干涉，海峡两岸陷入长期政治对立的特殊状态。

　　1949 年新中国成立以来，我们党始终把解决台湾问题、实现祖国完全统一作为矢志不渝的历史任务，推动台海形势从紧张对峙走向缓和改善，进而走上和平发展道路，两岸关系不断取得突破性进展。

以毛泽东同志为主要代表的中国共产党人，提出了和平解决台湾问题的重要思想、基本原则和政策主张，粉碎了台湾当局"反攻大陆"的图谋，挫败了美国制造"两个中国""一中一台"的阴谋，促成了国际社会承认一个中国原则的局面，为解决台湾问题、实现和平统一奠定了必要基础。

党的十一届三中全会以后，以邓小平同志为主要代表的中国共产党人，在争取和平解决台湾问题思想的基础上，从国家和民族的根本利益出发，确立了争取祖国和平统一的大政方针，创造性地提出了"一个国家，两种制度"的科学构想，首先运用于解决香港、澳门问题，推动打破两岸同胞长达38年的隔绝状态，开启两岸民间交流合作的大门，使两岸关系进入新的历史阶段。

党的十三届四中全会以后，以江泽民同志为主要代表的中国共产党人，提出发展两岸关系、推进祖国和平统一进程的八项主张，推动两岸双方通过协商达成体现一个中国原则的"九二共识"，开启两岸协商谈判，实现汪辜会谈，坚持"文攻武备"总方略，坚决开展反对李登辉分裂祖国活动的斗争，沉重打击了"台独"分裂势力的嚣张气焰。

党的十六大以后，以胡锦涛同志为主要代表的中国共产党人，提出两岸关系和平发展重要思想，推进两岸政党党际交流，举行国共两党领导人历史性会谈，制定《反分裂国家法》，坚决开展反对陈水扁"法理台独"活动的斗争，推动两岸制度化协商谈判取得丰硕成果，实现两岸全面、直接、双向"三通"，逐步形成两岸各界大交流大合作格局，开辟了两岸关系和平发展新局面，促进两岸关系总体面貌发生深刻变化。

党的十八大以来，以习近平同志为主要代表的中国共产党人，把握两岸关系时代变化，丰富和发展国家统一理论和对台方针政策，推动两岸关系朝着正确方向发展，推动实现1949年以来两岸领导人首次会晤、两岸领导人直接对话沟通，秉持"两岸一家亲"理念，推动两岸关系和平发展，出台一系列惠及广大台胞的政策，加强两岸经济文化交流合作，坚决反对"台独"分裂行径，坚决反对外部势力干涉，牢牢把握两岸关系主导权和主动权。

习近平总书记就对台工作提出一系列重要理念、重大政策主张，形成关于对台工作的重要论述，明确新时代党解决台湾问题的总体方略。2019年，习近平总书记在《告台湾同胞书》发表40周年纪念会上发表重要讲话，全面阐述了立足新时代、在实现中华民族伟大复兴征程中推进祖国和平统一的重大政策主张。这是习近平总书记关于对台工作重要论述的新篇章，是新时代对台工作的根本遵循和行动指南。2021年，习近平总书记在庆祝中国共产党成立100周年大会、纪念辛亥革命110周年大会上发表重要讲话，深刻揭示祖国必然统一的历史大势，郑重重申解决台湾问题、实现祖国完全统一的目标任务和大政方针，严正警告一切企图阻碍祖国统一的"台独"分裂行径和外部势力干涉图谋，广泛汇聚起推进祖国完全统一和民族伟大复兴的磅礴力量。

中国共产党与祖国统一

鉴往知来，学史力行。中国共产党为解决台湾问题、实现祖国完全统一而不懈奋斗的历程，给我们提供了多方面的重要启示。

——必须坚持中国共产党的领导。中国共产党百年来坚定走在时代前列，不仅是民族独立、国家解放的领路人，也是民族复兴、国家统一的坚强领导核心。新民主主义革命时期，我们党始终关注台湾的解放事业，大力支持台湾人民的正义斗争。社会主义革命和建设时期，我们党挫败了"两个中国""一中一台"的图谋，避免了国家分裂的历史悲剧重演。改革开放以来，我们党推动两岸打破隔绝状态，开辟了两岸关系和平发展道路。中国特色社会主义进入新时代，以习近平同志为核心的党中央，牢牢把握对台工作的历史方位和时代使命，持续强化反"独"促统大势，引领两岸关系取得历史性成就。

——必须坚持用马克思主义理论指导推进对台工作。在解决台湾问题、推进祖国统一的进程中，我们党坚持马克思主义基本原理，坚持实事求是、与时俱进，先后提出了解放台湾、和平解决台湾问题的政策主张和"一国两制"科学构想，确立了"和平统一、一国两制"基本方针，进而形成了坚持"一国两制"和推进祖国统一基本方略，引领两岸关系朝着统一方向不断迈进。党的十八大以来，习近平总书记站在党和国家事业发展全局和中华民族伟大复兴的战略高度，敏锐洞察国内外形势和台海形势新变化，形成新时代党解决台湾问题的总体方略，这是中国共产党人在解决台湾问题、推进祖国统一实践中形成的最新理论结晶，为做好新时代对台工作指明了方向。

　　——必须坚持为包括台湾同胞在内的全体中国人民谋幸福。台湾同胞是我们的骨肉天亲，我们推进两岸关系发展和祖国统一，目的是要增进同胞的亲情和福祉，实现两岸同胞对美好生活的向往，我们的对台方针政策始终致力于实现好、维护好、发展好台湾同胞利益福祉。从支持台湾同胞反抗日本政治奴役和经济掠夺，反对国民党专制统治，到寄希望于台湾人民，尊重台湾人民当家作主愿望，尊重台湾社会制度和生活方式，再到秉持"两岸一家亲"理念，率先同台湾同胞分享大陆发展机遇，完善保障台湾同胞福祉和在大陆享受同等待遇的制度和政策，我们党一如既往尊重台湾同胞、关爱台湾同胞、团结台湾同胞、依靠台湾同胞，全心全意为台湾同胞办实事、做好事、解难事，不断促进两岸同胞心灵契合，夯实和平统一基础。

　　——必须坚持敢于斗争、善于斗争。我们党不畏强暴、不惧挑战，始终坚决同一切损害国家、民族和人民利益的行径作斗争并赢得最终胜利。新民主主义革命时期，中国共产党团结领导中国人民众志成城、浴血奋战，赢得抗战胜利，实现台湾回归。台湾问题产生以来，我们坚决挫败"两个中国""一中一台"的图谋，有效遏制"法理台独""渐进台独"，沉重打击"台独"分裂势力与外部干涉势力勾连的嚣张气焰，在与一切企图阻碍祖国统一势力较量中积累了丰富经验和充足手段，充分展示了捍卫国家主权和领土完整的坚强决心、坚定意志、强大能力。

　　当前和今后一个时期，台海形势依然复杂严峻，对台工作面临的机遇和挑战都有新的变化。我们要以习近平新时代中国特色社会主义思想为指引，全面、深入贯彻新时代党解决台湾问题的总体方略和党中央对台工作决策部署，增强"四个意识"、坚定"四个自信"、做到"两个维护"，以史为鉴、开创未来，坚定推动两岸关系和平发展、融合发展，坚定推进祖国统一进程。

——我们要加强党对对台工作的集中统一领导，坚决贯彻落实党中央对台工作大政方针。充分把握"国之大者"的关键所在，提高政治判断力、政治领悟力、政治执行力，推动对台工作高质量发展。对标学史明理、学史增信、学史崇德、学史力行总要求，努力做到学党史、悟思想、办实事、开新局，切实把学习成效转化为推进祖国统一进程的实干担当。

——我们要扎实推进祖国统一进程。解决台湾问题的时与势始终在主张国家统一的力量这一边，两岸关系的主导权主动权始终在祖国大陆这一边。我们已实现了第一个百年奋斗目标，随着第二个百年奋斗目标的逐步推进，我们解决台湾问题的基础更坚实、条件更充分、能力更强大，祖国完全统一的历史任务一定要实现，也一定能实现。

——我们要坚持"和平统一、一国两制"基本方针，推动两岸关系和平发展、融合发展。我们愿意以最大诚意、尽最大努力争取和平统一的前景，因为以和平方式实现统一，对两岸同胞和全民族最有利。我们将继续团结台湾同胞，积极探索"两制"台湾方案，丰富和平统一实践。我们将坚持走两岸关系和平发展道路，持续深化两岸融合发展，稳步迈向祖国和平统一。

——我们要巩固两岸关系政治基础，追求和平统一光明前景。

我们倡议在坚持"九二共识"、反对"台独"的共同政治基础上，两岸各政党、各界别推举代表性人士，共同深入探讨两岸关系和民族未来。两岸同胞要旗帜鲜明坚持一个中国原则和"九二共识"，以对话取代对抗、以合作取代争斗、以共赢取代零和，共同维护台海和平稳定，共同维护中华民族根本利益。

——我们要增强底线思维，坚决遏制"台独"分裂行径和外部势力干涉。我们保留采取一切必要措施的选项，绝不为各种形式的"台独"分裂活动留下任何空间，绝不容许任何外来势力干涉中国内政，坚定维护国家主权和领土完整，坚定维护国家主权、安全和发展利益。我们希望更多台湾同胞认清"台独"本质与危害，为了民族大义、台湾前途和自身利益福祉，挺身而出，共同铲除"台独"祸根，携手挫败"台独"行径。

千秋民族伟业，百年恰是序章。在隆重庆祝中国共产党成立100周年之际，中共中央台湾工作办公室组织编写这本《中国共产党与祖国统一》，充分展示中国共产党为解决台湾问题、实现祖国统一不懈奋斗的光辉历程、重大成就和宝贵经验，展现我们党在新民主主义革命时期、社会主义革命和建设时期、改革开放和社会主义现代化建设新时期、中国特色社会主义新时代追求祖国统一发挥的核心引领作用，彰显我们党全心全意为两岸同胞谋福祉的真挚情怀，昭示祖国必须统一也必然统一的历史规律和光明前景。2021年以来，中共中央台湾工作办公室积极开展党史学习教育，深入学习领会党的创新理论和习近平总书记关于党史的重要论述，把组织编写本书作为党史学习教育的重要任务和成果，注重从党的百年伟大奋斗历程中汲取继续前进的智慧和力量。希望通过本书，帮助广大干部群众系统深入了解台湾问题和两岸关系发展历程，全面准确理解和贯彻执行党中央对台方针政策，奋发有为做好新时代对台工作，为推动两岸关系和平发展、融合发展和实现祖国完全统一贡献力量。

刘结一

2022 年 1 月

目　录

第一章　推动台湾回归祖国　筹备解放台湾斗争

　　台湾自古就是中国领土。台湾与祖国命运紧密相连，两岸同胞荣辱与共。1840 年以后，积贫积弱的中国屡遭帝国主义列强的侵略，祖国的宝岛台湾与大陆同遭帝国主义铁蹄的践踏。1895 年 4 月，日本帝国主义以侵略战争手段，逼迫腐败的清政府签订丧权辱国的《马关条约》，强行攫取台湾及澎湖列岛，使台湾同胞在日本殖民统治下悲惨地生活了半个世纪之久。从日寇侵占台湾那一天起，台湾同胞反抗日本殖民统治的斗争就一直没有间断过，展现出中华儿女可贵的民族气节。1921 年 7 月，中国共产党成立，这是开天辟地的大事变，反映了中华民族在追求伟大复兴道路上的必然要求，也是包括台湾同胞在内的全体中国人民在救亡图存斗争中顽强求索的必然结果。中国共产党从成立之日起，就始终高举爱国主义伟大旗帜，为实现民族解放、国家统一的历史使命，进行了可歌可泣的不懈奋斗，有力地推动了台湾光复运动，极大地激励着解放台湾的斗争。

一、高度关注台湾前途命运，指导组建台湾共产党

团结培养大批台湾进步青年

中国共产党与台湾有着长久的历史联系。建党之初，党就对台湾进步青年予以极大的关注和支持。

1921年中国共产党成立时，台湾已被日本殖民统治长达26年。日本在台湾实行残酷的政治高压管制和经济压榨掠夺，奴役台湾同胞，并强制推行殖民文化政策和"皇民化"教育，企图泯灭台湾人民的中华民族意识。日本殖民统治者对台湾同胞犯下罄竹难书的罪行。但具有光荣爱国主义传统、不甘做亡国奴的台湾同胞没有屈服，怀着"与其生为降虏，不如死为义民"的爱国激情，不畏强暴，奋起反抗，展开了不屈不挠的抗日斗争。

20世纪20年代，受十月革命、五四运动和国共合作的影响，许多台湾仁人志士，尤其是进步知识分子和青年学生，返回祖国大陆，或参加反帝爱国运动，投身大革命洪流之中，或同大陆同胞一起成立以光复台湾为目标的各种抗日组织、团体，以大陆为基地，开展推动实现台湾回归祖国的斗争。这些台湾进步青年经过五四运动，特别是马克思主义在中国传播运动的洗礼，开始认识到"若要救台湾，非先从救祖国着手不可！欲致力于台湾革命运动，非先致力于中国革命成功。待中国强大时候，台湾才有回复之时；待中国有势力时候，台湾人才能脱离日本强盗的束缚"。

争取台湾摆脱殖民统治回归祖国大家庭、实现包括台湾同胞在内的民族解放，也始终是中国共产党人不懈追求的目标。新生的

中国共产党经过二大、三大，明确提出反帝反封建革命纲领，采取积极步骤推动国共合作，结成最广泛反帝反封建革命统一战线，并在大革命的洪流中感受到台湾青年及其革命团体的斗争热情，开始关注、支持、引导台湾同胞反抗日本殖民统治的正义事业。

第一次国共合作的一个重要产物就是创办黄埔军校和上海大学。

黄埔军校

黄埔军校是孙中山先生在中国共产党人积极支持下，由国民党一大决定创办的一所造就中国革命武装力量的近代化陆军军官学校，是国共两党为联合开展反帝反封建革命斗争而实行第一次国共合作的重要成果。中国共产党从大陆各地选派大批党员、团员和革命青年到黄埔军校学习的同时，也开始注意吸收台湾进步青年到黄埔军校学习，其中不少台湾学员经过党的培养，成为坚定的革命者。如黄埔三期学生林文腾，台湾彰化人，在黄埔军校读书期间加入中国共产党，1927 年四一二反革命政变后到武汉继续从事党的革命活动，参加了抗战。黄埔四期学生张克敏，台湾台中人，在黄埔军校读书期间加入中国共产党，大革命失败后从事地下活动，抗战期间担任台湾义勇队副总队长。黄埔六期学生杨春锦，台湾桃园人，与兄长杨春松（中共党员，台湾农民运动领导人）一起来到大陆，1927 年参加广州起义，1928 年牺牲。黄埔六期学生陈辰同，台湾台北人，曾任中共漳州县委书记，1928 年牺牲。黄埔六期学生林树勋，台湾新竹人，在惠安地区从事党的地下工作。

上海大学也是由国共两党合办的，孙中山先生担任名誉校董，于右任为校长，邵力子为副校长，章太炎、蔡元培等人为学校董事。中国共产党非常重视上海大学的教学，曾派出党的早期领导人邓中夏担任校务长，瞿秋白担任教务长兼社会学系主任，以翻译《共产党宣言》闻名的陈望道为中国文学系主任。陈独秀、李大钊、蔡和森、任弼时、彭湃、张太雷、萧楚女、恽代英等中共早期领导人都曾在上海大学任教。瞿秋白等人主讲的课程所阐述的革命理论，切入中国社会实际，启发、教育了一代进步青年。上海大学自1922 年 10 月创办至 1927 年 5 月被国民党查封，在不到五年的办学时间里，为中国革命培养了大批人才，成为革命人才的摇篮。许多台湾青年正是在这里接受了马列主义而走上革命道路。

据记载，1923 年至 1924 年，台湾青年许乃昌是上海大学社会学系的大学生。1923 年 9 月，许乃昌加入中国共产主义青年团，11 月加入中国共产党，他在上海大学结识了陈独秀，经陈独秀推荐，于 1924 年 8 月前往莫斯科学习。1925 年初，为了追求真理，翁泽生到上海大学社会学系读书，较系统地学习了社会哲学概论、唯物史观、现代民族问题讲案等十几门马克思主义理论课程，还阅读了《共产党宣言》《向导》等书刊，在思想认识上得到很大的提高，从理论上弄清了许多问题，从而确立了共产主义世界观。翁泽生在上海大学读书时，斗争很坚

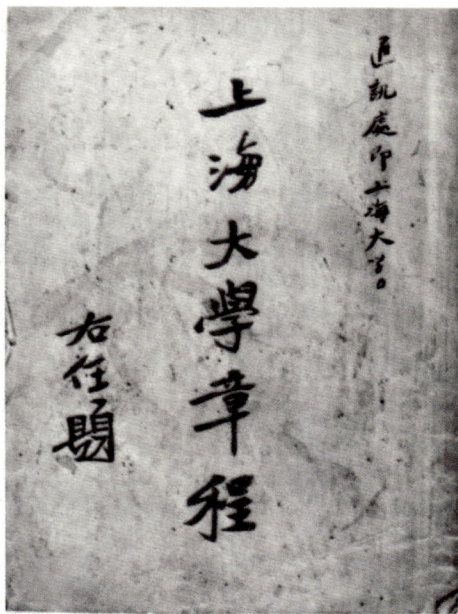

上海大学章程

决，又善于团结和帮助同志，瞿秋白很赏识他。就在这一年，他加入了中国共产党。1926 年秋，叶绿云（即谢玉叶，翁泽生的夫人）经翁泽生介绍，在上海大学也加入了中国共产党，并改名为谢志坚。出身贫苦家庭的谢雪红，冲破重重阻力投奔祖国大陆，参加革命，也在中共党员引导下进入上海大学。后来，谢雪红回忆说："黄中美（时为中共党员）又来找我，告诉我党让我进上海大学。我吃了一惊，对他说，我没有半点文化，怎能进大学？""他对我说'党正是要培养像你这样穷苦人出身、文化很低的党员'。我同意了就去考试，投考上海大学。当初，我的志愿只是想考社会科的旁听生，但报纸上发表录取名单时，竟然'谢飞英'（谢雪红的别名）三个大字堂堂上榜了，我自己心里有数，这完全是我

党去做了工作的缘故。于是，我正式进入上海大学社会科学习了。"1924 年至 1926 年，上海大学培养了谢雪红、许乃昌、翁泽生、林木顺、潘钦信、洪朝宗、陈其昌、林日高、庄泗川、李晓芳（李晓峰）、林仲枫等 20 多名台湾青年。他们在上海大学一边学习革命理论，一边参加党组织和学校组织的各种革命活动，其中不少人经受了轰轰烈烈的大革命的洗礼，并加入了中国共产党。

指导组建台湾共产党

20 世纪 20 年代，为加强反对帝国主义斗争和推进无产阶级革命，共产国际在深入总结被压迫民族解放运动与实现无产阶级专政关系的基础上，制定了共产党在民族民主革命中的纲领和策略。1927 年 7 月，共产国际执委会专门讨论了日本殖民地台湾的革命问题，向日本共产党发出帮助建立台湾共产党的指示。但这一时期，日本共产党由于要全力投入日本国内选举，紧急决定请中国共产党负责指导筹备台湾共产党的创建工作。日共中央的意见，得到了中共中央的同意。

此时，台湾岛内工人农民奋起反抗日本殖民者的政治压迫和经济剥削，反抗组织如雨后春笋般兴起。工农运动的蓬勃发展迫切需要代表其利益的先进政党和理论指导。为此，中国共产党义不容辞地承担起筹建台湾共产党的历史责任，对台湾共产党的创建给予大量无私帮助和指导。

一是派台湾籍中共党员筹建台湾共产党，充实其组织，壮大其骨干。谢雪红、林木顺、翁泽生均为台湾籍中共党员。经中共中央批准同意，他们负责台湾共产党的筹备工作。此外，在台湾的蔡孝乾、洪朝宗、林日高、庄春火、李晓芳、庄泗川，在厦门的潘钦信，在广州的王万得等台湾籍中共党员也被联络来上海，参加台湾共产党的筹建工作。从台共创建的情况看，当选的台共中央委员和候补委员均为中共党员。台共一大代表7人中5人是中共党员。当时确定为台共的第一批党员共18人，其中中共党员有11人。

二是积极指导台湾共产党成立大会。1928年4月13日，台湾共产党召开成立大会预备会，中共代表彭荣（中共中央领导同志在国民党白色恐怖时期使用的化名）出席会议。在中共代表的指导下，会议确定了台共一大召开的时间、地点、议程、会议代表等有关事项，并宣读、通过了政治纲领、组织纲领及各项运动方针等提案。

4月15日，台共一大在上海法租界召开，与会台共代表为林木顺、谢雪红、翁泽生、陈来旺、林日高、潘钦信、张茂良等7人，代表上海、厦门、台北、新竹、台中、台南、高雄、东京等地的18名台共党员。中共代表彭荣和作为来宾的朝鲜共产党代表吕运亨出席大会。彭

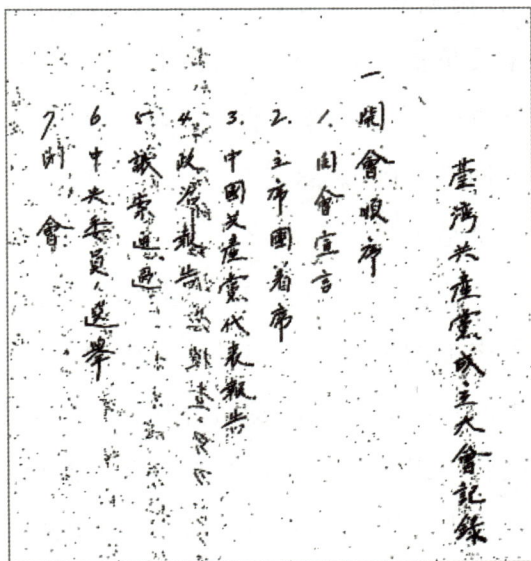

台湾共产党成立大会记录

荣在大会上作重要讲话。他回顾了中共建立以来的历史及经验教训，并就党的斗争策略及战术问题回答了与会台共党员的咨询。大会表示："承蒙中国共产党派遣代表参加，并得以接受中国共产党的援助与指导。"大会讨论并通过了台共政治纲领、组织纲领以及关于工运、农运、青运、妇运、救援会等问题方针的文件。政治纲领明确了台湾的社会性质、革命任务、策略等基本问题，认为台湾革命运动现阶段的性质不是社会主义革命，也不是全民革命，而是要集中一切革命的力量推翻日本帝国主义统治。一致通过了《致中国共产党中央的信》，"冀望中国共产党对于台湾革命，赐予最大的指导与援助"。囿于当时的历史环境，台共政治纲领提出"台湾民众独立万岁"等口号。二十世纪七八十年代以来，台湾"台独"势力竭力歪曲台共在当时历史条件下提出的旨在摆脱日本殖民统治的"台湾独立"主张，图谋为其分裂祖国寻找"历史依据"。曾任台共重要负责人的苏新等人指出，"当时的所谓'独立'，当然是指脱离日本帝国主义的统治"，"是使台湾先从日本殖民统治下独立出来，再回归中国"。这是与今天"台独"势力的分裂主张有本质区别的，完全是风马牛不相及。

台湾共产党的成立是台湾历史上，同时也是中华民族革命斗争史上的一个重要事件。在中国共产党的指导及其自身努力下，新生的台湾共产党，发动台共党员排除重重困难，深入台湾社会，发展壮大组织，领导台湾工人农民群众积极开展反日斗争，在台湾革命史上写下重要一笔，给日本殖民统治以相当打击。日本殖民当局不得不承认："（台共）将台湾农民组合、台湾文化协会完全变为其指导下的外围团体，而农民运动、小市民学生运动则依据党的方针准则，至昭和五、六年（1930—1931 年），甚至连赤色工会的组织或劳动争议方面亦有相当发展，在本岛左翼运动中留下了甚大的业绩。"

台湾共产党党员名册

二、鲜明提出收复台湾的主张，支持和推动台湾光复运动

1931 年九一八事变爆发。这是日本帝国主义长期推行对华侵略扩张政策的必然结果，也是为把中国变成其独占殖民地而采取的严重步骤。空前的民族危机唤起空前的民族觉醒。1931 年 9 月，中共中央发表《中国共产党为日本帝国主义强暴占领东三省事件宣言》，响亮提出："反对日本帝国主义强占东三省！"率先举起武装抗日的旗帜。九一八事变激起中国人民对日本帝国主义侵华行径的反抗，成为中国人民抗日战争的起点，也揭开了世界反法西斯战争的序幕。

提出台湾的命运与中国革命的命运息息相关的主张

九一八事变后，中日民族矛盾上升为主要矛盾，中国国内阶级关系发生重大变动，包括台湾同胞在内的中国人民抗日斗争迅猛发展。面对凶残的日本帝国主义灭亡中国、将中国殖民地化的威胁，为带领全国人民形成一致抗日的民族统一战线，1932年1月1日，中共中央发表《中国共产党对于时局的主张》，明确提出"全世界的无产阶级与一切被压迫民族是我们的同盟者"的政策主张。根据中共中央这一精神，中共苏区中央局成立了苏区反帝大同盟，特别安排台湾籍的党员干部参加并担任领导职务，鼓励他们现身说法，揭露殖民统治下日寇的残暴和民众的悲惨命运，将日本殖民统治下的台湾作为殖民地化后人民悲惨命运的参照物，以激励苏区人民同台湾同胞一道，共同反对日本帝国主义。1934年1月，毛泽东在中华苏维埃第二次全国代表大会上着意向苏区代表介绍来自台湾的革命者。他说，"高丽、台湾、安南的代表"的参与表明"共同的革命利益，使中国劳动民众与一切少数民族的劳动民众真诚地结合起来了"。

在苏区的台湾革命者也深信台湾的命运是与中国革命息息相关的。1932年6月23日，《红色中华》刊登了一封台湾来信，信中说，"中国革命和台湾革命是有密切的关系的，并且和一切资本主义国家的无产阶级以及一切殖民地民族革命都有绝大的关系的。中国革命的进展，就是打击了帝国主义在华的统治，也是打击了帝国主义在国内及在殖民地的统治力量"。在台湾革命者看来，祖国抗战的胜利才是台湾摆脱日本殖民统治的唯一机会。

1934 年，在中央苏区的台湾同志与韩国、越南同志接连发表联合声明，坚决响应中国共产党的抗日主张。1934 年 7 月 25 日，苏区韩国、台湾、安南代表在拥护反日五大纲领通电中呼吁："最近中国共产党中央提出了反日五大纲领，号召一切不愿做帝国主义奴隶的中国人一致起来反对日本及一切帝国主义，我们认为这一反日纲领是目前反对日本及一切帝国主义侵略的唯一的正确的主张，是挽救目前中国危亡的最具体的步骤和方法，我们表示完全的拥护，我们号召在中国苏区白区的韩国、台湾、安南人立即与中国民众一样的武装起来，站在民族革命战争的最前线去，夺取国民党一切武装，武装民众自己，参加一切革命斗争，推翻国民党统治，为独立、自由与完整的苏维埃中国而斗争到最后一滴血！" 1934 年 8 月 8 日，苏区韩国、台湾代表在为拥护红军北上抗日宣言中，表达了拥护中国共产党和苏维埃政权，期盼坚持抗日、并肩战斗的决心，表示"全中国全苏区民众们！我们曾做过日本帝国主义宰割下的奴隶，我们是亡国奴，我们被日本帝国主义剥得干干净净，我们在白区还要受国民党法西斯蒂的摧残与压迫，我们忍不住这种痛苦，坚决到苏区来了，我们在苏维埃政权下，和中国劳苦群众一样的享受一切的自由与权力，我们相信：苏维埃和红军一定能够战胜日本及一切帝国主义，能够解放全中国劳苦民众"，我们"将用民众的武装暴动来响应你们的神圣的抗日战争"。

建立包括台湾同胞在内的抗日民族统一战线

在中国共产党坚持和推动下，全国抗日救亡运动不断掀起新的高潮。一大批台湾同胞历经艰辛，从台湾辗转到祖国大陆参加抗战，并纷纷组织起各类抗日团体，如"台湾民族革命总同盟"、台湾青年革命党、台湾国民革命党、台湾光复团、台湾义勇队、台湾革命同盟会等，积极投入抗战，体现出与祖国同呼吸共命运的伟大爱国精神。

这一时期，围绕反抗日本侵略中国、战胜日本法西斯，挽救民族危亡命运这一时代主题，中国共产党突出强调建立包括台湾同胞在内的抗日民族统一战线。1935年8月1日，中共驻共产国际代表团草拟了《中国苏维埃政府、中国共产党中央为抗日救国告全体同胞书》（即"八一宣言"），不久公开发表。宣言主张停止内战，组织国防政府和抗日联军，对日作战；宣言还明确提出了联合一切反对帝国主义的民众作友军的策略思想。

同年12月17日至25日，中共中央政治局在陕北瓦窑堡召开扩大会议，通过《中共中央关于目前政治形势与党的任务决议》。12月27日，毛泽东在党的活动分子会议上作《论反对日本帝国主义的策略》的报告，对党的抗日民族统一战线的新政策作了进一步阐述，强调指出，"我们的任务，是在不但要团结一切可能的反日的基本力量，而且要团结一切可能的反日同盟者"，"不使一个爱国的中国人，不参加到反日的战线上去。这就是党的最广泛的民族统一战线策略的总路线"。

1938年9月至11月召开的中国共产党六届六中全会更进一

中国共产党六届六中全会主席团成员合影

步把"建立中日两国与朝鲜、台湾等人民的反对侵略战争的统一战线"作为"全中华民族当前的紧急任务"之一，提到全党和全国人民面前。

中共的上述政策主张，得到台湾同胞的积极响应。事实上，台湾同胞也认识到："为求自己的生存和解放，为救中国兄弟于日本法西斯强盗的屠杀的灾祸，必须对日本法西斯军阀开展积极的斗争。""台湾民族革命总同盟"是在大陆的台湾同胞各抗日团体联合组成的统一战线组织，其共同纲领中就明确表示，"我们之共同目的，在于推翻台湾之帝国主义的统治，建立各民族平等之民主的革命政权"，"我们认为台湾革命乃中国革命之一环，中国抗战成功乃台湾各民族争得自由解放之日也，故为台湾民族革命切身之需要，必须发动台湾各民族参加中国抗战"。

提出对日宣战、废约和收复台湾的新主张

随着中国抗日战争的深入和世界反法西斯战争形势的发展，中国共产党的对台政策不断深化和明确，进一步提出废除中日不平等条约、收复包括台湾在内的所有中国失地的政策主张。

1936 年 2 月，刚到陕北延安不久的中国共产党发布《中华苏维埃人民共和国中央政府关于召集全国抗日救国代表大会通电》，鲜明提出"立刻召集全国抗日救国代表大会"，讨论并决定包括：对日绝交宣战，收复失地，公开宣布中日间的不平等条约完全无效等政策。众所周知，台湾是因清政府腐败导致甲午战争失败被迫签订不平等的《马关条约》而被割让，沦为日本的殖民地，既然废除中日间的不平等条约，废除《马关条约》势必包括宣战、废约、复土在内。这一通电预示着收复台湾等中国失地已成为中国共产党的重要战略目标之一。

1936 年 7 月 16 日，毛泽东在与美国记者埃德加·斯诺谈话中更加明确地表明中共关于台湾的政策立场。斯诺问："中国的迫切任务是从日本手中收复所有失地呢，还是仅仅把日本从华北与长城以内的中国领土上赶出去？"毛泽东答："中国的迫切任务是收复所有失地，而不仅仅是保卫我们在长城以内的主权。这就是说，东北必须收复。这一点同样适用于台湾。"1937 年 5 月 15 日，毛泽东会见美国记者尼姆·韦尔斯时再次强调："中国的抗战是要

毛泽东与美国记者埃德加·斯诺

求得最后的胜利，这个胜利的范围，不限于山海关，不限于东北，还要包括台湾的解放。这是我们对准备抗战的意见。"

积极支持台湾同胞的抗日斗争

1937 年七七事变爆发。7 月 15 日，《中共中央为公布国共合作宣言》发表，提出奋斗的总目标，第一条就是"争取中华民族之独立自由与解放。首先须切实地迅速地准备与发动民族革命抗战，以收复失地和恢复领土主权之完整"。8 月 25 日，中共中央宣布《中国共产党抗日救国十大纲领》，向全国人民发出了"对日绝交""废除日本条约""联合朝鲜台湾及日本国内的工农人民反对日本帝国主义"的号召。1939 年 12 月，毛泽东在《中国革命和中国共产党》一文中更进一步指出：帝国主义在侵略中国的过程中，

"抢去了或'租借'去了中国的一部分领土。例如日本占领了台湾和澎湖列岛","现在,虽然日本帝国主义竭其全力大举进攻中国","但是英勇的中国人民必然还要奋战下去。不到驱逐日本帝国主义出中国,使中国得到完全的解放,这个奋战是决不会停止的"。

中国开始了全民族抗战,开辟了世界第一个大规模反法西斯战争的战场,给台湾同胞的抗日斗争带来了新的希望。14年抗战期间,广大台湾同胞奋勇投身全民族的抗日救亡运动,以鲜血和生命证明自己是中国人,是中华民族大家庭中不可分离的成员,谱写了中华儿女共赴国难、共御外侮的光辉篇章。

作为一支直接开赴前线参加对日作战的台湾同胞抗日队伍——台湾义勇队,就是在中国共产党直接支持和指导下组建起来的。

1939年1月,中共浙江省委根据《中共扩大的六届六中全会政治决议案》关于"建立中日两国与朝鲜、台湾等人民的反对侵略战争的统一战线,共同进行反对日本法西斯军阀的斗争"精神,指示中共党员张毕来(又名张启权、张一之),协助爱国台胞李友邦组织台湾义勇队,参加祖国抗战。

1939年1月,台湾义勇队在浙江金华成立,李友邦任义勇队队长,张毕来任秘书,并在义勇队里建立了党支部。义勇队的队员臂章上都印有"复疆"二字,表达了为中国和中华民族光复台湾这一疆土的意志。李友邦在成立大会上宣示,爱国台胞要举起抗日、爱国的大旗,为保卫祖国、收复台湾奋斗到底。

1939年春，周恩来视察金华，亲自召集相关同志研究台湾义勇队的情况，并就其任务和活动作出明确指示。台湾义勇队在中国共产党的影响和指导下，开始了"台湾复省运动"。台湾义勇队积极开展对敌斗争和抗日宣传，获得了闽浙赣军民的广泛赞誉。李友邦以台湾义勇队队长的名义发表《我们的工作》，明确表示台湾人必须参加祖国抗日战争的原因乃是

台湾义勇队队长李友邦

"要能帮助祖国打倒日本帝国主义以后，台湾人才能得到解放"，自觉地将台湾的前途命运与祖国大陆的前途命运紧密地联系起来。1942年1月，他又发表《台湾革命现阶段之任务》一文，更明确地指出："过去我们受了不平等条约的束缚，祖国政府不能把台湾与东北以及其余沦陷区相提并论，台湾的独立自由，只能由台湾人向其统治者日寇手中去要求，去奋斗争取。而今天就不同了，台湾以及琉球等割地，均可列入应'收复'之'国土'。因之，今天的台湾已不再是单由台湾人向日寇争取'独立自由'的台湾，而是台湾人与祖国同胞共同向日寇'收复'的台湾了。"抗战胜利前夕，李友邦提出"保卫祖国、建设新台湾"的号召，坚信经过抗日战争的艰苦战斗，足以证明中华民族是一个优秀的民族，台

湾人民永远是中华民族的一员，台湾必须返归祖国！上述言论说明，在日本残暴殖民统治下的台湾同胞，只有在中国共产党的领导下，同大陆同胞结成抗日民族统一战线，才能最终实现摆脱日本殖民统治的目标。

1941年，为了最广泛地团结全国台湾革命志士，共同凝聚成强有力的抗日力量，在大陆的台湾同胞抗日团体在重庆联合成立台湾革命同盟会，誓言效命疆场，收复台湾。中国共产党积极支持其斗争。为呼应台湾光复运动宣传，中国共产党在国民党统治区的机关报《新华日报》特辟整版《台湾光复运动专刊》，发表冯玉祥等社会贤达关于收复台湾的言论，以唤起国人对台湾的关注。该报发表多篇社论，为支持收复台湾而鼓与呼。如该报发表的《论台湾解放运动》社论即指出，"一部台湾近代史，实际是中华民族血泪史的一部分"，"台湾人民大多数是中国人民，中国人民首先逃不掉援助台湾的责任"，"自兹以后，我们必须与台湾人民紧紧地站在一起"。正是在中国共产党的积极呼吁下，大后方民众逐渐形成浓厚的关注台湾的氛围，当时的社会舆论一致呼吁："抗战一定要抗到收复台湾才算到底！中国人人人应当有此决心，有此抱负。"

坚持台湾回归祖国，反对"国际共管论"

随着世界反法西斯战争进程特别是太平洋战场局势朝着有利于同盟国方向发展，战后如何处理台湾问题遂成为国内外关注的重大问题。

1941年12月，中国政府发布《中国对日宣战布告》，昭告中外：所有一切条约、协定、合同有涉及中日关系者，一律废止；并郑重宣布，中国将"收复台湾、澎湖、东北四省土地"。中国收复被日本霸占领土的严正要求，得到世界反法西斯力量的尊重和支持。

中国共产党义不容辞地对台湾的前途和命运投入更为深切的关注。中共中央机关报《解放日报》及《新华日报》发表了一系列文章，论证台湾是中国的一部分，中国应该收复台湾，强烈呼吁台湾回归祖国，产生了重要积极影响。《新华日报》1943年6月17日发表《台湾，回到祖国来！》的社论，全面系统地阐述了中国共产党关于台湾回归祖国的思想。文章深切回顾了台湾被割让的悲惨历史，强调"这是日寇武装侵略和清廷辱国外交的恶果"。严正指出："台湾是中国的一部分。"表示"只有加强团

《新华日报》发表社论《台湾，回到祖国来！》

19

结，只有积极参加祖国的抗战，获得彻底的胜利，才能将日寇驱逐出台湾，回到祖国的怀抱，过着自由民主幸福的生活"。文章最后以祖国母亲的口吻热切呼吁："别离了祖国将近五十年的台湾，快踏着艰苦斗争的血路回来！"

然而，随着日本法西斯末日日益临近，决定台湾前途命运关键时刻即将到来，美国舆论却出现了一股欲将台湾从中国分离出去的所谓"台湾国际共管论"逆流。

1942 年 7 月，美国在中途岛战役获得胜利后开始考虑如果攻下台湾后如何处理这个岛屿。当时任职于美国军情处远东战略小组的柯乔治（George Kerr）向美国军方提交了一份备忘录，其中就战后台湾问题的处置提出可能实行的三条出路：一是台湾"独立和自治"；二是把台湾"移交中国"；三是先将台湾"托管"，然后通过"公民自决"方式决定台湾的命运。柯乔治本人倾向于美国政府实行第三条道路，理由是台湾"具有在西太平洋边缘的军事战略重要性，对于美国经济上和战略上具有潜在的重要意义"，因而美国不能"轻易将台湾交给中国人控制"。8 月，美国《时代》《生活》《幸福》三大杂志联合发表关于战后世界格局问题的备忘录，其中涉及太平洋地区的内容提出，应建立一条从夏威夷向西，经过中途岛、威克岛、关岛、南太平洋各岛屿至台湾、琉球与小笠原群岛等各战略要地的横越太平洋的防御地带，并由"国际共管"云云。这就是所谓的"台湾国际共管论"。美国这三家具有广泛国际影响的刊物此时抛出这种论调，实质上反映了美国官方不愿将台湾归还中国，欲将其纳入美国整个战略防御体系，以便在战后保持美国在亚太地区绝对战略优势的图谋。

"台湾国际共管论"的抛出，严重伤害了正在与日本帝国主义殊死战斗的中国人民包括广大台湾同胞的感情。此论一经抛出，立即遭到以中国共产党为代表的全体中国人民的坚决反对。

中国共产党迅速作出反应。1943年1月24日、25日，《新华日报》连续刊载总编辑章汉夫的文章《罗斯福的外交政策及其反孤立思想的演进》，明确指出："台湾国际共管论"的谬论完全无视台湾和中国的历史关系，不知道这些地方是中国的领土，是中华民族的一部分，是被日本帝国主义强行割让武装占领和奴役的。如果在战后还要台湾脱离祖国，那完全是破坏中国的领土和主权的完整。美国的这种主张，也完全违反了联合国的作战目标，把联合国的正义战争，为了民族独立和民主自由的战争，当作分赃战争。这种主张，是对联合国战时合作的挑拨，也是帮助东西轴心国攻心的毒计。

同年3月24日和6月17日，《新华日报》又分别刊载了题为《战争与战后问题》《台湾，回到祖国来！》的社论，驳斥了少数美国人提出的"台湾国际共管论"，阐述了中国共产党收复台湾的坚定决心和严正立场，指出战后中国人民的命运，掌握在中国人民自己手里，要靠自己的奋斗去争取，"国外有少数不明历史发展，不顾实际情况，而抱有帝国主义思想的人们，曾经叫嚣一时，要将台湾从中国的母体割裂出来，高谈国际共管的谬误措置，实不值识者一笑"。"我们不必与持谬见者争论不休，而应该用最大的力量来决定自己的命运"。

中国共产党的严正态度和明确立场，引导了这场舆论斗争的走向，对夺取这场斗争的胜利起到了十分重要的促进作用。面对"台湾国际共管"谬论，国民党政要开始发文予以驳斥。1942年11月13日，重庆国民党《中央日报》发表国民政府立法院院长孙科的《关于战后世界改造之危险思想》一文，对"共管论"进行公开批驳。其后，国民党一些高层也在不同场合多次表明收复台湾的决心。

重庆《大公报》也于1943年4月7日和1943年5月15日分别刊登题为《中国必须收复台湾——台湾是中国的老沦陷区》和《再论关于台湾问题——读美国的战后设计》的社评，阐述了要求收复台湾的正义立场。

在大陆参加抗战的台湾同胞对"共管论"反应极其强烈。1943年1月30日、4月17日、6月17日，台湾革命同盟会数次发表宣言，并在《马关条约》签署的国耻日举行大会，发表《告祖国同胞书》，强烈反对"台湾国际共管"，阐明台湾人民要求重返祖国怀抱的意愿。这些言论和主张通过重庆各大报章及他们自己编印的《台湾青年》、《新台湾》画报、《台湾问题参考资料》等书刊，传送到国内外，产生了广泛的影响。

在全国人民的一致要求下，中国政府也加紧通过外交途径争取国际舆论支持中国政府收复台湾的正当诉求。

由于中国战场在对日作战中的战略地位，中国收复被日本霸占领土台湾的严正要求，最终得到世界反法西斯力量的尊重和支持。1943年12月，中美英三国政府发表《开罗宣言》，明确宣布：

三国之宗旨，在剥夺日本自从一九一四年第一次世界大战开始后在太平洋上所夺得或占领之一切岛屿，在使日本所窃取于中国之领土，例如东北四省、台湾、澎湖群岛等，归还中国。1945 年 7 月，中美英三国共同签署、后来又有苏联参加的《波茨坦公告》第八条重申"《开罗宣言》之条件必将实施"。8 月 15 日，日本宣布无条件投降，并承诺"忠诚履行《波茨坦公告》各项规定之义务"。

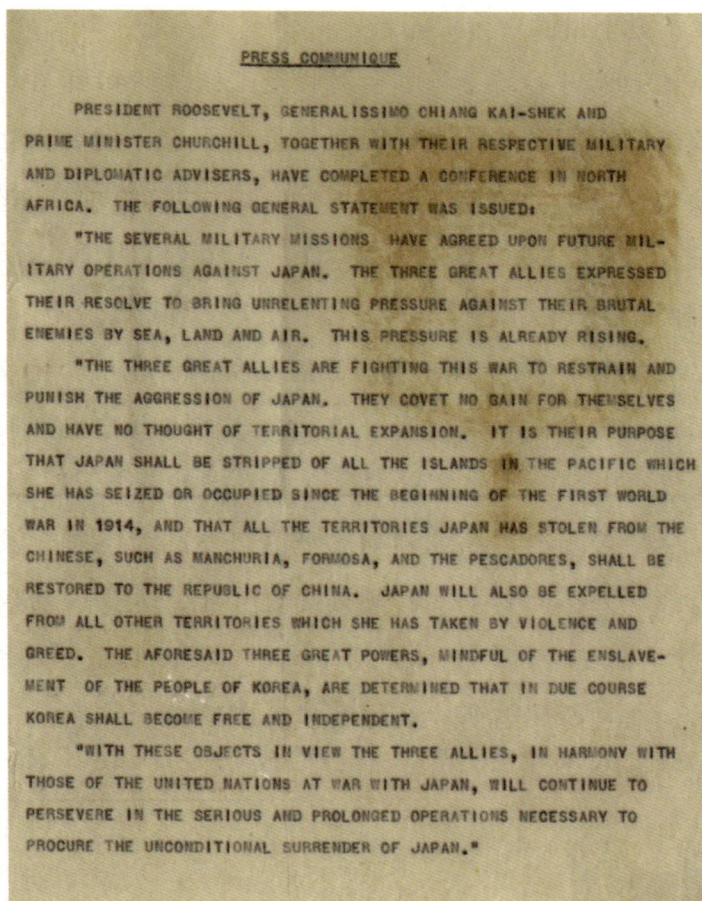

《开罗宣言》英文版

台湾回归祖国

《开罗宣言》发表后，身受日本殖民主义者凌辱半个世纪之久的台湾同胞欢欣鼓舞。其时，在大陆参加抗日斗争的台湾同胞立即致电国民政府："顷见报载开罗会议重大成功，台澎等地归还中国，凡我台胞同深感奋，如蒙鞭策，愿效驰驱。"随后，在岛内的台湾同胞也从美军飞机空投的传单上得知台湾即将回归祖国的喜讯，无不喜不自胜，奔走相告。

中国政府开始着手筹划台湾收复工作。1944年春，蒋介石命令行政院高级官员张厉生研究复台准备工作，批准成立国防最高委员会中央设计局台湾调查委员会，由当时的行政院秘书长陈仪担任主任委员。1945年8月27日，蒋介石又任命陈仪为台湾省行政长官并兼任台湾警备总司令。

1945年10月25日，中国政府在台湾台北市公会堂（今中山堂）举行中国战区台湾省受降仪式。台湾省行政长官兼警备总司令陈仪代表中国政府向原日本台湾总督安藤利吉下达第一号命令：本官奉命"接受台湾、澎湖列岛地区日本陆海空军，及其辅助部队之投降，并接收台湾、澎湖列岛之领土、人民、治权、军政设施及资产"。安藤利吉表示："对于本命令及以后之一切命令、规定或指示，本官所属与所代表之各机关部队之全体官兵，均负有完全执行之责任。"

中国政府在台湾举行受降仪式

　　至此，日本将甲午战争后从中国窃据的台湾、澎湖列岛交还中国。随后，陈仪代表中国政府向全世界庄严宣告："自即日起，台湾及澎湖列岛，已正式重入中国版图，所有一切土地、人民、政事皆已置于中国主权之下。此一极有历史意义之事实，本人特向中国同胞及全世界报告周知。"台湾终于回到祖国怀抱，洗却了中华民族在甲午战争中所遭受的奇耻大辱。

　　饱受异族欺凌蹂躏之苦的600万台湾同胞终于回到魂牵梦萦的祖国怀抱，不禁喜极而泣。这一天，台北市40余万回归祖国的同胞，"老幼俱易新装，家家遍悬灯彩，相逢道贺，如迎新岁，鞭炮锣鼓之声，响彻云霄，狮龙遍舞全市，途为之塞"。

台湾同胞欢庆台湾回归祖国

1946 年 1 月 13 日,中国政府正式通告:自 1945 年 10 月 25 日起,台湾同胞恢复中国国籍,隶属于中国主权与法律行使的范围。同时,又将 10 月 25 日定为台湾光复节。自此,被日本占领长达 50 年之久的台湾以及澎湖列岛,已在国际公认和事实履行的基础上重归中国主权管辖之下。1945 年 10 月 25 日"台湾光复日",也成为中国抗日战争取得完全胜利的重要标志。

台湾光复是中华民族浴血奋战抗击日本帝国主义,以伤亡 3500 万人的重大民族牺牲换来的结果,也是世界反法西斯同盟共同粉碎法西斯轴心国邪恶势力的胜利成果。中国共产党在全民族抗战中发挥了中流砥柱的作用,是中国人民抗日战争取得完全胜利的决定性因素。中国人民抗日战争的伟大胜利,使中华民族避免了遭受殖民奴役的厄运,同时结束了日本在台湾 50 年的殖民统治，洗雪了历史耻辱，捍卫了国家主权和领土完整。台湾光复是包括台湾同胞在内全体中国人民前仆后继、浴血奋战铸就的伟大胜利，无可辩驳地证明台湾是中国领土不可分割的一部分。

三、为战后解放台湾谋篇布局

中共中央关于战后时局的分析和工作部署

1945 年 8 月，抗日战争取得伟大胜利，全国人民迫切需要一个和平安定的环境，休养生息，重建家园。中国共产党从全中国人民这一根本愿望出发，主张团结一切爱国民主力量，把中国建设成为独立、自由、民主、统一、富强的新国家。这是一个光明的前途。但蒋介石集团坚持独裁和内战的方针，企图消灭中国共产党，消灭解放区和人民军队，继续维持国民党一党专政，"建立一个大地主大资产阶级专政的半殖民地半封建的国家"。国民党的反共方针得到美国支持。战后美国在中国所追求的长远目标是推动建立一个稳定、统一的亲美政权，而短期目标首先是"阻止共产党完全控制中国"。为了争取中国走向光明的前途，中国共产党领导广大人民同国民党统治集团进行了坚决而激烈的斗争。

为此，1945 年 8 月中旬，中共中央政治局和书记处多次召开会议，研究、分析抗战胜利后的国际国内形势，对全国工作作出部署，提出了正确的指导方针和斗争策略，从而及时地为全国人民指明了前进的方向。

8 月 13 日，毛泽东在延安干部会议上作了《抗日战争胜利后的时局和我们的方针》的报告。报告指出："从整个形势看来，抗日战争的阶段过去了，新的情况和任务是国内斗争。蒋介石说要'建国'，今后就是建什么国的斗争。是建立一个无产阶级领导的人民大众的新民主主义的国家呢，还是建立一个大地主大资产阶级专政的半殖民地半封建的国家？这将是一场很复杂的斗争。目前这个斗争表现为蒋介石要篡夺抗战胜利果实和我们反对他的篡夺的斗争。"报告指出，蒋介石对于人民的方针是"寸权必夺，寸利必得"，我们的方针是"针锋相对，寸土必争"。报告强调，依靠自己组织的力量，打败一切中外反动派。8月23日，中共中央政治局召开扩大会议。会议确定，今后对待国民党的方针是"蒋反我亦反，蒋停我亦停"。通过斗争，迫使国民党在一定程度上接受人民的要求，实施一定的政治改革，以推进国内和平，建立联合政府，逐步实现政治民主化，使我们党在各方面达到更成熟，中国人民更觉悟，然后建立新民主主义的中国。8月25日，中共中央发表《对目前时局的宣言》，明确提出"和平、民主、团结"三大口号，阐明中国共产党关于"在和平民主团结的基础上，实现全国的统一，建设独立自由与富强的新中国"的主张。8月26日，中共中央向全党发出通知，指出，如果出现和平发展的局面，我党应当努力学会合法斗争的一切方法；如果国民党还要发动内战，我党就站在自卫的立场上，坚决彻底干净全部消灭来犯者。通知告诫全党，绝对不要因为谈判而放松对蒋介石的警惕和斗争；必须依靠自己手中的力量和行动指导上的正确，必须坚决依靠人民。

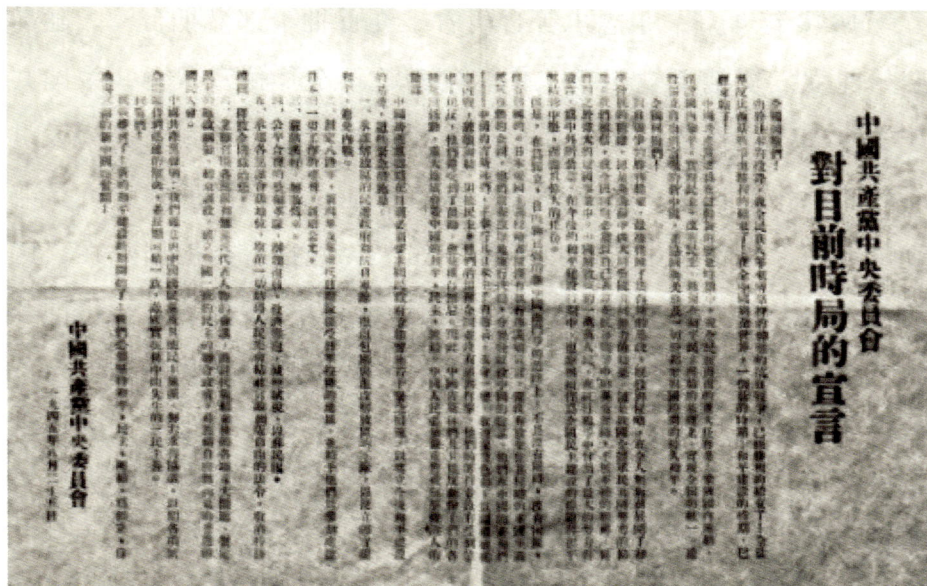

中共中央发表《对目前时局的宣言》

组建中共台湾省工作委员会

在日本宣布投降前后，中共中央抓紧研究全国的战略布局问题，其根本要求和任务是"加强全国各解放区及国民党地区人民的斗争，争取和平民主及国共谈判的有利地位"。为了适应新的形势，中共中央决定加强党的领导，调整、健全各地区党的领导机构。与此同时，中共中央决定选调一批干部赴台，组建中共台湾省工作委员会（简称"台湾省工委"），并安排蔡孝乾为负责人，为党在台湾工作开展布局。蔡孝乾，1928 年 4 月当选台共中央委员，1932 年 4 月赴中央苏区加入红军，随后经历了第五次反"围剿"和长征。抗战时期曾任八路军总政治部敌工部部长。

　　1946 年 4 月，张志忠等台湾省工委首批干部潜抵台湾，随即开始建立发展地下党组织工作。蔡孝乾于 7 月秘密抵台，中国共产党台湾省工作委员会正式运作。蔡孝乾为书记；张志忠为委员兼武装工作部部长，负责嘉义、新竹等地工作；洪幼樵为委员兼宣传部长，负责台中、南投等地工作。台湾省工委依据党在白区"宣传群众、动员群众、组织群众、武装群众"工作方针，迅即开展工作。台湾省工委的任务是：搜集台湾境内的军政情报；策反动摇的国民党军政人员；建立地下组织；发展党组织；开展秘密政治宣传；在台东偏僻山区建立武装根据地，利用山区的天然条件，发展游击力量。

　　通过台湾省工委的工作，原台共党员及原台湾文化协会、农民组合成员纷纷加入中国共产党。谢雪红、杨克煌、简吉、廖瑞发、孙古平、王万得、萧来福、潘钦信、林日高、苏新等原台共党员积极加入了中共党组织。

　　根据台湾省工委的指示，在台湾的原台共党员谢雪红、杨克煌利用其曾加入国民党的经历，重新登记国民党党籍，以此为掩护积极开展台湾中上层人士的统战工作。谢雪红通过接触国民党《和平日报》人员，团结争取了社

谢雪红在台中开办的杂货店前

长、主笔等人，并安排杨克煌等 10 余人进入报社工作。谢雪红还利用担任台湾妇女运动委员会委员、台湾妇联理事、台中建国工业学校校长等社会身份，公开参加各种政治活动，广泛接触各方人士，深入开展工作。

参与、支持台湾二二八起义

抗战胜利，台湾光复，台湾同胞终于摆脱了日本殖民统治，期盼与全国人民一起，过上和平民主的新生活。但国民党统治集团不顾民生，执意打内战。

而在台湾，国民党的统治也很快暴露出其反人民反民主的反动本质：在政治上，对台湾民众实行高压政策和特务统治。在人事上，排斥台湾本地人，随意安插自己的亲信。在经济上，"劫收"台湾全省 90% 的企业和 70% 以上的耕地，并继承了日本的专卖制度，垄断了全岛的经济。国民党接收大员更是贪得无厌，大行贪污受贿之能事。弄得全岛上下民怨沸腾。台湾百姓有言："想中央、盼中央，中央来了更遭殃！"国民党当局对台湾同胞的专制统治和台湾同胞对国民党统治集团的彻底失望，最终酿成二二八事件。

1947 年 2 月 27 日，台北烟草专卖局缉私警察打伤一名在台北街头卖烟的妇人，接着开枪示警时又击伤一名群众（后死亡）。2 月 28 日，台北市民为反抗国民党政府的暴政，抗议军警枪杀市民，举行大规模请愿、示威、罢工、罢市斗争。又遭到士兵开枪射击，三死三伤，引发更大规模反抗。这一台湾同胞反抗国民党政府暴政的斗争，史称二二八事件。

　　台湾地下党组织积极参与了这场声势浩大的台湾同胞反暴政抗争活动。3月1日，谢雪红出席台中各团体负责人联席会议，会议决定支持台北市民反抗国民党当局的斗争，并召开台中市民大会。3月2日，谢雪红被推举为台中市民大会主席。当天，谢雪红、杨克煌带领群众进行示威游行，并一度宣布成立人民政府。谢雪红发出了"武装起来，向独裁政府宣战"的命令，组织群众攻下了市政当局和警察局，夺取了武器，组织了人民武装力量，这支队伍被称为"二七部队"，设有"台中地区治安委员会作战本部"，并转战于台湾中部地区。张志忠则在嘉义地区组织了另一支较大的人民武装"台湾民主联军"，包括了南部各地的力量，与台中的"二七部队"相配合，与国民党军队展开战斗。同时，台湾省工委发挥统一战线作用，在政治上积极组织开展斗争。

　　国民党政府非常仇视台湾同胞的抗争，悍然拒绝人民民主自治的要求，从大陆抽调部队于1947年3月8日登岛，以武力血腥镇压了这次起义。台湾同胞的斗争虽遭国民党政府镇压而失败，但它显示了台湾同胞英勇反抗国民党暴政的革命精神，配合了解放区人民的斗争。

　　中共中央非常关注二二八事件的发展情况。1947年3月8日，延安的新华广播电台发表《台湾自治运动》文告，声援台湾人民的英勇抗争。3月20日，中共中央以新华社名义在《解放日报》全文刊发《台湾自治运动》声明，指出：二二八抗争是"台湾人民和平的自治运动"，由于蒋介石政府的武装大屠杀而被迫自卫，而发展为武装斗争。"台湾的自治运动，是完全合理的、合法的、

二二八事件期间，太平町（延平北路）专卖局台北分局前围着大批抗议的民众

和平的"。"蒋介石对于台湾的统治，其野蛮程度，超过了日本帝国主义。台湾人民在蒋介石法西斯统治之下的生活，比当日本帝国主义的亡国奴还要痛苦"。"我们要告诉台湾同胞，你们以和平方法争取自治，和在蒋介石武装进攻之下，采取武装自卫的手段，我们对此是完全同情的。你们的斗争就是我们的斗争，你们的胜利就是我们的胜利。解放区军民必定以自己的奋斗来声援你们，帮助你们"。

　　二二八起义是在中共中央发出"迎接中国革命的高潮"的号召影响下，在解放区军民连续取得胜利和国民党统治区人民革命运动不断发展的关键阶段所发生的，是台湾同胞第一次大规模地反抗国民党暴政的爱国民主运动。它作为全国人民反对国民党一党专制、独裁统治的重要组成部分，有力地配合了全国人民的解放战争，它的影响震撼了蒋介石集团的黑暗统治，充分彰显了台湾同胞的革命精神。历史再一次证明，台湾同胞的命运是同整个中华民族的命运紧密相连、休戚与共的。

成立台湾民主自治同盟

二二八起义失败后，根据上级党组织关于"不能存在和暴露的干部应尽量撤走"的指示，参加二二八起义的部分中共党员如谢雪红、杨克煌、吴克泰、周青、李乔松、孙古平、蔡子民等人，陆续撤离台湾，经厦门、上海，辗转抵达香港。

根据党的指示，谢雪红与部分民盟成员和台湾籍中共党员在港成立台湾问题研究会，创办新台湾出版社，发行《新台湾丛刊》，先后出版《新台湾》《明天的台湾》《台湾二月革命》《愤怒的台湾》等书刊，发表《台湾事变女英雄谢雪红告同胞书》，表达和宣传台湾同胞的心声、揭露国民党欺压台湾人民的罪行。

根据中共中央的部署安排，在中共中央上海局领导、香港分局的具体指导下，1947 年 8 月，谢雪红、杨克煌、苏新等开始筹备成立台湾民主自治同盟（简称台盟）。他们联系在港的爱国民主人士何香凝、廖梦醒、蔡廷锴、李济深、彭泽民、章乃器、邓初民等，得到他们积极支持和鼓励。在同年 11 月 12 日孙中山先生诞辰纪念日，台湾民主自治同盟在香港宣告成立，其核心成员都是共产党员。自成立之日起，台盟就明确表达了支持中国共产党主张、反对国民党腐朽统治、坚决反对"台湾独立"的政治立场，对团结广大台湾同胞共同反对国民党独裁统治、加速人民民主革命在全国的胜利起到积极作用。

1948 年 4 月，中共中央发布"五一口号"，号召各民主党派、人民团体、社会贤达召开政治协商会议。台盟 5 月 7 日发表《告台湾同胞书》，予以积极响应。在党的安排下，谢雪红及在港民主人士于 1948 年底离港北上，陆续进入解放区，并于 1949 年 3 月到达北平，开始参加全国性的政治活动，之

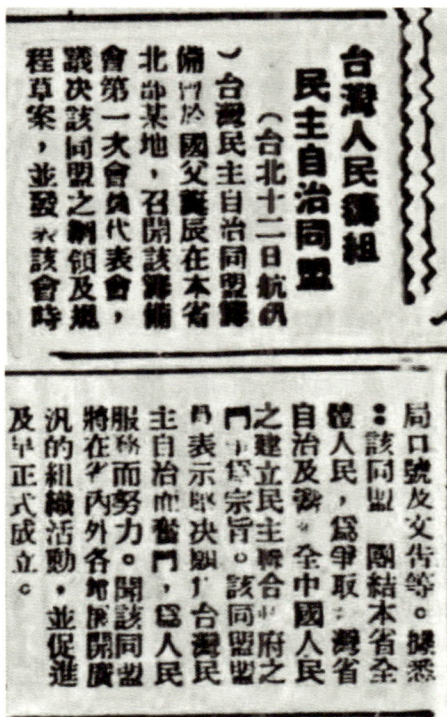

1947 年 11 月 12 日，台湾民主自治同盟在香港成立

后参加了新政治协商会议筹备会和中国人民政治协商会议第一届全体会议。

四、台湾地下党英烈血沃宝岛

在中国人民革命取得胜利的前夜，1949 年 1 月 8 日，中共中央政治局召开会议通过《目前形势和党在一九四九年的任务》决议，指出，1949 年和 1950 年将是中国革命在全国范围内取得胜利的两年。3 月 5 日至 13 日，中共中央召开七届二中全会，毛泽东在会上指出，辽沈、淮海、平津三大战役以后，国民党军

队的主力已被消灭。国民党的作战部队仅仅剩下一百多万人，分布在新疆到台湾的广大的地区内和漫长的战线上。今后解决这一百多万国民党军队的方式，不外天津、北平、绥远三种。

1949 年 5 月上海解放后，解放台湾作为一项重大的战略任务，被提上中国共产党的议事日程。为实现这一历史性任务，中共中央作出部署，中国人民解放军第三野战军负责攻台战役，就此展开解放台湾的准备工作。中共华东局成立了以粟裕为首的解放台湾工作委员会。华东局还具体负责指导台湾地下党的工作。一批人员被派遣入台，其主要任务是从事搜集情报、了解社情、建立联系、进行策反等工作。中央军委还在华北军政大学组建台湾队，把曾经参加过二二八事件后退到大陆的台湾籍干部和解放军中的台湾籍士兵集中到台湾干部训练团，进行有关台湾知识、政策的学习培训，培养对台工作干部。

这一时期，台湾省工委的工作进入了配合解放台湾的阶段，为解放台湾做最后准备。此时，台湾省工委已在台建立了诸多行业组织和地方组织，并在台北县、台中县山区建立了一些武装据点。

为配合人民解放军解放台湾，台湾省工委还向中央提出了《攻台建议书》。随着国共内战的基本结束，中共中央加紧推进解放台湾。台湾省工委也召开了一连串秘密会议，还提出配合解放军作战的具体任务。

1949 年春，台湾省工委向岛内地下党组织下达了工作方针，要求各级党的组织，必须将每个党员、积极分子动员起来，在一切为了配合解放军作战的总口号下，立即转入战时体制，建立必要的战时机构。同时，台湾省工委创办了《光明报》。7月，《光明报》发表了题为《纪念中国共产党诞辰 28 周年》社论。文中向台湾同胞转告了人民解放军渡过长江、解放南京并大举南下的消息，分析了解放战争的形势。9月4日，《人民日报》发表《打到台湾去，解放台湾同胞！》的时评，提出人民解放军"不久一定要跨海东征，打到台湾去，解放台湾同胞，解放全中国！"同日，新华社配合《人民日报》时评，播发了《台湾民主自治同盟主席谢雪红对美国并吞台湾阴谋的声明》。声明在谴责美国企图"并吞台湾"阴谋的同时，提出"台湾的解放是不久了"，表示全国解放指日可待，号召台湾同胞积极调动起来，做好一切准备，迎接全国解放。

此时国民党在大陆的统治面临崩溃，其党政军特机关陆续迁台，对岛内控制进一步加强。国民党当局在台相继颁布"戒严令""反共保民总体战纲要""台湾省反共保民组织法""惩治叛乱条例""戡乱时期检肃匪谍条例"等多项严厉法令，动用大批警察、特务和军队，大搞白色恐怖。

1949 年 8 月，《光明报》被国民党当局破获，中共台湾地下党多个组织遭到破坏。此后，国民党当局逮捕了蔡孝乾、陈泽民、洪幼樵、张志忠、林英杰等台湾省工委负责人。张志忠、林英杰英勇就义。但由于蔡孝乾、洪幼樵、陈泽民等台湾省工委主要负责人叛变，国民党当局在全台进行大搜捕，大批中共党员和革命群众遭到逮捕和迫害，超过 1100 人惨遭杀害，其中有从大陆派去的中共党员，还有许多台湾籍中共党员。中共在台地下情报战线在国民党当局的大搜捕中也遭受重大损失，最著名的是吴石、朱谌之（朱枫）案。

"青山埋忠骨，史册载功勋。"为了民族的独立、国家的统一、人民的解放而英勇献身的革命英烈，国家和人民是永远不会忘记的。1973年吴石将军被追认为革命烈士，1994年吴石将军及其妻子王碧奎的遗骸回到祖国大陆。1950年7月，朱枫（朱谌之）同志被批准为革命烈士，2011年7月，朱枫烈士骨灰安放及铜像揭幕仪式在其家乡浙江省宁波市镇海区隆重举行。2013年，有关方面主持建成北京西山无名英雄纪念广场，以纪念当年为了人民的解放和国家的统一而在台湾壮烈牺牲的中共隐蔽战线上的无名英雄。

位于北京西山的无名英雄纪念广场

"此生属于祖国，此生无怨无悔"，这是当年为解放台湾而慷慨就义的英烈们向党和人民最长情的告白。新中国是红色的，是无数革命先烈的鲜血浸染换来的。毛泽东同志曾经深情地说："成千成万的先烈，为着人民的利益，在我们的前头英勇地牺牲了，让我们高举起他们的旗帜，踏着他们的血迹前进吧！"习近平总书记郑重告诫全党，不能忘记红色政权是怎么来的、新中国是怎么来的、今天的幸福生活是怎么来的，要把先辈们开创的事业不断推向前进。"天地英雄气，千秋尚凛然。"让我们永远铭记为了民族的解放、国家的统一而舍命纾难、流血牺牲的革命先辈们。他们的遗志和英勇献身的革命精神激励着我们为实现祖国完全统一而不懈奋斗。

第二章　从准备武力解放台湾到
争取和平解放台湾

1949年10月1日，毛泽东在天安门城楼宣告中华人民共和国中央人民政府成立

　　新中国成立后，中共中央一直把解放台湾当作大事来抓。毛泽东、周恩来亲自制定了对台工作大政方针，指挥实施了一系列重大军事、政治、外交等方面的对台斗争，并根据内外形势的变化，提出了和平解决台湾问题的重要思想、基本原则和政策主

张，挫败了美国制造"两个中国"的图谋，打开了中美关系正常化的大门，恢复了中华人民共和国在联合国的合法权利，形成了国际社会普遍承认一个中国的局面，为最终解决台湾问题创造条件，进行了不懈努力。

一、武力解放台湾部署的实施及搁置

中共中央在解放战争胜利进军中已着手准备武力解放台湾

解放台湾，最初是作为解放战争后期中共中央和中央军委筹划的一项重大战役任务而提出来的。从 1949 年初到 1950 年 6 月，中共中央和中央军委从解放全中国的战略全局出发，对这一重大战役进行了认真而紧张的战略部署。

1946 年 6 月，国民党军队大举进攻中原解放区，发动全面内战。1946 年 7 月至 1947 年 6 月，经过一年的内线作战，人民解放军粉碎了国民党的战略进攻。这一胜利的战略意义，诚如毛泽东所言，"奠定了我军歼灭全部敌军、争取最后胜利的基础"。随即，人民解放军转入全国范围的进攻，国民党在政治、军事、经济等方面接连遭到挫败。1947 年 10 月 10 日，人民解放军总部发表由毛泽东起草的《中国人民解放军宣言》。这是一个向全国人民宣告解放战争必然胜利、蒋介石反动统治必然垮台的政治宣言。它标志着解放战争已经到了历史的转折点。

从此时起，中共中央开始考虑台湾的未来局势。1947 年 9 月 28 日，周恩来在给中共中央所属单位作时局报告时，就曾针对美

人民解放军总部发表《中国人民解放军宣言》

国援蒋内战的侵略政策指出：美国人来中国，干预中国内战，"是想进一步控制蒋介石的军队与经济，经营台湾"。他还指出未来美国干涉中国内政的重点：如果美国出兵干涉中国内政，"顶多只能放在大城市，放在台湾"。这个重要讲话一针见血地揭露了美国企图援蒋经略台湾的阴谋。

1948 年末到 1949 年初，经过辽沈、淮海、平津三大战役决战，国民党统治集团败局已定。处于危局中的蒋介石迫于内外压力，不得不于 1949 年 1 月 21 日宣布下野。此前他已选择台湾作为其最后的落脚点，开始加紧经营。首先，他制定了"建设台湾、闽粤，控制两广，开辟川滇"的战略计划，并设想建立一个"北连青岛、长山列岛，中段连接舟山群岛，南到台湾、海南岛"的海上锁链，使其成为封锁以至反攻大陆的战略基地。

为了实现上述计划与设想，蒋介石做了一系列精心准备。

在组织人事上，1948 年 12 月，蒋介石任命其心腹大员陈诚为台湾省政府主席，蒋经国担任国民党台湾省党部主任委员。陈诚上任后即颁布"戒严令"，实行币制改革和"三七五"减租等措施，着手经营台湾。

在军事部署上，1949 年初，蒋介石在部署长江防线时，亦将重兵集结于长江下游一带，并在金门、马祖一带设防。为能使国民党军顺利撤退台湾，还指派蒋经国督导，加紧修建定海机场。他还在台北设立东南军政长官公署，负责苏（江苏）、浙（浙江）、闽（福建）、粤（广东）、海南（海南岛）等地的军事与政治活动，召开东南区军事会议，制定以确保台湾为中心的战略计划。

在经济筹措上，蒋介石于 1949 年 1 月，任命俞鸿钧为中央银行总裁，分多批将上海中央银行的"黄金 277.5 万余市两、银元 1520 万元，运去了台湾，1537 万美元运去了美国，存入美国银行，入了国民党的账户"，各项总计约为 5 亿美元。蒋介石还在台湾设立台湾区生产事业管理委员会，管理和调度台湾经济。

在外交上，蒋介石为保全台湾，制定了"东亚反共联盟计划"，并向菲律宾和韩国等国进行兜售。

对于解放台湾，中共中央领导人十分清醒，早有预判。1949 年 2 月，毛泽东在西柏坡会见苏共中央政治局委员米高扬时谈到台湾问题，他说，"目前，还有一半的领土尚未解放。大陆上的事情比较好办，把军队开去就行了。海岛上的事情就比较复杂，需要采取另一种比较灵活的方式去解决"，"台湾是中国的领土，这是无可争辩的。现在估计国民党的残余力量大概全要撤到那里去，以后同我们隔海相望，不相往来。那里还有一个美国问题，台湾实际上就在美帝国主义的保护下。这样，台湾问题比西藏问题更复杂，解决它更需要时间"。这是中国共产党主要领导人第一次明确指出解放台湾可能遇到的复杂局面，表明解放台湾可能需要更长的时间。解放台湾不像解放大陆其他区域那样，把军队开过去就行了，而必须先解决渡海作战问题，还有可能要认真对付美国等外部势力插手干涉的问题。毛泽东认为，中国人民革命力量愈强大，愈坚决，美国进行直接的军事干涉的可能性也就将愈减少。他说："我们从来就是将美国直接出兵占领中国沿海若干城市并和我们作战这样一种可能性，计算在我们的作战计划之内的。"后来，局势的发展证明，毛泽东的判断是有预见性的。

武力解放台湾的部署

为了解放台湾、实现国家的统一，中共中央在 1948 年底、1949 年初研究向全国大进军部署时，强调把向东南沿海地区进军摆在首要位置。1949 年 3 月，中共中央召开会议讨论华东局军事工作，解放台湾的任务正式被提上党中央的议程。毛泽东提出："还要加上台湾。这地方很应该注意，有海军、空军及其他军队，有资材，很有生意做。"为此，当时实际主持华东局工作的第三野战军（简称三野）副司令员兼第一副政委粟裕提议："解放上海以后，我们的主要任务是解放沿海岛屿和台湾，进军福建是肃清残

敌的问题。"这次会议明确了
上海战役后，三野的主攻方向、
战略任务，以及指挥解放台湾
作战的人选。对于让三野经营
东南，承担攻台任务，中央是
作过一番考虑的。三野的前身
大部分是由原红军江南游击队
改编而成的新四军，对于在南
方水乡地带作战比较熟悉，是
实施江河作战经验最多的部
队。

3月15日，新华社发表
题为《中国人民一定要解放台
湾》的时评，首次公开明确提
出"解放台湾"的战略方针，
反映了中共中央对于武力解放
台湾开始了决策部署。这是中
国人民解放战争必须完成的一
项战略任务。

新华社发表题为《中国人民一定要解放
台湾》的时评

5月23日，毛泽东和中央军委对各野战军向全国各地进军作
出部署，电示负责进军东南沿海地区的三野在解放上海之后，"你
们应当迅速准备提早入闽，争取于6、7两月内，占领福州、泉州、
漳州及其他要点，并准备相机夺取厦门"。

当时，中央战略部署是：采取大迁回、大包围战略，命令一野进军大西北，四野进军两广（广东、广西），二野进军四川，三野进军闽、浙东南地区，一方面防止美国可能的插手干涉，一方面准备进攻台湾。

6月14日，毛泽东再电三野："请开始注意研究夺取台湾的问题，台湾是否有可能在较快的时间内夺取，用什么方法去夺取，有何办法分化台湾敌军，争取其一部分站在我们方面实行里应外合，请着手研究，并以初步意见电告。"在电报中毛泽东强调："如果我们长期不能解决台湾问题，则上海及沿海各港是要受很大危害的。"这份电文说明中央军委、毛泽东对解放台湾在战略上高度重视。

当时，中央攻台作战的军事部署是：（一）组成前线指挥部，由三野代司令员粟裕任总指挥。（二）尽快解放东南沿海岛屿，扫清外围。建立攻台前沿阵地。（三）迅速组建海军、空军，掌握制海权、制空权。（四）在充分准备的情况下，对台湾发起全面作战。

6月21日，毛泽东再电三野，把"准备占领台湾"列为"你们面前目前几个月内有四件大工作"之一，并指出："不占领台湾，则国民党海、空军基地不拔除，时时威胁上海及沿海各地；不占领台湾，则数十万吨船只不能取得，沿海沿江贸易受制于外商航业界。"电报明确要求："我们希望能于夏秋两季完成各项准备，冬季占领台湾。"这是第一次明确1949年进攻台湾的时间表。

7月，中央军委进一步研究了进攻台湾问题，认为除了陆军之外，还需要掌握制海权、制空权，并争取部分国民党军及内应配合。7月3日，毛泽东、朱德致电华东军区陈毅、粟裕、张爱萍："新中国就要成立了，希望你们抓紧做好解放台湾的准备工作，加强海军力量，做到中央一声令下，随时歼灭敌人。"7月10日，毛泽东写信给周恩来："我们必须准备攻台湾的条件，除陆军外，主要靠内应及空军，二者有一，即可成功，二者俱全，则把握更大。我空军要压倒敌人空军，短期内（例如一年）是不可能的，但似可考虑选派三四百人去远方（即苏联）学习六个月至八个月，同时购买飞机一百架左右，连同现有的空军，组成一个攻击部队，掩护渡海，准备明年夏季夺取台湾。"8月，毛泽东、朱德、周恩来接见了张爱萍等海军将领，布置进攻台湾任务。毛泽东说："台湾不解放，国家就不安宁。我们一定要解放台湾，我们也一定可以解放台湾。海军也要做好准备，准备配合陆、空军，在人民解放战争最后一战中立一功。"

当时处于初创时期的解放军空军、海军已经拥有一批可供作战的力量。

1949年3月17日，中央军委从东北老航校抽调一批人员，组成了中央军委航空局，常乾坤为局长，王弼为政委。此时分散在各地的飞机有46架。渡江战役后，从国民党政权缴获和接收的飞机设施和人员日益增多。7月正式成立了解放军空军司令部，10月25日，刘亚楼被任命为第一任空军司令员。到10月底解放军空军共拥有飞机159架、航空技术人员2938人，接管飞机修理、装配、配件厂32个。航空技术人员中，飞行员202人。全部飞机约有一半状况良好。

　　1949 年 4 月 23 日，渡过长江占领南京当天，解放军的第一支编制海军——华东军区海军在长江边的泰州白马庙成立，张爱萍任司令员兼政委，当即接管了在长江下游起义的国民党海军第二舰队、第一机动艇队和第五巡防队的 30 艘舰艇。占领上海后，军管会又接收部分军用舰艇及可改造为军舰的民船。到 1949 年底，国民党海军共有 73 艘舰艇、3300 多名官兵起义加入解放军海军。总体上看，1949 年秋，解放军空军、海军还很弱小，数量、质量都远不能和国民党海空军力量相比。

　　在此情况下，中央准备向苏联求援，希望苏联提供海空军援助。1949 年 5 月中旬，党中央决定由刘少奇率中共中央代表团秘密访问苏联。出发之前，中央政治局讨论了关于是否向苏联提出协助进攻台湾的技术手段问题。会议建议刘少奇在代表政治局给斯大林的信中试着提出请苏联提供空军和海军援助的问题。7 月 25 日，毛泽东在给刘少奇的电报中，要他同斯大林商量，能否"在莫斯科于半年或一年内训练 1000 名空军人员，300 名地上机械人员，并卖给我们 100 至 200 架战斗机、40 架轰炸机作为明年下半年我军进攻台湾之用"。7 月 27 日，刘少奇拜会斯大林等苏联领导人，向斯大林说明了中国共产党准备在 1950 年进攻台湾的设想，要求苏联提供 200 架左右的飞机并请代训飞行员，争取在进攻台湾的战役中使用。斯大林较为痛快地答应了中共的请求，但对于刘少奇带去的中共中央政治局所提议的请苏联在作战时提供空军和海军支援的要求，则加以婉拒。

　　正是基于解放军制海权、制空权的薄弱，建设海空军需要一定时间这一现实情况，中央调整了渡海作战的时间。1949 年 8 月 2 日，中央军委在给粟裕的电报中表示，关于进攻台湾的战役，如有国民党海陆空军三军大量可靠的内应，便可早日进行，"否则必须推迟到我们空海两军（特别是空军）条件充分具备之时，故具体时间问题目前不能确定"。

1949 年 10 月，三野 10 兵团 28 军发起金门战役，但因准备不足、后援不继等原因失利。尽管如此，也没有动摇中共中央和毛泽东解放台湾的决心，攻台战役仍在紧锣密鼓地进行。1949 年 11 月 5 日，新华社广播义正辞严，重申向全国进军与渡海作战的立场。1949 年 9 月 4 日，《人民日报》发表时评提出，打到台湾去，解放台湾同胞。12 月 31 日，中共中央发布《告前线将士和全国同胞书》，更加明确提出："中国人民解放军和中国人民在一九五〇年的光荣战斗任务，就是解放台湾、海南岛和西藏，歼灭蒋介石匪帮的最后残余，完成统一中国的事业，不让美国帝国主义侵略势力在我们的领土上有任何立足点。"1950 年 1 月 1 日，《人民日报》元旦社论指出：1950 年的主要任务

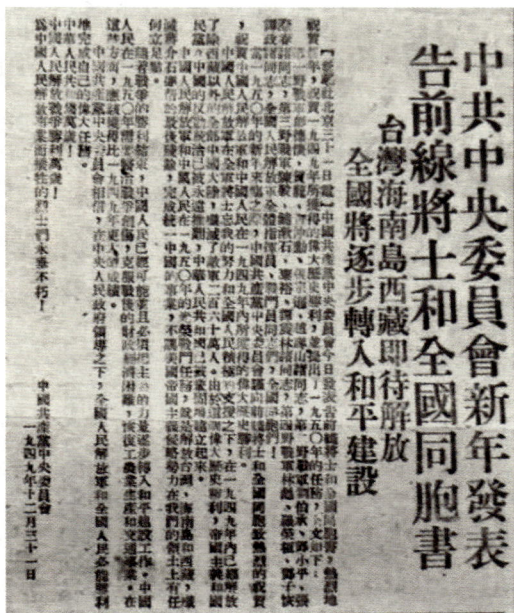

中共中央发布《告前线将士和全国同胞书》

是，以一切力量完成人民解放战争，肃清中国境内的一切残余敌人，解放台湾、西藏、海南岛，完成统一全中国的大业。

在受命后的整整一年间，粟裕的主要精力集中放在准备攻台作战和解放沿海岛屿、翦除台湾外翼上。对此，毛泽东在 8 月 2 日给粟裕的电报中说，"你们积极准备攻台湾是正确的。必须从各方面准备攻台，打破干部中的畏难心理"。

根据中央赋予三野解放台湾的战略任务，粟裕领导三野为攻台作战进行多方谋划和准备：

首先，根据中央的战略意图，把战略重心始终放在向福建进军，解放浙闽沿海岛屿，力争在上述地区获得较大战果，多歼国民党残余军队，为最后解放台湾创造良好条件。

其次，迅速调整军力部署，组建攻台军事力量。从 1949 年 7 月中旬开始，三野将辖下第 9 兵团作为攻台的主攻力量。将该兵团的 20、26、27 军，再加上 23 军集中整训，作为陆军渡海登陆作战的突击力量。同时，按照中央军委要求，抽调部队组建空、海军和其他兵种部队，在开封组建了我军第一支伞兵部队，并编组了华东海军第一、二舰队，这是我人民海军第一支战斗舰艇部队。

再次，研究、拟定攻台作战方案。1950 年 3 月底，中央军委确定了"先打定海、再打金门"的方针。4 月中旬，周恩来在给苏联国防部长布尔加宁的电报中明确告诉苏联政府，中国人民革命军事委员会已经预定在 1950 年发动两次战役，即 6 月夺取舟山群岛，8 月夺取金门岛，1951 年夏季以后实施台湾战役。5 月 17 日，三野前敌委员会下达《保证攻台作战胜利的几个意见》，确定部队转入渡海登陆作战准备。海军和空军部队也全力进行人员培训、部队组建和装备购置工作。

对台前线指挥部起初制定了以 9 兵团 4 个军为主，实施攻台作战的预案。后来，于 1949 年秋又制定了以 8 个军攻台的作战计划。到 1949 年底，再次决定增加兵力，准备以 12 个军约 50 万人参加攻台作战。1950 年 3 月攻台战役总指挥粟裕在北京与海军司令员萧劲光、空军司令员刘亚楼等会商攻台作战问题，在此基础上进一步修改完善了攻台作战方案，并向中央呈报。

1950 年 6 月 6 日至 9 日，党召开七届三中全会。会上毛泽东重申了"解放台湾、西藏，跟帝国主义斗争到底"的决心。会议期间，粟裕汇报了解放台湾的准备情况和作战方案。他认为解放台湾已经成为全国全军的重大战略行动，请求中央军委直接指挥台湾战役。毛泽东出于对粟裕的信任，明确指示，攻台战役仍由粟裕负责。1950 年 5 月 1 日，人民解放军解放海南岛。从 5 月下旬到 8 月初，人民解放军三野以三个月的作战，解放了福建和浙江沿海除金门、马祖、台州列岛之外的全部岛屿。实现解放台湾的任务指日可待。

解放台湾计划被搁置

1950 年 6 月 25 日，朝鲜内战爆发。6 月 27 日，美国总统杜鲁门发表声明称，"已命令第七舰队阻止对台湾的任何进攻"，命令美国空军第十三航空队进驻台湾，并提出"台湾未来地位的决定必须等待太平洋安全的恢复、对日和约的签订或经由联合国的考虑"。中国共产党和中国政府立即作出强烈反应，毛泽东号召"打败美帝国主义的任何挑衅"。周恩来代表中国政府发表声明，严正谴责美国帝国主义者武装干涉中国、朝鲜内政，表示中国决心为解放台湾奋斗到底。

鉴于美国武装干涉朝鲜内战，特别是武力阻止我解放台湾，使解放台湾的形势发生重大变化，中共中央调整作战方向，作出"抗美援朝"的战略决策，6月30日，中央军委副主席周恩来约见海军司令员萧劲光，传达了中共中央新的战略方针，"形势变化给我们打台湾增添了新的麻烦，因为有美国在台湾挡着"，"目前，我们在外交上，要谴责美帝国主义侵略台湾、干涉中国内政；在军事上，陆军继续复员，加强海军、空军建设。"他表示，中央决定"打台湾的时间往后推"。7月上旬，中央军委决定组建东北边防军，并调粟裕出任司令员兼政治委员。7月中旬，粟裕向攻台作战部队传达了中央指示，推迟进攻台湾。7月18日，毛泽东批准空军司令员刘亚楼关于将原驻南京的6个空军团调入东北部署的报告。8月11日，经中共中央批准，三野前敌委员会建制撤销。8月26日，根据毛泽东指示，周恩来在其主持的检查和讨论东北边防军准备工作会议上正式宣布："支援朝鲜人民，推迟解放台湾。"9月29日，毛泽东致信胡乔木指示：今后在宣传中不说打台湾的时间。10月，中国人民志愿军入朝作战。从这时起抗美援朝战争已成为全国人民和人民解放军全军第一位的工作。在东南沿海的渡海作战准备就此全面停止，武力解放台湾的计划被搁置。

中国人民志愿军入朝作战

二、重提解放台湾，斗争方式转向军事、外交并重

中央重提解放台湾的形势、决策

进入 20 世纪 50 年代中期，远东形势开始发生一些值得注意的变化：1953 年 7 月，朝鲜战争结束。1954 年 7 月，日内瓦会议促成印度支那问题和平解决，亚洲地区紧张对峙局势有所缓和。但中美两国间的紧张关系并没有随之改善。艾森豪威尔政府从反共需要出发，继续采取遏制和孤立中国的政策，积极拼凑针对中国的太平洋反共军事集团，对中国大陆形成威胁，同时策划订立美蒋"共同防御条约"，加紧对台湾实行控制。在此背景下，国民党集团在美国庇护下逐步强化同大陆的军事对峙，增加对大陆东南沿海地区的骚扰，大肆叫嚣"反攻大陆"。在远东地区两个"热

点"（即朝鲜问题与印支问题）降温后，台湾海峡反呈紧张态势。

日内瓦会议现场

1954 年 7 月 7 日，中共中央召开政治局扩大会议。在会上，毛泽东分析日内瓦会议后的形势指出："现在美国同我们关系中的一个重要问题就是台湾问题，这个问题是个长时间的问题。我们要破坏美国跟台湾订条约的可能，还要想一些办法，并且要作宣传。我们要组织一些宣传，要大骂美国搞台湾，蒋介石继续卖国。另外，在外交方面要有一种适当的表示。"这次会议表明中共中央已经再次着手研究解决台湾问题的基本战略。针对美国加紧对台湾的控制，策划订立美蒋"共同防御条约"，拼凑包括台湾在内的太平洋反共军事集团，会议决定发动一场声势浩大的解放台湾运动，从政治上、外交上揭露美国的侵略意图。7 月 27 日，中共中央发出由邓小平根据毛泽东指示起草的致当时还在国外访问的周恩来的电报。该电报表示："击破美蒋共同防御条约和东南亚防御条约，乃是我们当前对美斗争的最中心的任务。"并提出中央当前对台工作的重要部署，指出，"国内已开始了必须收复台湾和揭露美蒋的宣传，并且准备在你回京之后，以外交部长的名义就台湾问题发表一个公开的声明，接着由各党派发表一个联合声明"，然后在"全国人民中进行广泛深入的长期的经常的宣传教育工作"。

中共中央决定发动一场声势浩大的解放台湾的运动

根据中共中央的决策，祖国大陆围绕台湾问题，展开了两种不同性质的斗争。一种是坚决要求美国放弃对台湾和台湾海峡的侵略和干涉，这是国际性质的外交斗争；另一种是中国人民一定要解放台湾，这是对国民党集团勾结美国密谋"共同防御条约"、军事骚扰大陆的惩罚性军事行动。

在政治宣传方面，1954年8月1日，人民解放军总司令朱德在建军27周年纪念大会上讲话，强调中国人民一定要解放台湾。8月2日，周恩来发表关于台湾问题声明，严正指出："台湾是中国的领土，中国人民一定要解放台湾。""台湾问题是中国的内政，绝不容许他人干涉。"11日，周恩来在中央人民政府委员会第33次会议上再次宣布："台湾是中国神圣不可侵犯的领土，决不容许美国侵占，也决不容许交给联合国托管。解放台湾是中国的主权和内政，决不容许他国干涉。美国政府和盘踞台湾的蒋介石卖国集团无论订立什么条约都是非法的，无效的。"22日，中国各民主党派和人民团体发表关于解放台湾的联合宣言，宣告："台湾是中国的领土，中国人民一定要解放台湾。"此前，7月16日、7月23日，《人民日报》发表题为《不能容忍美蒋匪帮的侵略罪行和海盗罪行》和《一定要解放台湾》的社论。面向全国人民和全世界的解放台湾运动大张旗鼓地开展起来。

8月12日，周恩来在有关部门干部会议上对中央的决策部署作了说明。他说，"解放台湾是中国的主权、内政问题"，"现在朝鲜战争停了，印度支那战争也停了，剩下来的就是美国加紧援助台湾进行骚扰性的战争。如果我们不提出解放台湾，保持不了祖国的完整版图，我们就会犯错误，也对不住自己的祖先"。"因此，我们要提出解放台湾的任务，各方面进行工作，军事上、外交上、政治上、经济上都要做工作。"

在军事斗争方面，根据美国政府的既定政策和各种新的动向，毛泽东、周恩来判断：中国政府如果解放沿海岛屿，美国政府干涉的可能性不大；如果要渡海攻台，美国则可能出动第七舰队进行阻挠。周恩来明确提出，解放台湾"要有步骤地进行"，"要从沿海岛屿开始打击敌人"。他表示，"台湾战争是一直存在的"，国民党军队利用还占领的几十个海岛，"对中国大陆进行破坏性的、骚扰性的战争，所以，我们解放台湾，也要从沿海岛屿开始打击敌人。我们总的口号是：解放台湾。但是要有步骤地进行"。鉴此，中央军委制定了"从小到大、由北向南、逐岛进攻"的作战方案。1954年8月，中央军委批准华东军区向参战部队下达准备同台湾国民党军作战的命令，并批准成立以张爱萍为司令员兼政治委员的浙东前线指挥部。9月3日，奉中央军委之命，人民解放军对金门实施较大规模的惩罚性炮击。9 月 22 日，再次对金门实施急促火力的炮击。炮击金门行动，表明中国人民维护国家领土、主权完整不容置疑的坚强决心，向美国和国民党当局施加强大压力。

在外交斗争方面，配合我军事斗争，展开以对美斗争为主线的外交斗争，并体现出坚定的原则性和有理有利有节的灵活性。解放台湾运动展开后，国际社会广泛关注。美国一方面加紧同蒋介石集团勾结，策划签订"共同防御条约"，对两岸统一设置更大障碍；另一方面策动新西兰在联合国搞所谓"停火提案"。英国从自身利益出发，斥责中国解放台湾，提出"台湾主权未定"，主张交联合国"托管"。苏联和印度则提议召开国际性会议解决台湾问题。

面对复杂的国际形势，中共中央的立场是：台湾是属于中国的，不解放台湾决不罢休；决不容许"两个中国"；决不容许联合国和任何国家干涉中国内政。方针是：对于美国的所谓"停火"决不接受；对于台湾"中立化"和"托管"的主张决不同意。联合国和任何国家都无权干涉属于中国内政的台湾问题。中央指出：目前台湾紧张局势都是美国一手造成的，联合国有责任采取行动停止美国对中国的侵略；只要美国从台湾和台湾海峡撤走一切武装力量，台湾地区的紧张局势即可消除。从这一基本方针出发，我们的策略是：集中力量打击美国，揭露它策动"停火"和武装干涉我解放台湾的阴谋；努力争取印度、缅甸等和平中立的国家，向他们说明事实真相，表明我们立场，使之同情并理解我们。

围绕这一中心工作，中国方面展开了大量外交活动。8 月 24 日，毛泽东在会见英国工党代表团时提出，希望工党朋友劝劝美国人：在台湾问题上能够改弦更张，"把第七舰队拿走，不要管台湾的事，因为台湾是中国的地方"。周恩来以外交部长身份通过各种外交途径阐明中国政府和中国人民关于台湾问题的原则立场和方针政策。他从历史、法理和事实上批驳美国制造的"台湾地位未定论"，说明台湾是中国不可分割的一部分。他在会见英国工党代表团时指出，"台湾是一个容易激动中国人民感情的问题。关于这件事的现状是中国人民所不能容忍的"，"台湾从任何方面都证明是中国领土的一部分。不仅中国人民认为如此，世界公正舆论也认为如此。甚至被中国人民赶出大陆的蒋介石也这样说。而在像开罗、波茨坦这样的国际会议上也承认了这一点"，"美国过去也承认这一点"，"美国侵占台湾是最没有道理的"，"如果没有美国对台湾的支持，台湾早就解放了"。他在会见英国驻华代办及印度驻华大使时指出，谈缓和远东局势，首先要研究紧张局势从何而来。这是一个是非问题。美国同蒋介石策划"美蒋协定"，目的是要霸占台澎列岛，第二步就是要发动新的战争。因此，台湾问题的中心是要美国放弃侵略。如果要召开国际会议来解决问题，那就需要确定两个原则：蒋介石集团不能参加；联合国无权过问。他还强调，如果美国政府愿意坐下来谈，以缓和并消除紧张局势，首先是台湾地区的紧张局势，那么，我们也是不会拒绝的。周恩来的讲话体现了对美斗争原则性和灵活性的高度统一。

为了配合外交斗争，9月25日，发出《中共中央关于解放台湾宣传方针的指示》。指示说，解放台湾是"我国的既定方针"，但又是一个战略任务，是长期的复杂的斗争，"斗争是长期的，是因为我们没有强大的海空军，就要有时间去把它建设起来"，"斗争是复杂的，是因为这个斗争有国内和国际两个方面"。对内，解放台湾是我国的内政，要采取军事斗争的方法；对外，"在美国尚未参加战争的时候，要采取外交斗争的方法"，"除了军事斗争和外交斗争以外，还必须在宣传工作、政治工作、经济工作等方面同时加紧努力"。

1954年12月2日，美国政府不顾中国政府和人民的强烈反对，执意与国民党当局签订"共同防御条约"。这实际上是把台湾置于美国政府的"保护伞"下，阻挠中国的统一。

中国政府立即作出强烈反应。12月5日，《人民日报》发表题为《中国人民不解放台湾决不罢休！》的社论。12月8日，周恩来发表声明，谴责美国同台湾蒋介石当局签订的所谓"共同防御条约"。声明指出，这个条约同维护和平毫无共同之处，"在任何意义上都不是一个防御性的条约"，而"是一个彻头彻尾的侵略性的战争条约"。这是美国政府"对于中华人民共和国和中国人民的一个严重的战争挑衅"。

中国政府在政治上谴责美蒋"共同防御条约"的同时，人民解放军在军事上展开新一轮的攻势。1955年1月18日，人民解放军发起自创建以来的首次陆海空联合作战。经过激烈战斗，解放了大陈岛外围的一江山岛。2月13日至26日，又先后解放了大陈岛及其外围列岛。至此，浙江沿海岛屿全部解放。随后，华东军区部队遵照中央军委指示，挥师入闽，与福建部队会合，准备攻打金门、马祖。

中国人民解放军登陆部队在一江山岛战役中突击敌阵地

三、对台政策调整与中美大使级会谈

1955 年以后，随着台海局势的变化，中共中央、毛泽东决定缓和对华东沿海国民党军所在岛屿的攻势，并以民族大义为重，重新提出实现国共合作的建议，海峡两岸的斗争从此进入一个新的阶段。

中美关系出现转机，中美大使级会谈起步

此时，中共中央领导人通过与各方接触，注意到当时国际社会包括美国盟友对台湾问题的主张并不一致，这在客观上也制约了美国的行动，由此积极开展外交活动，争取国际社会的同情与支持，扩大国际和平统一战线。

1955 年初，苏联、印度、缅甸等国为缓和远东和台湾海峡紧

张局势，提出召开国际性会议的主张。2月，印度进一步提出，在召开国际性会议之前，由苏联、英国、印度进行一次外交试探，目的是在中美之间寻求一些初步的共同点。

为此，中共中央全面分析研判台湾问题，并作出有针对性的战略安排。1955年3月，毛泽东在给赫鲁晓夫的信中分析了美国、印度、英国在台海问题上的态度，认为他们虽有不同，但都接受了中国解放沿海岛屿的诉求。不同在于，美国准备用外岛来换取其霸占台湾，并在事实上造成"两个中国"的形势。而印度不承认"两个中国"，认为台湾主权属于中国，蒋介石军队应从沿海岛屿撤退，台湾和澎湖列岛问题经过谈判寻求和平解决的途径。英国则摇摆于美印之间，但偏向于美国。因此，毛泽东在信中提出"利用印度压英国使美国让步"，并分两步完成解放台湾的任务："第一步是解放沿海岛屿，第二步（可能需要很长的时间）是解放台湾本岛。"而第一步的实现，中央的设想是"使解决沿海岛屿的问题同苏联政府建议举行的十国会议联系起来"。至于第二步，中共中央深知目前解放台湾的条件尚不成熟，一个时期内无法改变美国占领台湾的现实，但强调，实现第一步的前提，是不承认美国的占领"合法化"和"两个中国"，不放弃"解放台湾"的口号。1955年3月22日，刘少奇在党的全国代表会议上作了重要发言，全面阐述了中共中央对台战略，强调要坚决而又正确地进行解放台湾的斗争。提出："解放台湾是个长期的、复杂的斗争。不经过长期的、各方面的、首先是军事方面的努力，这个任务是不可能完成的。我们解放台湾的斗争，是中国人民解放战争的继续。这是我国的内政，我们反对美国干涉我国的内政。但是，由于美国事实上占领着台湾，并且公开干涉我国解放台湾，因而解放台湾的斗争便又包含着复杂的外交斗争。"毛泽东、刘少奇上述言论表明，1955年初，中共中央大体形成处理台湾问题的基本战略，即台湾必须解放，同时正视台湾问题的复杂性、长期性，谨慎处理好内政与外交、国内与国际等不同性质的矛盾，并制定相应的处理方针。战略的重点是确定对美斗争采取以外交斗争为主的方式，尝试通过国际舆论和谈判坚决与美国的"两个中国"图谋作斗争，而解放台湾本岛则留待未来条件成熟再解决。

自1955年初开始，中共中央基本上按照上述设想首先展开了外交行动。

1955年2、3月，中国政府通过外交及宣传渠道，公开表示愿意接受苏联关于召开"十国会议"提议（"十国会议"是由苏联政府于1955年2月4日为和平解决台湾问题、和缓远东紧张局势而建议召开的国际会议，参加会议的有中国、美国、英国、苏联、法国、印度、缅甸、印尼、巴基斯坦和锡兰，后因美国的干扰破坏而未开成），讨论缓和台湾局势问题。

接着，1955年4月，第一次亚非会议在印尼万隆举行。中国政府高度重视，将此次会议作为宣传中国政府缓和台海局势主张、迫使美国接受谈判的契机。在周恩来赴会之前，中共中央讨论通过《参加亚非会议的方案》，正式提出："我们主张通过国际协商和缓并消除国际紧张局势，包括台湾地区的紧张局势在内。"毛泽东指示："可相机提出在美国撤退台湾和台湾海峡的武装力量前提下，

周恩来在万隆会议上

和平解放台湾的可能。"万隆会议期间，与会国家十分关心台湾地区局势。除 5 个会议发起国外，加上菲律宾和泰国共有 7 个国家的外长在与周恩来面谈时提及台湾问题。对此，周恩来与缅甸总理吴努会谈时，强调台湾问题属于中国内政的同时，表达了如果美军撤退，我们可能用和平方式解放台湾，并改善中美关系的意向。而后周恩来出席各国代表团团长会议，将台湾问题的来龙去脉向他们阐述得清清楚楚。这些外长事后说，上述内容以前闻所未闻。4 月 23 日，根据中央的决定，应七国代表团团长的要求，周恩来在会议期间即席发表一个声明。声明表示："中国人民同美国人民是友好的。中国人民不要同美国打仗。中国政府愿意同美国政府坐下来谈判，讨论和缓远东紧张局势的问题，特别是和缓台湾地区的紧张局势问题。"这个声明立即在国际上引起强烈反响，赢得国际舆论广泛支持。一些友好国家的领导人从中斡旋，呼吁美国政府为缓和台湾地区紧张局势采取实际步骤，迫使美国不得不考虑调整对华政策。随后，美国国务卿杜勒斯无可奈何地表示，美国不排除同中国进行谈判的可能。

1955 年 7 月 13 日，英国驻华代办向周恩来转达了美国政府的口信。口信说，为了有利于进一步讨论和解决我们双方之间目前有所争执的某些其他实际问题，如果你对此赞同的话，我们将指定一个大使级代表在上述基础上同你们相当级别的代表于互相同意的日期在日内瓦会晤。两天后，周恩来向英国代办送交给美国政府的回文表示，我们将按照这个建议派出大使级代表在日内瓦同美方级别相当的代表会晤，讨论和解决中美之间目前争执的实际问题。一度紧张的中美关系开始出现转机。

8 月 1 日，中美大使级会谈在日内瓦正式举行。中方代表是驻波兰大使王炳南，美方代表是驻捷克斯洛伐克大使约翰逊。在中美尖锐对立并相互隔绝的年代，中美大使级会谈在两国间建立起一个相对固定的对话和接触的渠道。虽然第一阶段为时两年多的会谈没有取得实质性的成果，但从长远发展看，会谈是有价值的，具有重要意义和作用，它既是朝鲜战争之后两国在国际上进行斗争的一种特殊形式，也为日后中美关系的改善埋下伏笔。

中共中央调整对台政策，争取用和平方式解放台湾

中国政府缓和台海局势的外交努力，得到国际社会的认同，让中共中央更加坚定和平解放台湾的主张是当下最恰当的选择。1955 年 5 月 26 日，毛泽东会见印尼总理时表示："我们要争取和

平的环境，时间要尽可能的长，这是有希望的，有可能的。如果美国愿意签订一个和平条约，多长的时期都可以，五十年不够就一百年。"这是中央准备调整对台政策的一个重要信号。

实际上，早在 1954 年下半年，中共中央领导人就在考虑调整对台政策的问题。是年 8 月 12 日，周恩来在民主人士座谈会上提出，"凡愿从台湾回到祖国来的，我们是既往不咎"，"大家都有朋友在台湾，可以向他们做宣传工作，经济上要加强建设，从而加强解放台湾的物质力量"。9 月 25 日，《中共中央关于解放台湾的宣传方针的指示》明确提出"除蒋贼一人外，任何人都容许弃暗投明，回到大陆来与家人团聚，任何人都可以受到立功赎罪、既往不咎的宽大待遇"。

1955 年 7 月 30 日，即在中美大使级会谈前夕，周恩来遵循中共中央和毛泽东的决策，在一届全国人大二次会议上公开提出，"中国人民解放台湾有两种可能的方式，即战争的方式和和平的方式，中国人民愿意在可能的条件下，争取用和平的方式解放台湾"，"只要美国不干涉中国的内政，和平解放台湾的可能性将会继续增长。如果可能的话，中国政府愿意同台湾地方的负责当局协商和平解放台湾的具体步骤"。此后，中共中央在全国人大、全国政协会议上多次表达和平解放台湾的意愿。中央还专门成立台湾工作委员会，以推进相关工作的进行。除了通过正式会议宣传外，还频繁通过与台湾有联系的各方人士，向台湾传递和谈信息。1955 年 12 月，周恩来接见香港大学英籍教授时说，我们可以同蒋介石谈判和平解放台湾问题，跟蒋介石进行第三次合作。次年，周恩来回应李宗仁关于台湾问题的建议称，台湾不必"非军事化"，欢迎国民党军政负责人来大陆探亲、访友、观光，也可以派人到大陆考察。

从 1956 年开始，中国进入全面建设社会主义时期，不仅需要和平的国际环境和安定的国内环境，而且需要调动一切积极因素参与建设事业。为此，中共中央关于争取用和平方式解放台湾，并愿意同国民党进行第三次合作的思想更加明确起来。这年 1 月 25 日，毛泽东在最高国务会议第六次会议上指出，即将进入的新时期应该有一个科学计划，为此还要有一个政治计划，政治计划不好写条文，就是要有这样一个原则，"凡是能够团结的，愿意站在我们队伍里的人，都要团结起来"。不管他过去是做什么的，比如台湾，那里还有一堆人，他们如果是站在爱国主义立场，如果愿意来，不管个别的也好，部分的也好，集体的也好，我们都欢迎，为我们的共同目标奋斗。毛泽东还说："国共已经合作了两次，我们还准备进行第三次合作。"

这次会议不久，1 月 30 日，周恩来代表中共中央在全国政协二届二次会议上宣布："凡是愿意回到大陆省亲会友的，都可以回到大陆上来。凡是愿意到大陆来参观和学习的，也都可以到大陆上来。凡是愿意走和平解放台湾道路的，不管任何人，也不管他们过去犯过多大罪过，中国人民都将宽大对待，不咎既往。凡是在和平解放台湾这个行动中立了功的，中国人民都将按照立功大小给以应得的奖励。凡是通过和平途径投向祖国的，中国人民都将在工作上给以适当的安置。"他号召："台湾同胞和一切从大陆上跑到台湾的人员，站到爱国主义旗帜下来，同祖国人民一起，为争取和平解放台湾、实现祖国的完全统一而奋斗吧！"这是中共中央对台政策的一个转折点。此后，对台工作的突出变化是，不仅将蒋介石包括在争取团结之列，而且明确同台湾当局谈判和平解放台湾的实际步骤。6月28日，周恩来在一届全国人大三次会议上讲到台湾问题时，代表中央明确表示，"我们愿意同台湾当局协商和平解放台湾的具体步骤和条件，并且希望台湾当局在他们认为适当的时机，派遣代表到北京或者其他适当的地点，同我们开始这种商谈"。同年9月召开的中国共产党第八次全国代表大会肯定了这一方针。中共八大政治报告申明："我们愿意用和平谈判的方式，使台湾重新回到祖国的怀抱，而避免使用武力。如果不得已而使用武力，那是在和平谈判丧失了可能性，或者是在和平谈判失败以后。"至此，中共中央对台工作进入具体寻求接触和谈判的新阶段。

中国共产党第八次全国代表大会

中共中央和平解放台湾主张的提出，在海内外引起重大反响，促进了台湾内部的变化。1956 年 7 月 29 日，中共中央发出《关于加强和平解放台湾工作的指示》，提出，目前对和平解放台湾工作应采取"多方影响，积极并且耐心争取的方针"；工作重点应放在"争取台湾实力派及有代表性的人物方面"，即"通过各种线索，采取多样办法，争取以蒋氏父子、陈诚为首的台湾高级军政官员，以便使台湾将来整个归还祖国"。

为进一步巩固对台工作的有利形势，加强和平解放台湾的工作，党中央指定由相关部门负责人成立一个对台工作小组专责对台工作。

为了落实通过谈判实现和平统一的具体步骤，中共中央领导人不断会见有关人士，请他们向台湾当局传递信息。1956 年 7 月，周恩来三次会见从海外回大陆斡旋国共关系的新加坡《南洋商报》记者曹聚仁。曹曾在抗战时期与蒋经国交往甚密，并表示愿意从中做些工作。10 月，毛泽东与周恩来又分别会见他。对国共和谈问题提出具体设想。毛泽东表示，如果台湾回归祖国，"一切可以照旧"，台湾现在可以搞三民主义，可以同大陆通商，但是不要派特务来破坏，我们也不派"红色特务"去破坏他们。谈好了可以订个协议公布。台湾可以派些人来大陆看看，公开不好来可以秘密来。毛泽东还说，台湾只要同美国断绝关系归还祖国，其他一切都好办。现在台湾的连理枝是接在美国的，只要改接到大陆来，可以派代表回来参加人民代表大会和政协全国委员会。就这个问题，周恩来还向曹聚仁作了具体说明，蒋经国等安排在人大或政协是理所当然的。蒋介石将来总要在中央安排。台湾还是他们自己管。周恩来还真诚地表示，如果目前台湾方面有难处我们可以等待，希望蒋氏父子和陈诚也拿出诚意来。

面对大陆方面的和谈呼吁，蒋介石表现出矛盾心理：一方面，担心大陆的宣传会动摇岛内的"反共心理"，尤其担心美国怀疑其反共决心，故一再公开拒绝大陆的和谈建议。另一方面，蒋介石又想进一步试探大陆对台政策的底数。1957年春，台当局派"立法委员"宋宜山到北京实地考察。周恩来会见宋宜山，并指派中央统战部长李维汉、中央调查部长罗青长就台湾当局关心的一些实质性问题向他交底。概括起来就是：国共两党对等谈判，台湾实行高度自治；台湾的政务仍归蒋介石领导，中共不派人前往干预，国民党可派人到北京参加对全国政务的领导；美国军事力量一定要撤离台湾和台湾海峡，不允许外国干涉中国内政。应该说，这次交底是相当明确而具体的。

当然，中央提出和平解放台湾的主张，并不意味着放弃武力解放的选项。周恩来说：解放台湾是中国的内政，我们愿意争取和平解放台湾，而和平解放台湾的可能性是一天天增长的。但是我们也不放弃武装解放台湾的准备，因为如果放弃的话，和平解放台湾的可能性就会减少。毛泽东说得更明白："我们如果只作和平取得革命胜利的打算，那是要吃亏的，因为我们并不是资产阶级的参谋长，他让不让你和平取得胜利，并不决定于你的主观愿望。我们现在也说要争取和平解放台湾，但我们并不是美国和蒋介石的参谋长，我们也不能替他们做答案。"

四、炮击金门，坚决挫败美国制造"两个中国"图谋

中国共产党调整对台政策并采取一系列措施，推进争取和平解放台湾的攻势，引起美国的不安。他们一方面开始给中美大使级会谈制造困难，1957 年 12 月 12 日，在中美大使级会谈第 73 次会议上，美方企图单方面降低会谈级别，导致会谈中断。另一方面加紧在国际组织和国际会议推行"两个中国"政策，企图迫使蒋介石就范和大陆方面默认。与此同时，美国还支持蒋介石集团对大陆沿海地区不断进行骚扰，致使从 1955 年 4 月万隆会议以来，台海地区保持了三年多的稳定局面再次被打破。

毛泽东一直寻找机会使台湾问题再次引起国内外关注，将美国逼回谈判桌。1958 年夏季发生的中东事件，为毛泽东提供了这样一个难得的有利时机。

炮击金门，"直接对蒋，间接对美"

1958 年夏，亚非地区人民争取民族解放的斗争风起云涌，反美呼声此起彼伏，黎巴嫩夏蒙政府被推翻；伊拉克爆发推翻费萨尔王朝的革命，巴格达条约破产。美国为扑灭中东反美火焰，维持其殖民主义统治，于 7 月 15 日出兵黎巴嫩，公然干涉别国内政。为破坏世界和平，扩大侵略战火，美国还从各方面策动骚乱以配合中东战局。在台湾，美国同蒋介石当局保持密切接触，通报中东形势。而国民党集团则积极支持美国侵略行径，加速进行"反攻大陆"准备。

面对美蒋挑衅，毛泽东从国际战略大局和解决台湾问题的根本目的出发，作出炮击金门的重大决策。

7月18日，毛泽东在中南海主持召开军委联席会议，布置东南沿海军事斗争任务。毛泽东在会上说，支援阿拉伯人民的反侵略斗争，不能仅限于道义上的支援，还要有实际行动的支援。打金门就是支援黎巴嫩人民的反侵略斗争。金门、马祖是中国的领土，打金门、马祖，惩罚国民党军，是中国内政，敌人找不到借口，而对美帝国主义则有牵制作用。此次行动以地面炮兵实施主要打击，准备打两三个月。

根据毛泽东和党中央的战略决心，中央军委制定了炮击金门的具体作战方案。8月18日，毛泽东指示彭德怀："准备打金门，直接对蒋，间接对美。"

叶飞是毛泽东提议任命的这次炮战的总指挥。8月20日，毛泽东指示叶飞立即到北戴河。21日下午3时，叶飞到北戴河毛泽东住处。当叶飞汇报完炮击金门的准备情况后，毛泽东突然问了一个他意想不到的问题："你用这么多的炮打，会不会把美国人打死？"叶飞回答说："主席，那我就无法避免了。"第二天，毛泽东请叶飞参加会议。在谈到打美国人的问题时，毛泽东的话很简单："那好，照你们的计划打。"

8月23日，毛泽东选择联合国大会紧急会议讨论通过阿拉伯各国要求美国从中东撤军提案的第二天下令对金门展开大规模炮击，以便引起国际关注，有利于中国人民的斗争。炮击金门打响后，美国立即从地中海、旧金山、日本、菲律宾等地调舰队和飞机集结台湾海峡，准备"协防"金门、马祖。在向金门开炮第四天，美国总统艾森豪威尔发表谈话称，美国将不放弃它以武力阻

中国人民解放军向金门进行猛烈炮击，史称"八二三炮战"

止解放台湾的"责任"，并授权国务卿杜勒斯于 9 月 4 日发表声明，公开威胁要把美国在台湾海峡地区的侵略范围扩大到金门、马祖等沿海岛屿。但在世界范围内，除南朝鲜李承晚集团外，几乎都不赞成美国的做法。面对压力，美国政府不得不重新考虑对中国的政策，9 月 4 日，杜勒斯声明后，在其备忘录中透露出如下信息：国民党可自己与中共交战；希望中共不会真的打起来；美国不放弃和平谈判的希望。这表明，美国并不想与中国大陆直接交战。

边打边谈，"绞索政策"

从 8 月 23 日至 9 月 4 日将近两周时间，毛泽东炮击金门的目的基本达到：第一，警告并严惩了蒋介石集团；第二，减轻了中东人民的压力；第三，调动了大陆人民的积极性；第四，试探了美国对台湾地区的态度。其中最重要的是第四点。周恩来说："打炮就是试验他，这回试验出来了，杜勒斯这张牌出来了。"

根据美国的反应，毛泽东同中央政治局常委研究认为，现在的形势是我们主动，美国人被动。杜勒斯似乎要把台澎金马都包下来，这就像钻进绞索，给套住了。但美国人心里怕打仗，很可能在金门、马祖采取脱身政策。我们准备以外交斗争配合福建前线的斗争，有武仗，又有文戏。

9 月 4 日，中国政府按既定计划宣布，本国领海宽度为 12 海里，此规定用于包括台湾及其周围各岛在内的一切中国领土，未经中国政府许可，一切外国飞机和军用船舶不得进入中国的领海和领海上空。这是一项维护中国海洋权益的具有现实和长远意义的重大决策。9 月 6 日，周恩来发表声明，谴责美国威胁要把它在台湾海峡地区的侵略范围扩大到金门、马祖等岛屿；同时宣布，中国政府准备恢复中美大使级会谈，以消除和缓和台湾地区紧张局势。同一天，毛泽东在最高国务会议上发表讲话说："我们这一打，打出美国想谈了，它敞开了这张门了。看样子它现在不谈，也是不得下地，它每天紧张，不晓得我们要怎么样干。那好，就谈吧。跟美国的事，就大局上说，还是谈判解决，还是和平解决。"

在这期间，金门守军的海上补给线被截断，美国军舰以为蒋军运输船护航为名侵入我国领海。中共中央和中央军委决定，以打击国民党军方式反对美军的护航行动。毛泽东当时指示：照打不误；只打蒋舰，不打美舰。我方一开炮，美舰立即丢开蒋舰遁去。作为金门炮战的前线指挥者叶飞后来回忆说："这一切都是在试探美帝国主义所谓美蒋共同防御条约的效力究竟有多大，美军在台湾海峡的介入究竟到了什么程度。经过这一次较量，就把美帝国主义的底全都摸清楚了。"9月9日，毛泽东召集刘少奇、周恩来、邓小平等开会研究缓和台湾地区紧张局势的方案。中共中央决定采取"边打边谈"的方针，即继续炮打金门，同时恢复中美大使级谈判，并提出同台湾当局开展谈判。

9月10日，周恩来会见曹聚仁，请他以最快的办法转告台湾当局：为了宽大并给予蒋方面子，我们准备以7天为期，准其在此期间由蒋舰运送补给，但前提是决不能由美舰、美机护航，否则我们一定要开炮。内政问题应该由自己来谈判解决。美国可以公开同我们谈，为什么国共两党不能再来一次公开谈判呢？周恩来这次托曹聚仁向台湾当局传话，体现了中国共产党争取和平解放台湾的诚意，即使在炮打金门期间也没有丝毫动摇和改变。

迫于国际形势和世界舆论的压力，美国政府于1958年9月15日同意恢复中美大使级谈判。

"联蒋抵美"，坚决挫败美国制造"两个中国"图谋

由于中共中央正确运用"边打边谈"方针，加之美国国内越来越多的人反对政府的战争政策，美国政府不得不进一步调整对台政

策。9 月 30 日，杜勒斯在答记者问时声明：我们没有保卫沿海岛屿的任何法律义务。我们不想承担任何这种义务。我们所采取的行动的根据是联合决议所授予的权力。今天我要说，如果美国认为放弃这些岛屿不会对可能的保卫"福摩萨"（台湾）和条约地区的工作产生任何不利的影响，我们就不会考虑在那里使用部队。这个讲话标志着美国对金门、马祖的政策从"协防"转为"脱身"，目的是以放弃金门、马祖，换取长期盘踞台湾的合法地位。

　　杜勒斯的声明激化了美蒋矛盾。蒋介石坚决反对美国放弃金门、马祖。蒋介石对美政策的两重性，引起中共中央的高度重视。在这种情况下，究竟是先收复金门、马祖，还是把金门、马祖暂时留在蒋介石手中，联蒋抵美？毛泽东后来在各党派负责人座谈会上谈到这个问题时说："开始我们想打金门、马祖，后来一看形势，金门、马祖收回就执行了杜勒斯的政治路线，还是留在蒋介石手上好。要解决问题，台澎金马一起解决为好，中国之大，何必急于搞金门、马祖？"毛泽东的意见在党内取得了共识。把金门、马祖留在蒋介石手里拖住美国，这就是毛泽东提出的著名"绞索政策"。10 月初，经中共中央讨论后，这个方针确定下来。

　　当时，毛泽东调整对金门、马祖政策的考虑是，如果逼蒋介石撤出金门、马祖，形式上是我们收回沿海岛屿，但实际上会造成美国先把台湾孤立起来，然后制造"台湾地位未定"，再"托管"台湾，把台湾变成美国的永久殖民地。调整后的方针好处是：第一，保护了蒋介石的民族性，使台湾不落到美国人手里。如果蒋介石让出金门、马祖，划峡而治，台湾就离大陆更远了，便于美国搞"两个中国"；第二，金门、马祖留在蒋介石手里，保留了一个两岸对话的渠道，否则双方将长期处于隔绝状态；第三，台湾归还祖国，实际上是一场政治、军事、经济力的竞争。晚一些收回，有利于动员国内人民搞建设，增强国防力量。

根据这一方针，中共中央认为有必要减轻对金门、马祖的军事压力，争取蒋介石共同反对美国。中央决定，从10月6日起停止炮击七天，允许蒋军自由地输送供应品，但以没有美国护航为前提。同一天，《人民日报》发表了由毛泽东起草、以国防部长彭德怀署名的《告台湾同胞书》。文告中提出了几点重要思想：第一，"我们都是中国人。三十六计，和为上计"。这一条指出了统一是大陆和台湾的根本方向。第二，"建议举行谈判，实行和平解决"。"这是中国内部贵我两方有关的问题，不是中美两国的有关问题。美国侵占台澎与台湾海峡，这是中美两方有关的问题，应当由两国举行谈判解决。"这一条明确了台湾问题的性质。第三，"从10月6日起，暂以七天为期，停止炮击，你们可以充分地自由地输送供应品，但以没有美国人护航为条件"。这给美国人出了难题，如果它停止护航就等于接受了中国命令，如果它继续护航就在全世界面前暴露了它干涉中国内政的面目。这份文告标志着金门炮击已远远超出了军事斗争的意义，而进入包含政治、外交斗争的新阶段。

从这以后，福建前线对金门的炮击，逢单日打，双日不打，

彭德怀发表《告台湾同胞书》

完全是象征性的，只打沙滩，不打民房和工事。后来逢年过节也停止炮击，让金门、马祖军民平安过节。

鉴此，12月2日，台湾当局外事部门负责人黄少谷发表谈话表示，任何把台湾"国际化"的建议"都是荒谬的毫无理由的"，"台湾几个世纪以来从历史上、地理上、种族上、文化上和法律上，都是中国领土不可分割的一部分"。

12月24日，蒋介石在"光复大陆设计委员会"第五次会议上说，今后"光复大陆"要"以主义为主，以军事为辅"。

12月31日，金门蒋军指挥官宣布：自12月31日晚间零时起至1月2日午夜12时止，将停止反炮击3天，以便大陆同胞静度新年。

大陆、台湾之间的"默契配合"，共同维护了一个中国的局面，为实现祖国和平统一找到了共同点。这是炮击金门决策最重大的收获。

五、"一纲四目"和李宗仁海外归来

"一纲四目"的形成

在炮击金门的过程中，中国政府与蒋介石集团之间在反对美国"两个中国"的斗争中找到共识，两岸形成了一个中国的政治基础，进一步推动了中国共产党从 1955 年就开始倡导的和平解放台湾的事业，并形成一些新的重要思想和主张。

1959 年 2 月，毛泽东在一次讲话中指出，对台湾"给他饭吃。可以给他一点兵，让他去搞特务，搞三民主义"。同月 17 日，他在会见摩洛哥共产党代表团时说，"现在我们又讲跟蒋介石合作，他说不干，我们说要。合作共同反美。他不干，我们说总有一天美国要整他。总有一天美国要承认我们，丢掉他。蒋介石懂得这一点。我们搞第三次合作，他通过秘密的间接的方法跟我们联系，公开不敢，怕美国，对我们不怕"。毛泽东的讲话表明和平解放台湾的思想有了新的发展。

1959 年 5 月 27 日，中共中央发出"关于对台湾工作的几项通知"，指出对台工作必须是长期打算，细水长流，才能积以时日，成效自见，对以蒋氏父子和陈诚为核心的台湾实力派的争取工作，由中央掌握。周恩来亲自主持这项工作，重点放在上层联络方面，提醒台湾上层人士不上美国的当，促成他们之间的团结，共同对付美国，以便台湾整个归还祖国。

为了推动实现第三次国共合作，促进台湾和平解放，党中央采取了如下措施。

——特赦国民党战争罪犯，通过他们向台湾当局传话。1959年9月14日，中共中央主席毛泽东向全国人大常委会提交了关于特赦一批确实已经改恶从善的战犯、反革命罪犯和普通刑事罪犯的建议。全国人大常委会通过了毛泽东的建议。9月17日，中华人民共和国主席刘少奇发布特赦令，决定特赦35名战犯，并于12月4日执行。在这批特赦的战犯中有10人是国民党战犯，且其中8人是黄埔军校毕业生。蒋介石曾任黄埔军校校长，他的亲信多数来自黄埔系。依靠这批黄埔军校的毕业生来联络大陆与台湾的关系，是再合适不过了。从1959年9月至1966年8月7年中，中国政府先后特赦6批战犯，其中国民党战犯263名。许多原国民党军政人员利用同国民党的特殊关系，为力争早日实现国共第三次合作作出了贡献。

——委托原国民党高级将领如张治中、傅作义等致信蒋介石父子和陈诚，转达中共中央对台方针政策。这些信对国民党当局晓以大义，陈以利害，动以感情，反映了中国共产党人以民族大义为重的宽阔胸怀。

——抓住机会做国民党元老的工作。1961年4月，当得知国民党元老、台湾当局"监察院长"于右任居住在西安的妻子生日，周恩来请于右任的女婿屈武写信并准备礼物，周恩来自己也准备了礼物，请人予以转交。他还请于右任的挚友邵力子给于右任写信，并关照统战部门要照顾好于右任妻子的生活。

——通过海内外朋友向台湾当局传话的方式促进相互了解。周恩来希望与台湾有联系的朋友多做工作。但接触中不要太急，不要挖苦对方，要以民族利益为重，工作从长计议。还请有关人士将"奉化庐墓依然，溪口花草无恙"的照片寄往台湾；请统战部门安排住在上海的蒋介石的内兄担任浙江省政协委员，并要他们照顾蒋介石在浙江奉化的亲属和陈诚在浙江青田的姐姐。

上述工作对台湾方面产生了影响，大陆和台湾的关系有了相当发展。台湾当局一个高层负责人士表示，他们不再派人到大陆"进行扰乱公共安宁和破坏地方秩序的事"，并说"进一步派人到大陆去谈谈是不可避免的，也是必须的"。

1960年初，美国对华政策有所变化，它一方面继续从政治、经济方面压迫台湾当局，力图打开缺口，推行"两个中国"；另一方面设法增加与中国的接触，寻找新的折中方案。美国的做法加深了美蒋矛盾，这种形势有利于我们做对台工作。1月3日，周恩来约见原国民党高级将领张治中、傅作义，委托他们致信蒋经国和陈诚。谈话中，周恩来对写信的内容、方式以至语气都做了详细交代。周恩来还多次找张治中商量，并对他的信多次亲自修改。5月24日，周恩来接见张治中等民主人士，请张致信蒋介石，要求信一定要送到蒋氏父子手中，说我们的对台政策是：台湾宁可放在蒋氏父子手里，不能落到美国人手中。台湾必须统一于中国。具体是：（一）台湾回归祖国后，除外交必须统一于中央

毛泽东和周恩来

外，所有军政大权、人士安排等悉委于蒋，陈诚、蒋经国亦悉由蒋意重用；（二）所有军政及建设经费不足之数悉由中央拨付；（三）台湾的社会改革可以从缓，必俟条件成熟并征得蒋之同意后进行；（四）互约不派特务，不做破坏对方团结之举。

这时期，美国加紧颠覆台湾的工作，除扶植廖文毅、胡适外，还假手日本人来做。当时，最需要的是，促成台湾高层的团结，不让美国人钻空子。在美方邀请陈诚访美之前，6月7日，周恩来会见陈诚的亲属，请他帮忙做陈诚的工作。周恩来说，陈诚尚有民族气节，看来不会被美帝牵着鼻子走，这点就是我们寄厚望于陈诚的。周恩来还分析当时台湾的形势，美帝和日本有他们的共同点，那就是搞"台湾独立"，使台湾从中国分裂出去。我们和台湾也有共同点，那就是民族精神。他还表示，台湾的解放是肯定的，但我们不急，可以等待。只要他们一天能守住台湾，不使台湾从中国分裂出去，我们就不改变目前对他们的关系，希望他们不要过这个界，金门、马祖我们是不会去动的，可以耐心等待，直到它们在有利时机下归还祖国——实现第三次国共合作。这年8月陈诚访美，美国国务院将中美大使级谈判记录给他看，想借此拉拢。但陈诚看后对人说：中共拒绝美国一切建议，而坚持美国舰队及武装退出台湾的做法，不受奸诈，不图近利，是泱泱大国风度。陈诚还表示，他们也要向历史作交代。

鉴于陈诚思想的发展，周恩来进一步抓紧争取台湾的工作。1963年1月4日，张治中发出经周恩来修改并送中共中央政治局常委传阅过的给陈诚的信函。函中说，今日台湾问题之关键，在于促成国共第三次合作，使台湾归回祖国。只要台湾归回祖国，其他一切问题悉尊重台湾领导人意见妥善处理。这就是毛泽东提出并由周恩来概括的"一纲四目"。"一纲"，就是："只要台湾归回祖国，其他一切问题悉尊重总裁（指蒋介石）与兄（指陈诚）意见妥善处理。""四目"就是："台湾归回祖国后，除外交必须统一于中央外，所有军政大权人事安排等悉由总裁与兄全权处理；所有军政及建设费用，不足之数，悉由中央拨付；台湾之社会改革，可以从缓，必俟条件成熟，并尊重总裁与兄意见协商决定，然后进行；双方互约不派人进行破坏对方团结之事。""一纲四目"的提出，体现了中国共产党以中华民族根本利益为重的胸怀和从实际出发的精神，对两岸关系产生了深远影响。

不久，周恩来又请人转告陈诚：台湾归还祖国以后可以行使更大的自治权利，除外交以外，军队、人事均可由台湾朋友自己来管。这个时期，中共中央向台湾方面表达的和谈诚意和提出的具体建议对台湾当局深具影响。陈诚等人表示，只要一息尚存，决不会接受"两个中国"。

李宗仁落叶归根

1965 年李宗仁归来，是对台工作的重大事件，也是中共中央争取用和平方式解放台湾所开展工作取得的一项重大成果和在国内外产生重大影响的一件大事。

争取李宗仁回国整整花了十年的时间。1955 年万隆会议后，李宗仁在美国纽约公开发表解决台湾问题的建议，同意周恩来在万隆会议期间所讲的"台湾是中国领土的一部分"，他提出"在中国人之间如假以时日，没有不能解决的事。经过一段和平共处的时间，就可以召开一个全国会议，由自由中国人士与中国共产党试行解决他们之间的一切问题"。这件事引起党中央重视。李宗仁的言论反映了其政治立场的重要转变，其原因有二：一是受周恩来在万隆会议期间呼吁中美两国坐下来谈判的声明，及国际主张和平解决台湾地区紧张局势舆论的影响；二是受中国政府对台湾的和平攻势及国民党高级将领卫立煌海外归来的影响。从此，争取李宗仁回国的工作一直在周恩来直接领导下，作为一项推动和平统一祖国、第三次国共合作的重要工作秘密而稳步地进行着。

1959 年，李宗仁通过程思远第一次向中央表示"落叶归根"的愿望。对此，周恩来没有正面回答，只是强调"时机尚未成熟"。其原因是，当时国内形势比较复杂，国民经济出现困难；从李宗仁的处境来看，一直受到美国中央情报局和国民党特务的监视，稍有不慎，会危及李宗仁的生命；李宗仁虽有归国意愿，但思想准备并不足；还受到美国、台湾、第三势力和中美关系的影响。鉴此，从 1959 年到 1965 年，中共中央主要做了两方面的工作：

首先，在政治上帮助李宗仁摆脱上述四个方面的影响。周恩来认为，李宗仁对第一、第二两个方面的关系可能已经断了，他经香港去欧洲要注意国际上第三势力的纠缠。至于第四个方面可能还未完全摆脱。周恩来坦率地说，李先生总想在中美之间做点事情，这不符合我们的国策。1963 年 11 月，程思远离京赴欧前夕，周恩来要他向李宗仁转达三件事：一是"四可"。可以回国定居，他决心回来，我们欢迎；可以回国后再去美国；可以在方便的时候再回来；可以去欧洲暂住一个时期再定行止。总之，我们欣赏李先生向往祖国之心，但不强加于人。二是"四不可"。不可介入中美关系；不可介入美台关系；不可介入国共关系；不可介入第三势力。三是如果回国定居要过五关，即政治关、思想关、社会关、家族关、生活关。

其次，精心部署、巧妙安排李宗仁安全离美返国。1965 年 2 月，毛泽东在一份关于李宗仁的动态上批示道："似应欢迎李宗仁回国。"这份批示加速了李归国计划的实施。这年 3 月，李宗仁致

1965 年 7 月 27 日，毛泽东在中南海接见李宗仁及夫人郭德洁

信程思远表示了急于回国的心情。周恩来得到报告后果断决定：
"李宗仁先生多年的夙愿，可以如愿以偿了。"这时候陈诚刚刚去
世，台湾政局出现一些新的变化。从某种意义上讲，这个时候欢
迎李宗仁回国也是对台湾工作的一种促进。对于李宗仁的归国，
周恩来考虑得非常周到，对有关经费、技术、路线等各方面的问
题都做了详细、周密的安排。罗青长回忆："当时，重点工作是安
全保证，目的是防止美蒋搞破坏。""周恩来对每个环节都悉心指
导，整个运筹过程都体现出他那博大精深的政治智慧和谨慎细致
的工作作风。"

　　1965 年 7 月 18 日，李宗仁终于回到祖国的怀抱。海外媒体

广泛报道，对台湾的国民党高层人士也产生重大冲击和深远影响。1969年，李宗仁去世前在病榻上口授一封致毛泽东、周恩来的信，信中有这样一段话："在我快要离开人世的最后一刻，我还深以留在台湾和海外的国民党人和一切爱国的知识分子的前途为念。他们目前只有一条路，就是同我一样回到祖国的怀抱。"周恩来当时称这封信是一个"历史文件"，它包含了争取李宗仁回国的全部意义。

六、"文化大革命"时期的对台工作和外交工作

"文革"初期对台工作受到严重冲击

1966年，正当海峡两岸秘密接触日趋热络，中国共产党将进一步拓展祖国统一之路时，"文化大革命"发生了。"文化大革命"所产生的一个直接后果就是对台工作受到严重干扰和破坏。在"文革"极左思潮泛滥下，作为推动祖国统一事业重要力量的人民政协、民主党派受到严重冲击，对台工作的领导干部不是靠边站，就是被打倒。大批爱国民主人士、党外朋友以及在大陆的台胞、台属、原国民党军事人员、起义投诚人员等遭到迫害或打击。

对于党的对台工作遭到破坏，周恩来十分痛心。当他得知浙江溪口蒋介石的母亲和其毛夫人之墓被破坏时，马上命人打电话给浙江省委书记，让他给红卫兵做工作，说明中国人历来把"挖祖坟"看成不得人心的事，我们不能那样做。要浙江省委派人修

好，并将修好后的照片送到北京，交章士钊到香港转给蒋介石。1966 年 9 月底"文革"中的第一个国庆节即将来临，根据毛泽东的意见拟邀请李宗仁等一批著名爱国人士参加国庆观礼，周恩来事先做了周密安排。10 月 1 日，周恩来会见了观礼的党外朋友，其中有程潜、张治中、章士钊、傅作义、李宗仁等。在会见中，他特别关照李宗仁说，红卫兵是些年轻人，有革命热情，但不大懂党的政策，你可能也会受到他们的干扰。他劝李宗仁到 301 医院住一段时间。总理对爱国民主人士的热情关怀，使大家深受感动。

1966 年 10 月，毛泽东在中央工作会议上提出，民主党派还是要，政协还是要。中国的民主革命是孙中山搞起来的。孙中山诞生一百周年，还要开纪念会。根据毛泽东的提议，1966 年 11 月 12 日，在北京仍然举行了万人集会，隆重纪念孙中山先生诞生一

孙中山先生诞生一百周年纪念大会

百周年，董必武致开幕词，周恩来代表中共中央讲话，宋庆龄发表题为《孙中山——坚定不移、百折不挠的革命家》的长篇讲话。

对台工作出现新的转机

进入 20 世纪 70 年代，虽然"文化大革命"仍在继续，但国内外形势均发生深刻变化。这些变化也对党的对台工作产生一定影响。

就国际形势而言，新的国际格局初露端倪，主要表现在，中国成为国际舞台重要力量；随着西欧、日本的快速发展，美国在西方联盟中的地位有所削弱，并深陷越南战争泥淖；苏联不断强化在美苏争霸中的地位，并对中国形成巨大压力；中国以外的第三世界力量和影响也在进一步增长。毛泽东、周恩来审时度势，适应形势变化的需要，及时对外交工作作出富有远见和胆识的重大决策。

就国内形势而言，1971 年 9 月 13 日，"林彪事件"发生，客观上宣告了"文化大革命"理论和实践的失败。1972 年，主持中央日常工作的周恩来提出批判极左思潮，使得各方面工作有了明显起色，也为党的对台工作提供了新的机遇。

局势转变的关键一环，是中国同美国关系的缓和。

1969 年 1 月尼克松就任美国总统后，美国通过多种方式同中国进行接触，表示有意改善中美关系，中方也予以积极回应。1971 年 4 月，毛泽东决定邀请参加日本名古屋第 31 届世界乒乓球锦标赛的美国乒乓球队访问中国，以中美人民之间的交往作为打开两国官方关系的序幕。被人们誉为"小球转动大球"的"乒乓外交"，以出人意料的方式促进了中美关系的发展和世界形势的变化。经过几次秘密接触，5 月 29 日，尼克松总统接到中方欢迎美国总统国家安全事务助理基辛格来北京同中国领导人举行秘密会晤的口信。同年 7 月基辛格秘密访华。这一消息公布后震动了世界。

中美关系正常化进程启动，对对台工作和国际格局产生重大影响

1971 年 5 月 26 日至 29 日，中共中央政治局召开会议，全面讨论预定在 6 月举行的中美预备性秘密会谈，对可能出现的各种情况作了充分估计。根据会议讨论的意见，会后形成《中央政治局关于中美会谈的报告》，提出处理中美关系及相关台湾问题应当掌握的 8 项原则：

（一）美国一切武装力量和专用军事设施，应规定期限从中国的台湾省和台湾海峡地区撤走。这是恢复中美两国关系的关键。（二）台湾是中国领土，解放台湾是中国内政，不容外人干涉。要严防日本军国主义在台湾活动。（三）我力争和平解放台湾，对台工作要认真进行。（四）坚决反对进行"两个中国"或"一中一台"的活动。如美国欲与中国建交，必须承认中华人民共和国是代表中国的唯一合法政府。（五）如因前三条尚未完全实现，中美不建交，可在双方首都建立联络机构。（六）我不主动提出联合国问题，如美方提出联合国问题，我可明确告以我绝不接受"两个中国"或"一中一台"的安排。（七）我不主动提中美贸易问题，如美方提及此事，在美军从台湾撤走的原则确定后，可进行商谈。（八）中国政府主张美国武装力量应从印度支那三国、朝鲜半岛、日本和东南亚各国撤走，以保证远东和平。

上述对台、对美政策，在"文化大革命"的背景下，显然是具有某种新意的，即在继续强调解放台湾是中国内政的同时，重新强调认真进行对台工作，力争和平解放台湾。明确这一政策，无疑会对台湾工作产生积极影响。

此后不久，6月21日，周恩来会见美国新闻界人士时，阐述了中国政府对台湾问题的立场和态度。他在回答"如何把蒋介石和他的部队及台湾人重新吸收回来，是通过谈判来实现，还是用武力来解决"的问题时，用了"台湾回归祖国"的提法，而没有用"一定要解放台湾"的口号，反映出中共中央开始调整对台政策的新姿态。周恩来还表示，"蒋介石也反对制造'两个中国'，也反对制造一个中国另外加一个台湾独立实体，也就是'一中一台'。我们跟蒋介石联合过，也敌对过，我们打了几十年，但在这一点上有共同性，都认为中国只有一个，外国只能承认一个中国。现在事情就是这样。所以总会找出办法的"。这说明，在和平解决台湾问题上，国共双方是有政治基础的，都坚持一个中国的民族立场。

周恩来的谈话，不仅分析了台湾的现状，而且还考虑到台湾回归后的将来。他指出："有人说，台湾生活水平很高，台湾回归祖国后，生活水平就会降低。相反，台湾回归祖国后，我们有可能在他们原来的基础上逐步提高他们的生活水平。"周恩来还提出如何保持和提高台湾同胞生活水平的设想：

"第一，不仅不增加税收，还减少税收。如同祖国各地一样"；"第二，不需要付债，祖国可以帮助他们建设"；"第三，我们是低薪制，不收所得税。在台湾的人，他们原来有多少收入，还可以保持多少收入，但因为不收他们的所得税，生活就会更加改善"；"第四，有些失业的人，从大陆上去的，生活很困难，可以回到大陆，回到他的家乡，我们不会歧视他们"；"第五，如果台湾回归了祖国，在台湾的人对祖国作出了贡献，那么，祖国应该给他报酬。所以，我们不仅不会报复，而且还会给他们奖励"。周恩来肯定地说："这样做只会使台湾得到更多的好处，不会使台湾受到任何损失。如果这样做，中美关系会更好。"周恩来的上述谈话已经孕育了一个重要的思想，即如果用和平的方式解决台湾问题，就要考虑到各方的利益，考虑到各方都能接受。

1972 年 2 月，美国总统尼克松访华，毛泽东会见尼克松，周恩来同他举行会谈。经过会谈，中美双方于 2 月 28 日签署《上海公报》，在台湾问题上，中国政府明确指出，中华人民共和国是中国的唯一合法政府，台湾是中国的一个省，早已归还祖国。台湾问题是中国内政，用什么方式解决台湾问题，应该由中国自己决定。美方则表示：认识到在台湾海峡两边的所有中国人都认为只有一个中国，台湾是中国的一部分，美国政府对这一立场不持异议。《上海公报》的发表，标志着中美两国结束长期的敌对状态，开始走向关系正常化，这是中美关系史上的一件大事，也对国际形势产生重大影响。

1972 年 2 月 21 日，毛泽东在中南海会见尼克松

中美关系无疑是当今世界最重要的双边关系。1971 年 10 月 26 日（北京时间）基辛格在第二次访问中国离开北京的那天早上曾说道："光是中美接近就会使整个国际形势产生革命性的变化。"的确，就在基辛格讲这话的当天（美国时间），中美关系转变就给国际社会带来第一个重大反响：第二十六届联合国大会（简称"联大"）不顾美国的百般阻挠，通过恢复中华人民共和国在联合国的一切合法权利的决议。中国是 1945 年成立的联合国的创始会员国，也是联合国安理会五个常任理事国之一。根据国际公认的原则，中华人民共和国成立后，应当由中国新政府指派代表参加联合国大会及其有关机构的工作，并把已经不能代表中国人民的台湾当局代表驱逐出联合国。但是，由于美国政府的反对，中国在联合国的合法席位一直

被台湾当局占据着。围绕中国在联合国的席位问题，新中国成立后，中国政府和中国人民就一直展开斗争。进入 20 世纪 60 年代，随着中国国际地位的提高和亚非拉国家的支持，美国的阻挠越来越困难。1971 年 10 月 25 日，这一问题终于得到彻底解决。第二十六届联大以 76 票赞成、35 票反对、17 票弃权的压倒性多数通过 2758 号决议，恢复中华人民共和国在联合国的一切合法席位和权利，并立即把"蒋介石的代表从联合国及其所属机构驱逐出去"。从此，中国作为联合国安理会常任理事国，在联合国组织内为实现联合国宪章的宗旨、维护世界和平、加强各国友好合作、促进人类共同发展进步事业作出自己应有的贡献。

联合国大会通过 2758 号决议

随着中美关系正常化进程的开启和中华人民共和国在联合国合法席位的恢复，中国外交开始迎来一个全新的局面。一个新的建交高潮出现了。早在新中国成立之初，中华人民共和国政府就依据一个中国原则，陆续与社会主义国家、一批民族独立国家和一些和平中立国家建立了外交关系。1964年1月27日，中法建交，这对国际社会特别是对西方国家产生很大影响。中美关系的改善直接推动了中日关系的改善，1972年9月29日，中日建交。到1973年底，中国已基本完成同美国以外的资本主义发达国家的建交过程。至此，国际社会形成了普遍承认一个中国的局面。正如周恩来所说："这一突破，使世界上的国家都愿意跟我们来往了。中美来往的收获就在这里。"

随着中美、中日关系正常化，由海外归来的台湾同胞日益增多。1972年国庆前夕，人民大会堂台湾厅建成。周恩来看后感觉偏小，指示将人民大会堂一个较大的厅改为台湾厅，并强调要邀请台湾同胞共同参与台湾厅的筹建工作。周恩来特意对海外归来的台胞说，我们把那个比较大的厅改为台湾厅，让台湾同胞用，这很有意义的。

1972年11月12日，北京、上海、南京、广州等地分别举行了久违的纪念孙中山诞辰的活动。从1973年开始，纪念台湾人民二二八起义等活动也相继恢复。中国共产党对台工作的恢复开展，得到各民主党派和爱国民主人士的拥护和支持，他们利用自身的影响，积极主动做对台工作。1973年重病住院的傅作义，受周恩来的委托，以个人名义去信邀请国民党元老商震、缪云台回国，在海内外引起强烈反响。1973年春，毛泽东在一次会见外宾时，向章士钊的女儿章含之表示，希望行老（章士钊，字行严）去香港促成国共和谈。章士钊本人也正有此意。随后，毛泽东请周恩来考虑一个周到计划，安全地送92岁高龄的章士钊去香港。

同年5月，在周恩来的精心安排下，章士钊启程赴港。这件事成为向台湾发出的一个重要和谈信号，轰动香港，它表明中国共产党希望在国共秘密接触中断八年后，再次架起新的和平桥梁。

1973年3月，邓小平复出工作。由于周恩来病重，受毛泽东委托，邓小平担当起主持中共中央日常工作的重任。党和国家在经历了"文革"动乱后，开始朝着"治"的方向起步，中国共产党的对台工作又有了进一步发展。

1973年5月，在筹备中国共产党第十次全国代表大会时，毛泽东和周恩来就决定要组建一个在大陆的台湾省籍党员代表团。在筹备中，有关部门把在大陆的台湾省籍党员召集起来开会，选出参加党的十大台湾省籍代表团。在党的十大上，林丽韫和蔡啸被选为中央委员。是年10月，中共中央召集座谈会，就爱国民主人士参加第四届全国人大的代表候选人名单进行协商。根据中共中央提议，台湾作为一个省级单位推举12人作为台湾省参加四届人大代表。叶剑英等中共中央负责人两次接见参加协商会议的台胞代表，并指示要抓紧落实台胞政策。在四届人大会议上，台湾籍代表有4人被选入大会主席团，有两位被选为人大常委会委员。

1974年10月2日，邓小平在会见由海外回国参加国庆观礼活动的台湾同胞和海外侨胞时郑重表示，解放台湾的方式，我们希望通过和平谈判来解决。和平方式不可能，也要考虑非和平方式。两种方式都应该考虑进去。首先我们做工作，希望一个阶段内能够用和平方式。希望通过一个比较长时间的工作，使台湾人民了解我们祖国的面貌、了解我们祖国的情况、了解我们的政策。关于解放台湾以后的政策，我们还要考虑，特别是要同台湾人民商量。不过可以说解放台湾以后，不可能把大陆的一套马上搬过去。邓小平的这个谈话，实际上已经孕育着"一国两制"构想的萌芽。

1975 年 3 月，根据毛泽东和中共中央的提议，四届人大常委会决定特赦释放全部在押战争罪犯，并给予公民权。这是自 1959 年国庆十周年前夕特赦释放首批国民党战犯后，时隔 16 年，经过六批特赦后的最后一批战犯特赦。当周恩来在会议上提出对全部在押战犯实行特赦建议时，许多民主人士深为感动。特赦全部国民党战犯的消息传出后，在台湾方面引起很大反响，被称为中共对台统战的"冲击波"。

特赦战争罪犯大会

中国共产党和中国政府所作的上述努力，再次向台湾当局表示了和平解放台湾的善意。1975 年下半年，周恩来已经重病缠身，但他仍然情怀台湾同胞，心系祖国统一。9 月 4 日，他看到一天前的《参考消息》转载香港《七十年代》专稿《访蒋经国旧部蔡省三》一文。这篇文章分析了当年4月蒋介石去世后的台湾局势，介绍蒋经国的经历及其他情况。周恩来即在此件上指示：请罗青长、钱嘉东找王昆仑、屈武等对有关蔡省三的材料"进行分析"。最后，用颤抖的手写下"托托托托"4个字。这个批示不仅是对这一件事的最后交待，更是对他毕生致力的祖国统一大业这一未竟事业的最后托付。这4个"托"字，字字千钧，充分体现了老一辈革命家对祖国统一的拳拳真情。

　　1976年1月8日，周恩来逝世，举国同悲。邓颖超按照周恩来生前的遗愿将他的骨灰盒移送到人民大会堂台湾厅暂时安放。为了推动完成祖国统一大业，周恩来真正做到了鞠躬尽瘁、死而后已。毛泽东、周恩来等老一辈革命家提出的和平解放台湾的政策构想，对今天的对台工作仍然发生着重要影响，不仅符合两岸同胞的共同愿望和中华民族的根本利益，也表明了中国共产党人的民族大义和宽大胸怀，为中国共产党在新的历史时期提出以"和平统一、一国两制"的大政方针解决台湾问题、实现祖国统一，提供了有益的启示，奠定了坚实的思想和实践基础。

第三章 确立"和平统一、一国两制"方针 开启两岸交流交往

20 世纪 70 年代末，国内国际形势发生了深刻变化。1978 年 12 月，中国共产党第十一届三中全会决定将党和国家工作中心转移到经济建设上来。同月，中美两国决定自 1979 年 1 月 1 日起建立外交关系。以邓小平同志为核心的第二代中央领导集体，从国家和民族的根本利益出发，在毛泽东、周恩来关于争取和平解放台湾思想的基础上，创造性地提出了"一国两制"伟大构想，继而确立"和平统一、一国两制"基本方针，开辟了以和平方式实现祖国统一的新前景，两岸关系迈入一个新的发展阶段。

一、争取祖国和平统一大政方针的提出

党的十一届三中全会与《告台湾同胞书》发表

20 世纪 70 年代后期，国内外形势均发生重大变化。就国际方面而言，1978 年 12 月 16 日，中美两国经过曲折复杂谈判，发表建交联合公报，中美关系正常化取得突破性进展。美国承认中华人民共和国政府是中国唯一合法政府，并承认中国的立场，即只有一个中国，台湾是中国的一部分；同时美国断绝与台湾当局的

邓小平在党的十一届三中全会上

所谓"外交"关系，废除美台"共同防御条约"，从台湾地区撤军。中美建交标志着中美两国关系进入一个新的发展阶段，为中国政府提出和平统一祖国方针创造了有利的国际条件。就国内方面而言，自 1976 年 10 月粉碎"四人帮"、结束长达 10 年之久的"文化大革命"之后，中国共产党采取一系列措施，在各个领域进行卓有成效的拨乱反正，1978 年 5 月开展的"实践是检验真理的唯一标准"大讨论，冲破了"两个凡是"的思想束缚。在此基础上，中国共产党开始调整对台方针政策。1978 年底召开的中央政治局会议，专门讨论了中美建交后如何解决台湾问题的新方针。党的十一届三中全会，进一步总结了新中国成立以来的经验教训，重新确立解放思想、实事求是的思想路线，果断停止使用"以阶段斗争为纲"的口号，决定从 1979 年起把全党的工作重点转移到社会主义现代化建

1979 年 1 月 28 日至 2 月 5 日，邓小平访问美国

设上来。这是一个根本性的战略转变，决定和影响着我国内政外交一系列重大方针政策的转变。

在上述时代背景下，邓小平从国家和民族的根本利益出发，在毛泽东、周恩来关于争取和平解放台湾思想的基础上，确立了争取和平统一祖国的大政方针，为解决台湾问题开辟了新的道路。

党的十一届三中全会公报提出："随着中美关系正常化，我国神圣领土台湾回到祖国怀抱、实现统一大业的前景，已经进一步摆在我们的面前。全会欢迎台湾同胞、港澳同胞、海外侨胞，本着爱国一家的精神，共同为祖国统一和祖国建设的事业继续作出积极贡献。"公报首次用"台湾回到祖国怀抱"的表述代替"解放台湾"的提法，这表明，以党的十一届三中全会为标志，中国共产党的对台方针政策开始出现划时代的转变。

根据党的十一届三中全会的决策部署，1979 年元旦，全国人大常委会发表《告台湾同胞书》，郑重宣示了争取祖国和平统一的大政方针。其主要内容有：

第一，强调了结束台湾与祖国大陆分离的迫切性。指出："自从 1949 年台湾同祖国不幸分离以来，我们之间音讯不通，来往断绝，祖国不能统一，亲人无从团聚，民族、国家和人民都受到了巨大的损失。"这种人为的、违反中华民族利益和愿望的分离，决不能再继续下去了。现在国际国内形势，已经把统一祖国这样一个关系到全民族前途命运的重大任务摆在全体中国人面前，因此，必须尽早结束海峡两岸这种令人痛心的分离局面。

第二，阐明了实现祖国统一的神圣使命。指出，"台湾自古就是中国不可分割的一部分"；"每一个中国人，不论是生活在台湾的还是生活在大陆上的，都对中华民族的生存、发展和繁荣负有不容推诿的责任"；"今天，实现中国的统一，是人心所向，大势所趋"。从国际上来说，"中国在世界上的地位已发生根本变化。我国国际地位越来越高，国际作用越来越重要"；"世界上普遍承认只有一个中国，承认中华人民共和国政府是中国唯一合法的政府"。就祖国大陆而言，"目前祖国安定团结，形势比以往任何时候都好。在大陆上的各族人民，正在为实现四个现代化的伟大目标而同心戮力"；"种种条件都对统一有利，可谓万事俱备，任何人都不应当拂逆民族的意志，违背历史的潮流"。

第三，揭示了实现祖国统一的必然性。指出，"中华民族是具有强大生命力和凝聚力的。尽管历史上有过多少次外族入侵和内部纷争，都不曾使我们的民族陷于长久分裂"；"早日实现祖国统一，不仅是全中国人民包括台湾同胞的共同心愿，也是全世界一切爱好和平的人民和国家的共同希望"。经过 30 余年的分离，两岸人民"相互思念之情与日俱增"；"台湾各界人士也纷纷抒发怀乡思旧之情，诉述'认同回归'之愿，提出种种建议，热烈盼望早日回到祖国的怀抱"；"台湾当局一贯坚持一个中国的立场，反对台湾独立。这就是我们共同的立场，合作的基础"。这一切都为实现祖国和平统一提供了重要的条件和基础。

第四，宣示了实现祖国和平统一的大政方针。明确提出，在解决统一问题时，一定要考虑现实情况，尊重台湾现状和台湾各界人士的意见，采取合情合理的政策和办法，不使台湾人民蒙受损失。明确提出，寄希望于台湾人民，也寄希望于台湾当局。明确倡议，通过商谈结束台湾海峡军事对峙状态，撤除阻隔两岸同胞交往的藩篱，推动自由往来，实现通邮通航，开展经济文化交流。

全国人大常委会发表《告台湾同胞书》

《告台湾同胞书》发表，揭开了两岸关系发展的新篇章，标志着中国共产党解决台湾问题的理论和实践进入一个新的历史发展阶段。

《告台湾同胞书》在国内外产生了强烈反响。当时在北京的外国记者发表评论说，《告台湾同胞书》提出了"和平统一"的路线，使用了"台湾当局"的称呼，"具有可以同中国共产党中央在长征路上于1935年发表的《为抗日救国告全国同胞书》（即'八一宣言'）相比的历史意义"。广大台湾同胞、港澳同胞和海外侨胞热烈拥护《告台湾同胞书》中所宣示的和平统一祖国的大政方针，为促进台湾回归祖国、实现祖国和平统一进行各种活动和努力。台湾"朝野"中的不少有识之士，也热切赞同实行通邮、通航、通商，进行双方人员的各种交往，希望早日实现祖国的统一。

叶剑英发表实现祖国和平统一方针新政策（"叶九条"）

《告台湾同胞书》发表以后，大陆方面有关部门、民主党派、人民团体纷纷发表谈话，召开会议，呼吁结束两岸隔绝状态，实现两岸"三通"，开展人员往来，进行经济文化交流，举行和平谈判，掀起了推动祖国和平统一的热潮。

在这一期间，党和国家领导人在不同场合进一步阐述对和平统一祖国的意见和看法，其主要观点是：

（一）解决台湾问题是中国共产党80年代要做的三件大事之一。《告台湾同胞书》发表当天，邓小平在全国政协座谈会上讲了1979年元旦不平凡的三个特点："第一，是我们全国工作的着重点转移到四个现代化建设上来了；第二，中美关系实现了正常化；第三，把台湾归回祖国、完成祖国统一的大业提到具体的日程上来了。"1980年1月16日，邓小平在中央干部工作会议上作《目前的形势和任务》的讲话，提出了全党在20世纪80年代要做的三件大事，强调指出："第二件事，是台湾归回祖国，实现祖国统一。我们要力争八十年代达到这个目标，即使中间还有这样那样的曲折，也始终是摆在我们日程上面的一个重大问题。"

（二）和平统一祖国的方针是中国政府坚定不移的决策。邓小平在1979年访美期间表示，"统一祖国，这是全体中国人民的夙愿"，"按照我们的心愿，我们完全希望用和平方式来解决这个问题，因为这对国家对民族都比较有利"。1980年元旦，中共中央政治局委员、中央对台工作领导小组组长邓颖超在全国政协新年茶话会上讲话时进一步指出："《告台湾同胞书》所明确宣告的大政方针，是我国政府坚定不移的、要诚挚执行的决策，不是权宜之计，更非所谓'统战攻势'，完全是以中华民族的大义和整个国家的根本利益为出发点的，是尊重台湾现实充分考虑了台湾全体人民和台湾当局的利益和前途的。"

（三）和平统一祖国，寄希望于台湾当局、寄希望于台湾人民，希望港澳同胞、海外侨胞发挥桥梁作用。1979年1月，邓小平在会见美国客人时说："我们将采取多种方法同台湾当局，特别是同蒋经国先生商谈祖国统一的问题。"同月，邓颖超在会见日本参议院代表团时说："为了完成台湾同祖国大陆实现统一的大业，我们愿意同台湾有关各方面，包括蒋经国先生在内进行商谈。"同年2

月，全国人大常委会副委员长廖承志在纪念二二八座谈会上表示，我们寄希望于 1700 万台湾人民，同时也寄希望于台湾当局，"我们愿与台湾同胞一道，敦促台湾当局认清形势，顺应历史潮流，尊重人民的意愿，以民族大义为重，早下决心，为完成祖国统一大业作出贡献"。1980 年元旦，邓颖超在政协新年茶话会上表示："我们希望港澳同胞和国外侨胞继续为台湾归回祖国做坚持不懈的努力，进一步发挥桥梁作用。"

（四）尊重台湾现实情况，采取合情合理政策。1979 年 1 月，邓小平在分别会见美国参议院代表团、日本参议院代表团及美国时代出版公司总编辑时就台湾问题发表谈话时明确指出，我们尊重台湾的现实。我们允许包括美、日在内的各国同台湾地区继续保持民间贸易、商务、投资等等关系。但"中华民国"的旗子总要降下来才行。我们不允许有什么"两个中国"。同年 4 月，邓颖超进一步表示，"在解决我国统一问题的时候，将尊重台湾的现状和现行制度，采取合情合理的政策和方法，不使台湾人民蒙受损失，不改变台湾人民的生活方式，也不影响外国在台湾的经济利益"。

（五）打破人为隔绝状态，尽快实现两岸"三通"。廖承志在1979 年 2 月纪念二二八座谈会上讲话指出："为了改变目前由于台湾和祖国长期隔绝的不幸局面，增进同台湾同胞互相了解，开辟同台湾同胞的自由往来、直接接触的道路，在《告台湾同胞书》发表以后，我们提出了互相通商、通航、通邮，进行经济、科学、文化、体育等方面的交流和互派代表团参加各种活动等建议。我们希望这些积极的建议能够早日实现。"1980 年 1 月，邓颖超再次强调，"通邮、通商、通航，对祖国大陆和台湾都有好处，我们可以先从通邮开始，互通信息，增进了解，加深感情，沟通联系，打破三十年来的隔绝状态"。

值得注意的是，当提出和平解决台湾问题时，邓小平总是强调必须从现实情况出发，从战略高度辩证地看待和平方式和非和平方式。早在 1975 年 6 月，他就明确表示："有人要我们保证不使用武力解决台湾问题，我们不作这个承诺。台湾问题是中国人的内部事务。我们希望用和平的方式解决，但是采用和平方式还是非和平的方式，那是我们的权利。"1984 年 10 月 22 日，他在中央顾问委员会第三次全体会议上明确指出："我们坚持谋求用和平的方式解决台湾问题，但是始终没有放弃非和平方式的可能性，我们不能作这样的承诺。如果台湾当局永远不同我们谈判，怎么办？难道我们能够放弃国家统一？当然，绝不能轻易使用武力，因为我们精力要花在经济建设上，统一问题晚一些解决无伤大局。但是，不能排除使用武力，我们要记住这一点，我们的下一代要记住这一点。这是一种战略考虑。"这一远见卓识直到今天仍然是解决台湾问题的一条重要原则。

党和国家领导人的上述论述，进一步丰富了《告台湾同胞书》的政策思想，也为"叶九条"的形成奠定了基础。

1981 年 9 月 30 日，在中华人民共和国成立 32 周年前夕，及辛亥革命 70 周年纪念日即将来临之际，中共中央副主席、全国人大常委会委员长叶剑英向新华社记者发表谈话，全面系统地阐述了台湾回归祖国、实现和平统一的九条方针，后来被称为"叶九条"。

叶剑英

叶剑英说："1979年元旦，全国人民代表大会常务委员会发表《告台湾同胞书》，宣布了争取和平统一祖国的大政方针，得到全中国各族人民，包括台湾同胞、港澳同胞以及国外侨胞的热烈拥护和积极响应。台湾海峡出现了和缓气氛。现在，我愿趁此机会进一步阐明关于台湾回归祖国、实现和平统一的方针政策。"

这个谈话，是《告台湾同胞书》宣示的争取和平统一祖国大政方针的进一步具体化，也是党和政府向台湾当局和海内外爱国同胞发出的新召唤。其要点是：举行中国共产党和中国国民党两党对等谈判，实行第三次合作。双方共同为通邮、通商、通航、探亲、旅游以及开展学术、文化、体育交流提供方便。国家实现统一后，台湾可作为特别行政区，享有高度的自治权，并可保留军队；中央政府不干预台湾地方事务。台湾现行社会、经济制度不变，生活方式不变，同外国的经济、文化关系不变，私人财产、房屋、土地、企业所有权、合法继承权和外国投资不受侵犯。台湾当局和各界代表人士可担任全国性政治机构的领导职务，参与国家管理。台湾地方财政如遇困难，可由中央政府酌情补助。台湾人士愿回大陆定居者，不受歧视，来去自由。欢迎台湾工商人士回大陆投资兴业。欢迎台湾同胞提供建议，共商国是。

上述方针政策，是经过中央政治局讨论审定的，它既是《告台湾同胞书》发表三年以来，党和国家领导人关于对台工作论述的归纳和总结，更是中国共产党和中国政府对台方针政策的深化与发展。

"叶九条"有几个特别值得注意的地方：

第一，在方针表述上，它用"台湾回归祖国，实现和平统一"的提法，突出了新时期中国政府对台政策的和平统一目标。

第二，在谈判的问题上，它把《告台湾同胞书》提出的"中华人民共和国政府和台湾当局之间的商谈"，调整为"举行中国共产党和中国国民党两党对等谈判，实行第三次合作"。体现两岸谈判是一个国家内部的平等协商。

第三，明确了统一后台湾的地位，是享有高度自治权的"特别行政区"。中央政府不干预台湾地方事务，台湾可以保留军队。台湾当局和各界代表人士，可担任全国性政治机构的领导职务，参与国家管理。

第四，将《告台湾同胞书》中"尊重台湾的现状和现行制度，照顾台湾人民的根本利益"等比较概括的提法，具体概括为"三个不变""六个不受侵犯"，即："台湾现行社会、经济制度不变，生活方式不变，同外国的经济、文化关系不变。私人财产、房屋、土地、企业所有权、合法继承权和外国投资不受侵犯"。

"叶九条"发表后，在海内外产生巨大反响。台湾知识界反响尤其强烈。他们冲破禁忌，通过各种方式积极探讨如何实现祖国统一的方案，提出种种具体建议和意见。对国民党上层也产生一定影响。由国民党人主办的《国是论坛》杂志发表文章称："一再拒绝和谈，并不适当，对国家与人民均未必有利，而且有害。"

在"叶九条"的有力推动下，全国人民包括台湾同胞，要求和谈、统一的呼声，形成巨大的浪潮，冲击着国民党当局所谓"不接触、不谈判、不妥协"的"三不政策"堤坝，迫使它不得不考虑适当调整其僵化的大陆政策。

二、努力打开两岸关系新局面

中共中央对台方针实现历史性转变之后，以邓小平同志为核心的第二代中央领导集体随即将解决台湾问题这一重大战略任务提上具体议事日程，并向全党发出力争在 20 世纪 80 年代实现这一战略目标的伟大号召。由此，拉开了开创两岸关系新局面的序幕。

主动结束军事对峙局面，变前线阵地为经济特区

1953 年朝鲜战争结束后，台海战事不断。1958 年炮击金门后，台海两岸军事斗争演变成打打停停的政治斗争。台海"炮击

战"持续了 20 年，直到 1979 年 1 月 1 日停止。

随着对台工作新方针的确立，为和缓台海局势，1979 年 1 月 1 日，国防部长徐向前发表关于停止对大金门、小金门、大担、二担等岛屿炮击的声明。同日，全国人大常委会发表的《告台湾同胞书》提议："商谈结束这种军事对峙状态，以便为双方的任何一种范围的交往接触创造必要的前提和安全的环境。"金厦炮战的结束推动了台海局势的缓和。

创办经济特区，是中共中央为推进改革开放和社会主义现代化建设作出的一项重大战略决策。中共中央、国务院于 1979 年 7 月，批转广东、福建两省向中央上报的《关于发挥广东优越条件，扩大对外贸易，加快经济发展的报告》《关于利用侨资、外资，发展对外贸易，加速福建社会主义建设的请示报告》，确认两省对外经济活动实行特殊政策。关于如何命名实行特殊政策的地区，邓小平说，还是叫特区好，陕甘宁开始就叫特区嘛！1980 年 8 月，中共中央和国务院正式批准在毗邻港澳的深圳、珠海、汕头和与台湾一水之隔的厦门，设置经济特区，在对外开放中发挥重要窗口作用。经过两年多的筹划，1981 年 10 月 15 日，厦门经济特区破土动工，昔日两岸军事对峙的战场，变成两岸经贸交流的前沿。

恢复中央对台工作领导小组，加强对台工作领导

为了适应新形势，加强对台工作领导，1979 年底，中共中央作出改组中央对台工作领导小组的决策。同年 12 月 17 日，邓小平在一份报告上作出批示："由邓大姐任组长，重大事情我可参

与。"12月27日，中共中央决定由邓颖超任中央对台工作领导小组组长，廖承志、罗青长等任副组长。新一届对台工作领导小组在邓颖超的领导下，努力开创对台工作新局面。

1985年5月，邓颖超、杨尚昆、习仲勋接见高山族台胞

1980年1月1日，邓颖超在其主持召开的中央对台工作领导小组会议上强调，实现祖国统一大业是20世纪80年代以至90年代全党的重大任务，要动员全党实现这一重大任务。会议根据她的提议，以全国政协名义起草《致台湾同胞春节慰问信》，还决定当务之急要抓好对台湾同胞和去台人员家属落实政策问题。

在党内，中央发出《关于对台工作的两项通知》：一是大力宣传《告台湾同胞书》，把党的政策传递到台湾去；二是调查台湾重要线索，集中于中央，统一安排，选择使用。自此之后，各地区各部门按照中央的部署进一步开展对台工作。

2月15日，全国政协发出《致台湾同胞春节慰问信》，提出希望台湾各界人士敦促国民党当局接受中国共产党关于和平解决台湾问题的主张，首先实现通邮、通商、通航。

为了贯彻"寄希望于台湾同胞"的方针，使对台工作在组织形式上多样化，在邓颖超的直接关心下，相继成立了中华全国台湾同胞联谊会、黄埔军校同学会、台湾同学会、中国和平统一促进会等团体组织。邓颖超说："由于30多年的隔绝，台湾同胞对我们很不了解，台联会应该是同乡会性质的团体，同台胞沟通，增进海峡两岸同胞的相互了解。"在她和领导小组的努力推动下，这些群团组织成为密切联系广大台湾同胞的桥梁和纽带，促进了对台工作的开展。

1981年12月，李先念等接见出席第一次全国台湾同胞代表会议的全体代表

调整统战政策，发展爱国统一战线

1979年6月，邓小平在全国政协五届二次会议上的开幕词中

指出："我们的国家进入了以实现四个现代化为中心任务的新历史时期，我们的革命统一战线也进入了一个新的历史发展阶段。"在这次会议上，邓小平代表党中央首次对我国进入新时期的社会阶级状况作了科学分析，他指出，新时期"我国工人阶级的地位已经大大加强，我国农民已经是有二十多年历史的集体农民"，我国广大的知识分子，"已经成为工人阶级的一部分"，"我国各兄弟民族经过民主改革和社会主义改造，早已陆续走上社会主义道路，结成了社会主义的团结友爱、互助合作的新型民族关系"。随着剥削阶级的消灭，各民主党派的阶级基础有了根本性变化，"它们都已经成为各自所联系的一部分社会主义劳动者和一部分拥护社会主义的爱国者的政治联盟，都是在中国共产党领导下为社会主义服务的政治力量"。邓小平强调指出，作为新时期统一战线成员的台湾同胞、港澳同胞和国外侨胞，他们"爱国主义觉悟不断提高，他们在实现统一祖国大业、支援祖国现代化建设和加强国际反霸斗争方面，日益发挥着重要的积极作用"。这些变化表明，我国的统一战线已经成为工人阶级领导的、工农联盟为基础的社会主义劳动者和拥护社会主义的爱国者的广泛联盟。

1979 年 10 月 14 日，中共中央批转《新的历史时期统一战线的方针任务》，系统阐述了新时期统一战线的性质、方针、任务，指出"提革命的爱国统一战线，不是一般名称的变动而是反映了国内阶级状况和整个形势的根本变化"，"现在最大的统一战线，是台湾回归祖国，统一祖国的问题"，"我们不能只看到过去所熟悉的原有的工作对象，还要放宽视野，着眼于台湾回归祖国，着眼于反对霸权主义，维护世界和平"。文件强调"只要赞成统一祖国，即使并不赞成社会主义制度的人也要团结"，"在爱国主义的旗帜下，能团结极为广泛的阶级、阶层和人们。只要台湾当局同意换上五星红旗，连蒋经国这些人也可以包括在统一战线之内，我们国家就会出现第三次国共合作的新局面"。新时期的统一战线呈现出面向台湾、面向港澳和面向海外的新格局。

大陆台胞、台属和原国民党军政人员，与台湾、港澳各界及海外侨胞等方面联系密切，是促进祖国和平统一的一支重要力量。为了促进祖国统一，早日结束两岸分离隔绝状态，中共中央加大落实大陆台胞、台属和原国民党军政人员的政策，以调动他们促进祖国统一的积极性。

1979 年 1 月 17 日，中共中央发出《中共中央批转中央统战部等六部门〈关于落实对国民党起义、投诚人员政策的请示报告〉的通知》，指出，中国共产党对国民党起义、投诚人员的基本政策是：爱国一家，既往不咎，一视同仁，量才录用，妥善安置。通知要求，对冤案要昭雪，假案要平反，错案要纠正，做好善后工作。

1979 年 11 月 1 日，中共中央发出《关于对去台人员在大陆亲属政策的通知》，指出，对去台人员在大陆的亲属，应在政治、经济、社会生活等方面，一视同仁，平等对待，不得歧视；大陆和台湾亲友间的正常通讯、通电，任何人不得干预。

1981 年 9 月 28 日，中共中央发出《关于落实居住在祖国大陆台湾同胞政策的指示》，指出，各级党委要在政治上关心居住在祖国大陆的台湾同胞。台湾是中国的地方，在台湾的亲友是国内关系，不是"海外关系"。对台胞中的冤假错案，要逐人复查，平反昭雪。对生活困难的台湾同胞，要采取各种办法给予补助，夫妇双方有一方原籍是台湾的，他们的子女在参军、升学、就业等方面，也应优先照顾。

同年 11 月 26 日，中共中央又发出《关于进一步落实去台人员在祖国大陆亲属政策的通知》。

呼吁开展"三通""四流"，增进两岸同胞相互了解

《告台湾同胞书》发表第三天，民航总局负责人率先发出"通航"呼吁。指出，"中国政府出于统一祖国的诚意，提出解决台湾问题的具体建议，我们希望台湾当局也能出于诚意，认真研究一下人大常委会的建议，让人为阻隔三十年的两地人民早日团聚。我们中国民航随时准备和台湾民航洽商大陆、台湾通航的具体办法，为通航提供一切方便；我们中国民航还准备和台湾进行多方合作，为建设中国现代化民航事业而共同努力"。

1979 年 1 月 7 日，邮电部负责人发出"通邮"呼吁，表示"大陆和台湾之间的通信联系，已经人为地中断三十年了，这种状况应该改变，使大陆人民与台湾人民之间互通信息，互相往来，增强了解，消除隔阂。为此，我们邮电部门积极建议尽快与台湾邮电部门进行通邮通电的商谈，建立直接的通邮通电联系，我们随时准备与台湾邮电部门洽商大陆、台湾通邮通电的具体办法"。

1 月 12 日，外贸部负责人发表谈话表达了与台湾开展贸易、进行"通商"的意愿，指出，"我们希望同台湾工商界人士和官商、

台湾老兵要求台当局开放两岸探亲

官办企业广泛接触，洽谈贸易"，"我们同台湾之间贸易将以互通有无为原则，进行物资交流，以利于双方的经济发展"。

1月17日，文化部负责人公开表示：邀请台湾文艺工作者来京参加中华人民共和国成立三十周年文艺汇演，并欢迎台湾文艺界派代表来北京观摩。

3月9日，中华全国体育总会致函台湾体育工作者，提出"希望两地的体育界人士、教练员、运动员能互相观摩训练、交流教学经验、举办学术讲座、进行友谊比赛等活动"的建议。

8月18日，交通部负责人在答记者问时指出，大陆和台湾之间音讯不通、来往断绝已经三十年了。台湾海峡两岸的骨肉同胞无不殷望尽快结束这种令人痛心的局面，早日实现探亲、访友，同时开展贸易，进行交往，促进大陆和台湾的经济相互发展。为此，我交通部愿意就这个问题与台湾交通部门进行协商，希望台湾航运界给予合作。

1980 年 2 月，中国科协主席团致电台湾科学技术团体和科学技术工作者，邀请他们派出代表参加中国科协第二次全国代表大会，并恳切希望台湾科学技术界同行，和大陆的科学家一起，为发展中华民族的科学技术事业，为实现"四化"建设献计献策。

大力倡导"第三次国共合作"，与台湾方面建立沟通渠道

1978 年 12 月 20 日，邓小平在一次谈话中指出：国共合作"以蒋经国为对手，同他谈"。1979 年元旦《告台湾同胞书》指出，台湾当局一贯坚持一个中国的立场，反对"台湾独立"，这就是我们共同的立场，合作的基础。

1981 年 9 月 30 日"叶九条"发表，建议"举行中国共产党和中国国民党对等谈判，实行第三次合作，共同完成祖国统一大业"。10 月 9 日，首都各界隆重举行纪念辛亥革命七十周年集会。中共中央总书记胡耀邦发表重要讲话，高度评价辛亥革命的历史功绩，并以中国共产党负责人身份邀请蒋经国和台湾其他党政军代表人士和各界人士来大陆看看。在这次讲话中，胡耀邦还提出国共合作应"互相谅解、互相尊重、长期合作、风雨同舟"。此后，大陆举行有关国共合作重大历史事件和重要历史人物的纪念活动明显增加。

　　1982 年 7 月 25 日，《人民日报》刊发廖承志致蒋经国的公开信。此前，蒋经国在悼念父亲蒋介石的一篇文章中表示，"切望父灵能回到家园与先人同在"，"要把孝顺的心，扩大为民族感情，去敬爱民族，奉献于国家"。时任中央对台工作领导小组常务副组长的廖承志，其父廖仲恺与蒋介石都是国民党元老，他本人与蒋经国是儿时好友，又是莫斯科中山大学的同学，由他写这封信于公于私都合适。公开信中写道，"三年以来，我党一再倡议贵我两党举行谈判，同捐前嫌，共竟祖国统一大业，惟弟一再声言'不接触、不谈判、不妥协'，余期期以为不可"，"三次合作，大责难谢"，"试为贵党计，如能依时顺势，负起历史责任，毅然和谈，达成国家统一，则两党长期共存，互相监督，共图振兴中华之大

《人民日报》刊发廖承志致蒋经国的公开信

业。否则，偏安之局，焉能自保。有识之士，虑已及此，事关国民党兴亡绝续，望弟再思"。这封信发表后，在台湾各界引起极大震动。

为了促成国共合作商谈，邓小平考虑和台湾方面建立某种沟通渠道来传递信息。1980年5月14日上午，邓小平会见日本国策研究会常任理事矢次一夫一行时说："请你对蒋经国先生讲，我们都是过七十岁的人了。他刚过七十，比我小几岁。在我们这一代解决这个问题，历史会给我们讲些好话，为后代做点好事。他们有什么想法，你们可以私下同他们谈，把他们的意见告诉我们。""双方沟通思想，寻求合理的方式、方法，能够尽早地实现统一。"同年9月9日，邓小平会见美籍华人学者陈树柏。陈是国民党元老陈济棠的儿子。邓小平托他带话给国民党元老陈立夫，称陈立夫有民族情，希望他"在有生之年做点事"，"我同他不认识，你见了他说我问候他"。说到两岸统一问题时，邓小平动情地说："元老中他还能说说话。在统一方面可以做点事嘛。统一是大势所趋，问题是我们这一代还是下一代。我想由我们这一代交账为好。不行，还有你们一代。希望早一点。在这方面需要慢慢积累。八十年代我们每一天都把统一摆在议事日程上。"他还说："你去台湾可以跟蒋纬国说说，我们欢迎台湾的人多回来看看。你可以给蒋纬国谈一下，如果我们这一代不解决，下一代解决这个问题更困难一些，那时出现什么情况很难讲了，例如'台独'。有机会可以对他们解释，你在台湾认识的也不止蒋纬国一人，你父亲老部下、老同事多得很嘛。你可以告诉蒋纬国，请他转告他哥哥，我讲的台湾问题都是真话。"这些带话，开启了两岸沟通的新渠道。

党的十二大呼吁及早举行国共两党谈判

1982年9月，党的十二大召开。这是中国共产党进入改革开放新时期召开的第一次全国代表大会。会议指出，我们党还面临一项重大的历史任务，就是要同全体爱国同胞携手合作，为完成祖国统一的神圣使命而努力奋斗。会议强调，台湾回到伟大祖国的怀抱，是全国同胞的共同要求，是历史发展的必然归宿。大会希望，台湾同胞、港澳同胞和国外侨胞督促国民党当局，审时度势，以国家前途民族大义为重，不要执迷不悟，及早举行国共两党的谈判，共同促进祖国和平统一大业的实现。

中国共产党第十二次全国代表大会

三、"一国两制"科学构想的形成

"一国两制"概念的首次提出

邓小平是"一国两制"科学构想的创立者和倡导者,"一国两制"科学构想是邓小平理论的重要组成部分。"一国两制"构想开始于党的十一届三中全会前,逐渐形成于这次会议之后。它是党的十一届三中全会实事求是思想路线的产物,是党的和平统一祖国大政方针的重大发展。

邓小平1977年7月重新担任中央党政军重要领导职务。从这个时候开始,如何把我们国家建设好,怎样尽快结束民族分裂状态,实现祖国统一,成为他反复考虑的一个重要问题。这一时期他多次谈及台湾问题。在邓小平再度复出后不到一个月,美国总统卡特就主动派国务卿万斯来北京,探讨中美关系正常化问题。自然,作为中美关系中最主要障碍的台湾问题成为中美会谈中的主要议题。围绕中美关系中的台湾问题,邓小平作了深入思考,由此提出了按照"一国两制"方针解决台湾问题的最初设想。在与万斯的会谈中,邓小平明确表示,要实现中美关系正常化,在台湾问题上有三个条件,即"废约、撤军、断交"。至于统一的问题,这是中国人自己的事情。我们准备在按照三个条件实现中美建交以后,在没有美国参与的条件下,力求通过和平方式解决台湾问题,但不排除通过武力解决。中国人民、中国政府当然会考虑台湾的实际情况,采取恰当的政策来解决台湾问题,实现国家的统一。1978年1月,他又对来访的美国客人说,如何解决台湾问题是中国人自己的事，要我们声明承担不使用武力的义务不可能。我可以说到这个程度：在实现中美两国关系正常化之后，我们解决台湾问题，当然要照顾台湾的现实，就我们来说，要力争使用和平方式解决祖国的统一问题。

1978年10月8日，邓小平出访日本行前，他对日本著名文艺评论家江藤淳说，如果实现祖国统一，我们对台湾的政策将根据台湾的现实来处理。比如说，美国在台湾有大量的投资，日本在那里也有大量的投资，这就是现实，我们正视这个现实。11月14日，他在访问缅甸时对缅甸总统吴奈温进一步表示，在解决台湾问题时，我们会尊重台湾的现实。比如，台湾的某些制度可以不动，美、日在台湾的投资可以不动，那边的生活方式可以不动，但是要统一。11月28日，他在会见美国友好人士时说得更加明了：台湾归还中国，实现祖国统一，在这个前提下，我们将尊重台湾的现实来解决台湾问题。台湾的社会制度同我们现在的社会制度当然不同，在解决台湾问题时，会照顾这个特殊问题，"中华民国"的名称要取消，它可以成为地方政府。

在上述谈话中，邓小平提出了几点值得注意的思想，即：祖国和平统一；尊重台湾现实；台湾原有的社会经济制度、生活方式和对外经济文化关系保持不变。这里，祖国统一，就是一个中国；制度不变，就是两种制度共存。"一个国家，两种制度"构想的轮廓大体已经勾画出来了。

1979年10月，邓小平在会见日本朝日新闻社社长渡边诚毅时说："我们提出台湾的社会制度可以不变，可以继续保持着资本主义生活方式,包括它的军队。我们承认台湾作为地方政府可以实行广泛的自治。"这个谈话在一个中国的框架内对台湾的"特殊地位"进行了明确定位。

1982年1月11日,邓小平在会见美国华人协会主席李耀滋谈及"叶九条"时说:"九条方针是以叶副主席的名义提出来的,实际上就是一个国家,两种制度。"这是邓小平首次提出"一个国家,两种制度"的概念。

"一国两制"构想的系统化、理论化、法律化

1982年9月24日,邓小平会见英国首相撒切尔夫人时表达了一个重要思想,就是中国准备用在解决台湾问题时提出的办法解决香港问题。收回香港后,香港仍将实行资本主义制度,现行的许多适合的制度要保持。邓小平后来说,解决香港问题的重大原则就是那次谈话中定下来的。此后,邓小平又发表了一系列重要谈话或讲话,进一步丰富发展了"一国两制"构想。

1983年6月26日,邓小平会见美籍华人学者杨力宇时,系统全面地阐述了大陆与台湾和平统一的设想。其要点是:(一)解决台湾问题的核心是祖国统一。和平统一已经成为国共两党的共同语言。希望国共两党共同完成民族统一,大家都对中华民族作出贡献。(二)制度可以不同,但在国际上代表中国的,只能是中华人民共和国。(三)不赞成台湾"完全自治"的提法。"完全自治"就是"两个中国",而不是一个中国。自治不能没有限度,条件是不能损害统一的国家的利益。(四)统一后,台湾作为特别行

1982 年 9 月 24 日，邓小平会见英国首相撒切尔夫人

政区，可以实行同大陆不同的制度，可以有其他省、市、自治区所没有而为自己所独有的某些权力。司法独立，终审权不须到北京；台湾还可以有自己的军队，只是不能构成对大陆的威胁；自己管理台湾的党、政、军等系统。大陆不派人驻台，不仅军队不去，行政人员也不去。中央政府还要给台湾留出名额。（五）和平统一不是大陆把台湾吃掉，也不是台湾把大陆吃掉。（六）实现统一的适当方式是建议举行国共两党平等会谈，实行第三次合作，而不提中央与地方谈判；双方达成协议后，可以正式宣布。但万万不可让外国势力插手，那样只能意味着中国还未独立，后患无穷。这个谈话后来被称为"邓六条"。这一谈话丰富、充实了"一国两制"构想，使之更加系统、具体。

1984 年 5 月，六届全国人大二次会议通过的《政府工作报告》正式使用"一个国家，两种制度"，使之成为中国共产党和中国政

1983 年 6 月 26 日，邓小平会见美籍华人学者杨力宇

府解决台湾问题、实现祖国和平统一方针的概括性语言，并上升
为国家的基本国策。同年，邓小平在中共中央顾问委员会第三次
会议的讲话中进一步把这一构想概括为"一国两制"，这标志着
"一国两制"科学构想正式形成。

1982 年 12 月，五届全国人大五次会议通过了修订后的《中
华人民共和国宪法》，其中第三十一条规定："国家在必要时得设立
特别行政区。在特别行政区内实行的制度按照具体情况由全国人
民代表大会以法律规定。"这里的"设立特别行政区"实际上指的
就是实行"一国两制"。这表明"一国两制"已载入国家根本大法，
实行"一国两制"有了宪法保障。

1985 年 4 月 10 日，六届全国人大三次会议在批准中英联合
声明的同时，决定成立香港特别行政区基本法起草委员会，负责
基本法起草工作。经过四年八个月的努力，1990 年 4 月 4 日，七

届全国人大三次会议正式通过《香港特别行政区基本法》及其三个附件。

1988 年 4 月 13 日，七届全国人大一次会议决定成立澳门特别行政区基本法起草委员会。1993 年 3 月 31 日，八届全国人大一次会议通过并颁布《澳门特别行政区基本法》。

1987 年 4 月 16 日，邓小平在会见香港特别行政区基本法起草委员会全体委员时，就"一国"与"两制"、中央与香港特别行政区权限划分、香港政治制度发展、基本法内涵与要旨等重大问题，作了精辟阐述。邓小平表示："我们的'一国两制'能不能真正成功，要体现在香港特别行政区基本法里面。这个基本法还要为澳门、台湾作出一个范例。所以，这个基本法很重要。世界历史上还没有这样一个法，这是一个新的事物。"他还语重心长地说："总的来说，'一国两制'是个新事物，有很多我们预料不到的事情。基本法是个重要的文件，要非常认真地从实际出发来制定。我希望这是一个很好的法律，真正体现'一国两制'的构想，使它能够行得通，能够成功。"邓小平的上述看法，成为起草基本法的指导思想。1990 年 2 月 17 日，在香港基本法即将诞生前夕，邓小平会见出席香港特别行政区基本法起草委员会第九次全体会议的委员。他深情地赞许说："你们经过将近五年的辛勤劳动，写出了一部具有历史意义和国际意义的法律。说它具有历史意义，不只对过去、现在，而且包括将来；说国际意义，不只对第三世界，而且对全人类都具有长远意义。这是一个具有创造性的杰作。我对你们的劳动表示感谢！对文件的形成表示祝贺！"

"一国两制"构想是中共中央对台大政方针的重大发展

邓小平关于"一国两制"的科学构想，是对毛泽东、周恩来和平解决台湾问题思想的继承和发展。说它继承，是指这一构想与毛泽东、周恩来提出的和平解放台湾思想，以及由毛泽东提出后由周恩来所概括的"一纲四目"，具有许多相似之处。主要体现在五个方面：一是都坚持一个中国立场，反对国家分裂，坚持祖国统一。二是都强调和平解决台湾问题，倡导用谈判方式解决国家统一问题。三是都认为解决台湾问题是中国的内政，不容外国势力插手。四是都表示不承诺放弃使用武力。五是在一些具体内容上也有共同性，如台湾现有制度不变、台湾发生财政困难可由中央政府拨款、统一后的台湾享有高度自治权等等。这说明，"一国两制"构想体现了同既往对台方针的一致性，它凝聚着第一代中央领导集体的智慧结晶，是共产党人几十年来解决祖国统一问题的集体心得。

同时，"一国两制"构想又是以邓小平同志为核心的中央第二代领导集体，在综合考虑党和国家工作的根本任务、基本思路、发展战略的过程中形成的和平解决台湾问题、实现祖国和平统一的战略构想，是党的十一届三中全会实事求是思想路线的产物，具有鲜明的创新性。正如邓小平所言"'一国两制'人们都觉得这是个新语言，是前人未曾说过的"，是"我们用自己的实践回答了新情况下出现的一些新问题"。

　　"一国两制"构想的基本内容是，在祖国统一的前提下，国家的主体坚持社会主义制度，同时在台湾、香港、澳门保持原有资本主义制度和生活方式长期不变。这一构想，既体现了实现祖国统一、维护国家主权和领土完整的原则性，又充分考虑了台湾、香港、澳门的历史和现实，体现了高度的灵活性。

"一国两制"是解决台湾问题，实现国家和平统一的最佳方式

　　第一，按照"一国两制"方式和平解决台湾问题，核心是祖国统一，总的要求是一个中国，不是两个中国。实现两岸统一，坚持一个中国原则，确保台湾是中国领土一部分的地位不被改变，确保国家主权和领土完整，这就维护了中华民族根本利益和国家核心利益。

厦门海边面对金门的宣传标语

　　第二，按照"一国两制"方式解决台湾问题，实现国家统一，充分考虑并尊重台湾历史和现实。1949 年以后，台湾实行与大陆

完全不同的资本主义制度，形成了不同的生活方式。在这种情况下实现两岸和平统一，就要面对两岸社会制度和生活方式不同的现实。邓小平说，"世界上有许多争端，总要找个解决问题的出路。我多年来一直在想，找个什么办法，不用战争手段而用和平方式，来解决这种问题"，"用和平谈判的方式来解决，总要各方都能接受"。用"一国两制"方式和平解决台湾问题，尊重台湾的社会制度和生活方式，台湾与大陆统一后，在祖国统一的前提下，仍然可以实行不同的社会制度，保持自己的生活方式，并且高度自治。这就在维护中华民族根本利益和国家核心利益的前提下，照顾了各方利益，找到了在两岸社会制度不同的情况下，能够用和平方式实现统一的办法。

四、"一国两制"在解决香港、澳门问题上的成功实践

"一国两制"构想，最先是为解决台湾问题提出来的，但它首先成功运用于解决香港、澳门问题的实践。港澳问题的解决，证明"一国两制"构想是一个具有生命力的统一模式，将对解决台湾问题产生巨大而深远的影响。

香港、澳门问题的由来及其性质

香港、澳门自古以来就是中国的领土。

香港问题是英国殖民主义者侵略中国造成的历史遗留问题。1840年鸦片战争后，英国政府先后强迫清政府签订《南京条约》

《北京条约》《展拓香港界址专条》等不平等条约，强占中国的香港岛、九龙并强租新界地区。按照中英《展拓香港界址专条》，新界租期为99年，至1997年6月30日期满。

澳门，包括澳门半岛、凼仔岛和路环岛，16世纪以后被葡萄牙逐步占领。

清王朝被推翻以后，中国历届政府都不承认清政府所签订的不平等条约，并为港澳回归祖国进行了长期不懈的努力。新中国成立后，中国政府多次阐明对港澳问题的原则立场，即港澳历来是中国的领土，中国不承认帝国主义强加给中国的不平等条约。对于香港、澳门这类历史遗留问题，中国政府主张在条件成熟的时候，通过谈判的方式加以解决，未解决前维持现状。基于这一立场，中央对港澳实行"长期打算、充分利用"的方针。同时，还采取了一系列有利于香港、澳门经济繁荣、社会稳定的措施。这一富有远见的决策，为香港、澳门问题的成功解决创造了有利条件。

20世纪70年代末，随着新界租期临近期满，英国方面希望了解中国政府对解决香港问题的态度和立场。香港的中外投资者对香港的前途，也表示极大关注。解决历史遗留下来的香港问题，就正式被提上议事日程。

中国政府解决香港、澳门问题的基本政策

1979年3月，当时的香港总督麦理浩访问北京，此行的目的是摸清中国政府对香港跨越"九七"的立场和态度。3月29日，邓小平对来访的麦理浩表示，"我们历来认为，香港主权属于中华

人民共和国，但香港又有它的特殊地位。香港是中国的一部分，这个问题本身不能讨论。但可以肯定的一点，就是即使到了一九九七年解决这个问题时，我们也会尊重香港的特殊地位"。邓小平还强调指出，"在本世纪和下世纪初相当长的时期内，香港还可以搞它的资本主义，我们搞我们的社会主义"。

在这次会见麦理浩之后，邓小平亲自做调查研究，请香港的一些团体和人士到北京面谈，并派出调查小组到香港实地了解情况。其间确立了两条原则：一是中国要在 1997 年 7 月 1 日收回香港，恢复行使主权；二是在收回香港后，一定要保持香港的繁荣稳定。这两条原则是中国政府解决香港问题的出发点和立足点。

1981 年初，邓小平指出"香港问题已经摆上日程，我们必须有一个明确的方针和态度。请有关部门研究，提出方案，并尽快整理出材料，供中央参考"。

1982 年 6 月，邓小平接见港澳知名人士，提出了"恢复主权，保持繁荣"的对港八字方针，随后又作进一步补充，加上了"制度不变，港人治港"，于是形成一个完整的解决香港问题的十六字方针。

根据上述方针，中央有关部门又做了大量调研工作，形成了我国政府对香港问题的十二条基本方针政策。其主要内容是：（一）中国政府决定于 1997 年 7 月 1 日对香港地区恢复行使主权。（二）恢复行使主权后，根据宪法第 31 条规定，在香港设立特别行政区，直辖于中央人民政府，享有高度自治权。（三）特别行政区享有立法权，有独立的司法权和终审权。现行的法律、法令、条例基本不变。（四）特别行政区政府由当地人组成。主要官员在当地通过选举或协商产生，由中央人民政府委任。原香港政府各部门的公务、警务人员可予以留任。特别行政区各机构也可聘请英国及其他外籍人士担任顾问。（五）现行的社会、经济制度不变，生活方式不变。保障言论、出版、集会、结社、旅行、迁徙、通信自由和宗教信仰自由。私人财产、企业所有权、合法继承权以及外来投资均受法律保护。（六）香港特别行政区仍为自由港和独立关税地区。（七）保持金融中心地位，继续开放外汇、黄金、证券、期货等市场，资金进出自由，港币照常流通，自由兑换。（八）特别行政区财政保持独立。（九）特别行政区可同英国建立互惠经济关系。英国在香港的经济利益将得到照顾。（十）特别行政区以"中国香港"的名义，单独地同世界各国、各地区以及有关国际组织保持和发展经济、文化关系，签订协议。特别行政区政府可自行签发出入香港的旅行证件。（十一）特别行政区的社会治安由特别行政区政府负责。（十二）上述方针政策，由全国人民代表大会以香港特别行政区基本法规定之，50 年不变。

1983 年 4 月 4 日，邓小平在文件上报稿上批示，"我看可以，兹事体大，建议政治局讨论"。4 月 22 日，中央政治局扩大会议审议并原则通过这一方案。邓小平在会上说，"这个'十二条'，是我们下个月开始同英国谈判的基本方针"。"谈判可能谈好，也可能谈不好，如果谈不好，明年九月，我们也要单方面宣布一九九七年收回香港，并同时宣布中国收回香港以后的一系列政策，就是这'十二条'"。这十二条基本方针政策是"一国两制"构想的具体化，成为我国政府与英国、葡萄牙政府就香港、澳门问题谈判的政策基础，也构成中英、中葡联合声明的主要内容。

1982 年 9 月，英国首相撒切尔夫人访问中国，拉开了中英关于香港问题谈判的序幕。经过两年多共 22 轮的艰难谈判，1984 年 12 月，中英两国政府正式签署关于香港问题的联合声明，确认中国政府于 1997 年 7 月 1 日恢复对香港行使主权。从此，香港进入回归祖国的过渡期。此后，根据 1982 年宪法规定，在广泛听取香港各界人士意见的基础上，七届全国人大三次会议于 1990 年 4 月审议通过《中华人民共和国香港特别行政区基本法》。香港基本法把中央政府对香港的各项方针政策以法律形式固定下来，奠定了依法治港的法律基石。

1990 年 4 月，第七届全国人大第三次会议通过香港基本法

香港回归进程启动后，澳门回归也被提上日程。1986年6月，中葡两国开始就澳门问题进行谈判。谈判比较顺利。1987年4月，中葡两国政府正式签署关于澳门问题的联合声明，宣布中国政府将于1999年12月20日恢复对澳门行使主权。从此澳门进入回归祖国的过渡期。1993年3月，八届全国人大一次会议审议通过《中华人民共和国澳门特别行政区基本法》。

1993年3月，第八届全国人大第一次会议通过澳门基本法

这样，就以国家基本法律的形式落实了"一国两制"构想，勾画了港澳未来的发展蓝图。

解决港澳问题的成功实践对两岸关系产生重大影响

邓小平提出的"一国两制"构想的正确性、科学性、包容性和可行性，在解决香港、澳门问题的成功实践中，得到充分证明。台湾问题与香港问题、澳门问题既有共同性，也有差异性。台湾与香港、澳门都是中国的领土，都存在与祖国大陆（内地）不同的社会制度、意识形态和生活方式，这是共同性。而这三个问题产生的原因、性质以及解决问题的谈判对象等方面，又均有很大的不同，各具特点，这就是差异性。就共同性而言，台湾和港澳一样，必须与祖国大陆（内地）统一，而且也必然要统一。就差异性而言，中国共产党和中国政府一直认为，应当重视和尊重差别，具体政策应当有所不同，在"一国两制"的框架内，通过两岸谈判，一定可以找到充分考虑台湾现实情况、充分照顾台湾同胞利益感情的具体解决方案。

中国政府按照"一国两制"构想成功解决港澳问题的伟大实践，在海内外华人华侨中引起强烈反响，进一步坚定了港澳同胞、海外侨胞和平统一的信心。香港特别行政区基本法起草委员会副主任委员、香港《大公报》社长费彝民说，"香港问题解决了，现在澳门问题又解决了，我相信台湾问题也一定能够解决。道理很简单，台湾当局不是反对'三通'吗？那么1997年后香港是中华人民共和国的香港，1999年后澳门是中华人民共和国的澳门，到那时，台湾来不来人，来不来船？你来了人，来了船，不就通了吗！我看，到那时就会一通百通"。1987年3月28日，《美洲华侨日报》发表题为《澳门收复 台湾如何》的社评指出，继香港地位确定之后，如今澳门问题已经大致解决，剩下的主要是需要台海两岸解决的中国统一问题。"一国两制"是对双方都有好处的。这明显需要台湾当局采取一种理性的、善意的和非冲突的态度去看待这个攸关国家民族前途的问题。作为一个初行步骤，从开放"三通"到取消"三不"，都值得台湾当局仔细考虑。

党的十三大报告首次写入"一国两制"

1987 年 10 月 25 日至 11 月 1 日，中国共产党第十三次全国代表大会胜利召开。十三大通过的《沿着有中国特色的社会主义道路前进》报告中明确表示："按照'一国两制'的原则，中英、中葡已就解决香港和澳门问题达成协议。我们还要按照这个原则努力争取和平解决台湾问题。历史将证明，按'一国两制'实现国家统一的构想和实践，是中华民族政治智慧的伟大创造。""一国两制"构想首次写入党的全

中国共产党第十三次全国代表大会

国代表大会报告，"一国两制"将国家统一、维护国家主权的原则和实事求是的态度有机地结合起来，与和平统一一起构成解决台湾问题的"和平统一、一国两制"基本方针。至此，党的对台大政方针形成了一个完整的政策体系。

五、维护一个中国原则，争取中美关系稳定发展

中美关系正常化之后，中国领导人一再表示，中国愿意把中美关系推向前进，这符合中美两国人民的根本利益，也有利于亚洲和世界局势的稳定。但中美建交后，台湾问题依然是中美两国关系中的主要障碍。美国国内仍然存在一股企图"以台制华"、破坏中美关系大局的势力。1979年4月，卡特总统签署"与台湾关系法"，严重违反中美建交原则和美方承诺。1980年是美国大选年，共和党总统候选人里根在竞选中明目张胆地发表鼓吹"两个中国"言论。为了争取中美关系稳定发展，进一步排除台湾问题障碍，中国政府做出了一系列努力。

反对美国"与台湾关系法"

中美建交不久，卡特政府即于1979年1月26日向美国国会提出关于美台关系"立法调整"的法案，表示以后将在非官方基础上同台湾继续保持商务、文化等民间性质的关系，为此将设立"美国在台湾协会"处理有关涉台事务。美国国会参、众两院在讨论该法案时，提出了一系列严重违反中美建交公报原则、明显干涉中国内政的修正案，并分别于3月28日、29日通过该法案的最

后文本。4月10日，经卡特签署，"与台湾关系法"正式出台。

"与台湾关系法"共计18条，其主要内容为：（一）台湾的前途将以和平方式解决，非和平方式包括使用经济抵制及禁运手段等为美国严重关切；（二）美国向台湾提供防御性武器以保证台湾的安全；（三）凡当美国法律提及或涉及外国和其他民族、国家、政府或类似实体时，上述的措辞含义中应包括台湾，此类法律亦应适用于台湾；（四）美国和台湾当局所签订的一切条约和国际协定仍继续有效，迄今或今后台湾地区根据美国法律所取得或与台湾有关的任何权利和义务都不因没有"外交"关系而受到影响。

显然，该法案粗暴地干涉了中国内政，严重违反了中美建交原则，从根本上损害了中国人民的利益，严重侵犯中国主权，理所当然遭到中国政府和中国人民的坚决反对。

1979年3月16日，中国外长黄华代表中国政府向美国政府提出严重抗议，表示美国国会行将通过的关于"美台关系"的"立法"议案，在一系列问题上违反两国建交时双方同意的原则以及美方的承诺。对此，中国政府当然不能同意，它对中美两国刚建立起来的关系是十分有害的。

4月19日，邓小平在接见美国参议院外委会访华团时指出：中美两国关系能够正常化的政治基础，就是承认只有一个中国。现在这个政治基础受到了一些干扰。中国对于美国国会通过的"与台湾关系法"是不满意的。这个法案最本质的问题，是实际上不承认只有一个中国，法案的许多条款还是要保护台湾。卡特总统表示他在执行这个法案时要遵守中美建交协议，中国正在看美国以后所采取的行动。

1980 年 11 月 15 日，邓小平在会见美国《基督教科学箴言报》总编辑厄尔·费尔时，回顾了中美关系恢复和发展的过程，再次批评了美国"与台湾关系法"，指出"我们对台湾关系法是不满意的。真正造成中美关系危机的是对台湾关系法"。"我们希望中美关系要发展，不要停滞、倒退。"

在中国政府和人民的强烈反对下，美国政府于 1979 年 7 月 6 日发表照会辩称，美国将遵守同中华人民共和国达成的关于建立外交关系的各项谅解；"国会最后通过的美台关系法并不是在每一个细节上都符合政府的意愿"；"美国政府一直努力确保该法的措辞不损害我们和贵国政府达成的谅解，或迫使我国政府采取背离这种谅解的行动"。由于中国政府的坚决反对，卡特政府在执行该法案时还比较谨慎，但"与台湾关系法"始终是中美关系发展的一大障碍。

《八一七公报》发表

1981 年里根入主白宫。他在竞选期间多次声称要充分实施"与台湾关系法"，包括其中向台湾地区出售武器的条款；扬言中国无权过问美国对台湾的政策，主张向台湾地区出售性能有所提高的武器。里根的这些言论，为中美关系进一步发展设置了障碍，引起中国政府严重关注。

1981 年 1 月 4 日，邓小平在会见美国客人时发表谈话，针对里根的上述言论及美国国内所散布的有代表性的错误观点，表明了中国政府的原则立场。邓小平严肃地指出，里根先生在竞选纲领中说的有些话确实使我们有所不安。1979 年中美建交，主要是解决了台湾问题，美国承认台湾是中国的一部分。解决了这个问题，才取得了中美新关系的建立，并使之继续得到发展。台湾问题本来是过去了的问题，现在又重新提起来了。邓小平说，现在美国报刊和一些人的言论大概有这么四种观点：一是认为中国很弱很穷，装备又落后，所以中国是无足轻重的，是一个不值得重视的国家；二是中国现在有求于美国，美国无求于中国；三是如果美国政府对苏联采取强硬政策，像台湾这样的问题，中国可以吞下去；四是中国政府信奉的意识形态旨在摧毁类似美国这样的政府。对此，邓小平加以批驳，指出中国历来不回避穷和弱，可是我们有"块头大"这个好处，还有就是不信邪，需要中国自己做的事情，中国是敢于面对现实的。中国是很穷，但有一个长处，就是中国本身的生存能力比较强，即使现在世界发生大的动乱和各种难测的变化，中国自己也能够活下去。还有就是穷日子过惯了。现在如果一切国际通道都切断了，我们也能够生存。以为中国有求于人的判断，会产生错误的决策。既然中美关系正常化是在解决了台湾是中国领土一部分这个问题后实现的，那么，以后能否继续发展中美关系，这个问题是焦点。如果台湾问题迫使中美关系倒退的话，中国不会吞下去，中国只能正视现实，做出相应的反应。

1981 年 6 月，根据邓小平的指示，中国同美国围绕售台武器问题进行了一场坚决斗争。两国外交部门进行了长达一年零两个月的艰苦谈判，终于在 1982 年 8 月 15 日达成协议，8 月 17 日发表了中美联合公报，即《八一七公报》。在这一公报中，双方重申了中美建交公报中确认的各项原则。

新华社北京8月17日电　中美两国政府今天就分步骤直到最后彻底解决美国向台湾出售武器问题发表联合公报。公报全文如下：

中华人民共和国和美利坚合众国
联合公报
（1982年8月17日）

一、在中华人民共和国政府和美利坚合众国政府发表的1979年1月1日建立外交关系的联合公报中，美利坚合众国承认中华人民共和国政府是中国的唯一合法政府，并承认中国的立场，即只有一个中国，台湾是中国的一部分。在此范围内，双方同意，美国人民将同台湾人民继续保持文化、商务和其他非官方关系。在此基础上，中美两国关系实现了正常化。

二、美国向台湾出售武器的问题在两国谈判建交的过程中没有得到解决。双方的立场不一致，中方声明在正常化以后将再提出这个问题。双方认识到这一问题将会严重妨碍中美关系的发展，因而在赵紫阳总理与罗纳德·里根总统以及黄华副总理兼外长与亚历山大·黑格国务卿于1981年10月会见时以及在此以后，双方进一步就此进行了讨论。

三、互相尊重主权和领土完整、互不干涉内政是指导中美关系的根本原则。1972年2月28日的上海公报确认了这些原则。1979年1月1日生效的建交公报又重申了这些原则。双方强调声明，这些原则仍是指导双方关系所有方面的原则。

四、中国政府重申，台湾问题是中国的内政。1979年1月1日中国发表的告台湾同胞书宣布了争取和平统一祖国的大政方针。1981年9月30日中国提出的9点方针是按照这一大政方针争取和平解决台湾问题的进一步重大努力。

五、美国政府非常重视它与中国的关系，并重申，它无意侵犯中国的主权和领土完整，无意干涉中国的内政，也无意执行"两个中国"或"一中一台"的政策。美国政府理解并欣赏1979年1月1日中国发表的告台湾同胞书和1981年9月30日中国提出的九点方针中所表明的中国争取和平解决台湾问题的政策。台湾问题上出现的新形势也为解决中美两国在美国售台武器问题上的分歧提供了有利的条件。

六、考虑到双方的上述声明，美国政府声明，它不寻求执行一项长期向台湾出售武器的政策，它向台湾出售的武器在性能和数量上将不超过中美建交后近几年供应的水平，它准备逐步减少它对台湾的武器出售，并经过一段时间导致最后的解决。在作这样的声明时，美国承认中国关于彻底解决这一问题的一贯立场。

七、为了使美国售台武器这个历史遗留的问题，经过一段时间最终得到解决，两国政府将尽一切努力，采取措施，创造条件，以利于彻底解决这个问题。

八、中美关系的发展不仅符合两国人民的利益，而且也有利于世界和平与稳定。双方决心本着平等互利的原则，加强经济、文化、教育、科技和其他方面的联系，为继续发展中美两国政府和人民之间的关系共同作出重大努力。

九、为了使中美关系健康发展和维护世界和平、反对侵略扩张，两国政府重申上海公报和建交公报中双方一致同意的各项原则。双方将就共同关心的双边问题和国际问题保持接触并进行适当的磋商。

中美两国政府发表联合公报

美国承诺向台湾地区出售的武器，在性能和数量上将不超过中美建交后近几年供应的水平，将准备逐步减少它对台湾地区的武器出售，并经过一段时间导致最后的解决。美国政府还表示承认中国关于彻底解决这一问题的一贯立场。众所周知，中国政府的一贯立场是：根据相互尊重主权和领土完整，互不干涉内政的原则，美国最终必须停止向台湾地区出售任何武器。

在公报公布前，邓小平于 8 月 17 日上午接见美国驻华大使恒安石，请他向里根总统转述下述意见：一、公报只是一个良好的新的开端，但重要的还要看今后美国的实际行动。根据中美建交公报规定的指导两国关系的准则，美国本来早就应该完全停止向台湾出售武器。由于考虑到这是历史遗留问题，中方才同意逐步予以解决。希望售台武器能够逐步地但是明显地减少，能够尽早地停止，这对保持和发展中美关系，都将有直接关系。二、关于台湾问题，这完全是中国的内政；在公报里，中国重申了争取和平解决台湾问题的政策，决不意味中国向美国或任何人做出什么承诺，也决不允许曲解为美国停止售台武器要以台湾问题的和平解决为前提。三、中国重视中美关系，愿意为两国关系的健康发展与美方一起做出努力。但在两国关系问题上存在着一片乌云，这就是"与台湾关系法"，希望美国能正视这个问题。

《八一七公报》使中美双方在解决建交时遗留下来的美国售台武器问题上，迈出了重要的一步。但后来的事实证明，美国并无意严格履行公报的各项规定，一再违反自己在《八一七公报》中对中国作出的庄严承诺，不断向台湾地区出售先进武器和装备，为中美关系的发展和台湾问题的解决增加新的障碍和阻力。

六、两岸隔绝状态打破，两岸各项交流交往兴起

面对祖国大陆提出和平统一的方针政策，台湾当局一概视为"统战阴谋"而加以排斥、拒绝。1979年4月4日，蒋经国提出与中共"不接触、不谈判、不妥协"的"三不政策"。但在祖国大陆对台大政方针的强大冲击下，台湾当局迫于各方压力，不得不相应停止对大陆的炮击，采取一些有利于缓和台海紧张局势的措施。1980年6月9日，蒋经国公开提出"三民主义统一中国"的口号。1981年4月，国民党十二大通过"贯彻以三民主义统一中国案"。台湾当局将"反攻大陆"改为"三民主义统一中国"，仍顽固坚持反共立场和"三不政策"，严禁台湾民众讨论和平统一问题，严禁两岸民间往来交流。

随着台海形势缓和，台湾同胞开始突破台湾当局的禁令，设法了解大陆情况，希望降低两岸敌意，恢复正常往来，改善两岸关系。1949年去台军政人员希望回乡探亲，台湾工商界要求开放对大陆的贸易与投资，文化、体育等界别希望与大陆进行交流。

在两岸隔绝状态尚未打破的情况下，两岸民间交流先自海外开始。1980年3月，两岸各自组队参加在美国圣安东尼奥学院举行的田径邀请赛，这是1949年后两岸首次在国际体育赛事中同场竞技。1982年4月，中央文献研究室副主任、北京大学教授胡绳等大陆学者与国民党党史馆主任、台湾大学教授秦孝仪等台湾学者，共同参加在美国芝加哥举行的辛亥革命学术研讨会，这是1949年后两岸具有官方背景的学术代表团首次在中国境外接触。

中国共产党与祖国统一

在此期间，中国共产党和中国政府提出的"和平统一、一国两制"主张在台湾引起强烈反响。台湾学术界、文化界、新闻界举办座谈会、研讨会，发表对两岸和平统一的看法，提出了各种主张和设想。在台湾，讨论两岸统一由政治禁区逐渐成为公开的议题，参与讨论的人员由民间扩展到国民党高层人士。一些主张和平统一的组织也开始成立。这些组织虽然政治背景不一，看法也不尽相同，但基本上都主张缓和两岸关系。

由于大陆方面坚定地采取积极主动的措施和扎扎实实的对台工作，从1986年开始，两岸关系出现进一步和缓的变化。台湾工商界、文化界、新闻界受到大陆改革开放、经济快速发展和中英达成解决香港问题协议的影响，要求台湾当局正视这些历史性的重大变化，调整僵硬的大陆政策，放松限制。国民党去台老兵发起要求返乡探亲的请愿运动。为适应形势的变化，维持国民党在台湾的统治，蒋经国在1986年3月召开的国民党十二届三中全会上，发表《中国之统一与世界和平》的讲话，强调"中国只有一个，中国必须统一"；并提出进行"政治革新"的主张。台湾舆论认为，在可以预见的将来，与大陆渐进地和平统一是正确的道路。

1986年5月3日，台湾中华航空公司（简称华航）波音747货机机长王锡爵驾驶B198号飞机在由泰国曼谷飞往香港的途中降落在广州白云机场，要求在大陆定居，和家人团聚。机上还有副驾驶董光兴、机械师邱明志两人以及货物22万磅。事件发生后，5月17日至20日，中国民航与华航在香港举行4次商谈，对货机、两名机组人员和货物在香港进行交接事宜全部达成协议。23

日，双方在香港顺利完成交接，事件圆满解决。华航事件的解决，标志着海峡两岸 30 多年来，首次进行了在社会舆论公开监督下面对面的谈判，打破了台湾当局的"三不政策"，进一步扩大了大陆对台政策的影响，受到海内外普遍赞誉。

中国民航同台湾华航在香港顺利完成交接

1987 年是两岸关系取得突破进展的一年。在祖国大陆积极推动和岛内民意强烈呼吁下，3 月，台湾"行政院长"俞国华在"立法院"应询时公开表示，"三不政策"是消极的，只是临时措施。4 月，多位国民党籍"立法委员"提议台湾当局重新检讨"三不政策"，以符合现实需要。在两岸关系和缓潮流的推动下，蒋经国决定顺应形势，实行开明政策。7 月 14 日，台湾当局宣布从次日起台湾本岛及澎湖地区解除"戒严"。16 日，台湾当局宣布，允许台湾民众以香港作为出外旅游观光的首站。10 月 14 日，国民党中常会通过了台湾居民赴大陆探亲的方案。同日，国务院有关方面负责人发表谈话，表示欢迎台湾当局开放台胞赴大陆探亲，保证来去自由，尽力提供方便和照顾；并要求台湾当局也允许大陆同胞到台湾探亲，采取更加积极的态度。10月15日，台湾当局宣布自11月2日起，允许除现役军人和公职人员以外在大陆有血亲、姻亲、三等亲的台湾居民，可经第三地转赴大陆探亲。10月16日，国务院办公厅公布了有关接待探亲台胞的办法。11月2日，台湾当局又出台了"台湾民众赴大陆探亲实施细则"，第一批探亲台胞经香港赴大陆。至此，长达38年之久的两岸同胞隔绝状态终于被打破，两岸关系进入新阶段。

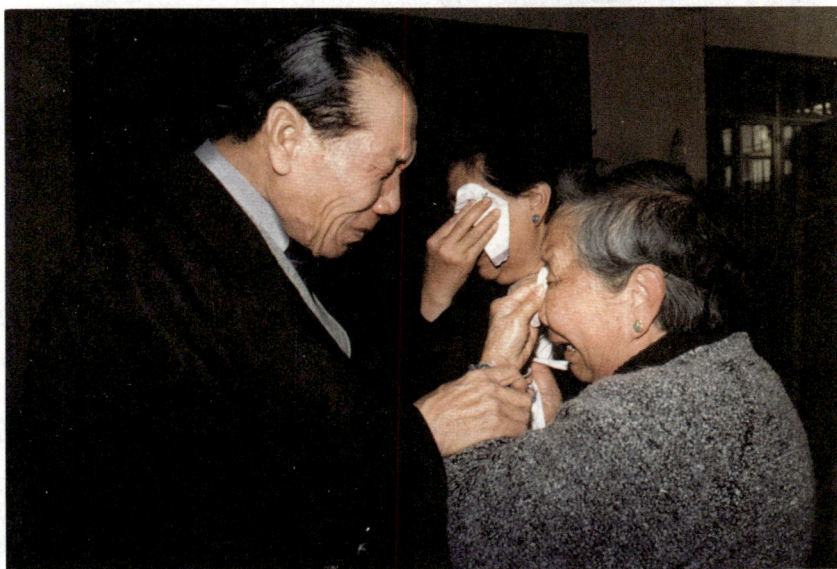

台湾同胞回大陆探亲，与分别多年的亲人相见后喜极而泣

两岸同胞隔绝状态被打破后，祖国大陆热忱欢迎台湾同胞前来并提供各种方便，努力推动两岸交流合作，积极争取两岸直接

"三通",呼吁进行两岸协商谈判。两岸人员往来和经济文化交流随之兴起并快速发展起来。台湾当局宣布开放探亲政策后,1987年有4万多人次,1988年增至45万人次台湾同胞来大陆探亲、旅游,畅叙骨肉别离之情,踏足祖国大好河山,迅速改变了咫尺天涯、生死隔绝的不正常状态。两岸经香港的间接贸易迅速发展,金额不断增加。1988年,两岸间接贸易额超过20亿美元。台商开始经第三地对大陆间接投资,由小到大、由短期到长期、由沿海向内地扩展。来往的信件也超过200万封,寄托着两岸同胞的款款深情。岛内出现了一股"大陆热"。

1987年9月,台湾《自立晚报》两名记者为了来大陆采访,冲破台湾当局的禁令,绕道日本来到大陆。这是海峡两岸隔绝38年以来台湾记者首次到祖国大陆采访,是两岸新闻交流的突破,也是两岸各项交流的"破冰之旅"。当台湾当局宣布开放探亲政策后,台湾新闻界为了抢滩大陆,开始积极准备。由于《联合报》《中国时报》这两大报系的老板王惕吾和余纪忠均为国民党中常委,不敢贸然行事,《自立晚报》拔得头筹。台湾主管部门为了杀一儆百,要求《自立晚报》立即阻止两人前往大陆,否则严加惩处。但《自立晚报》宣称"未有召回记者的计划","绝不召回记者"。9月12日,该报还以"不会召回两名记者,宁愿受罚突破禁令"的醒目标题表达坚定立场。9月11日,两人绕道日本东京到中国驻日本大使馆,提出赴大陆采访的签证要求。经过使馆与国内联系,签证人员告诉他们:"你们的事,已经获得上级批准,非常热烈地欢迎你们到祖国大陆去。"9月13日凌晨,两名记者到达北京国际机场，他们对前来迎接他们的中新社台港澳部主任陈佐洱表示歉意说"让你们久等了"。陈佐洱说"我们已经等了你们整整38年了"。这句话说出了两岸同胞期盼打破两岸隔绝的心声，成为第二天多家媒体报道的标题。

　　继《自立晚报》破冰之后，1990年9月24日，台湾《中国时报》总编辑黄肇松一行4人，对国家主席杨尚昆进行了长达80余分钟的专访，并在《中国时报》的两个显著版面刊发。1992年8月12日，新华社记者范丽青、中新社记者郭伟峰赴台采访"闽狮渔事件"，成为1949年以来首次赴台采访的大陆记者。至此，两岸新闻交流开启了从单向到双向的历史进程，充分反映了两岸同胞渴望加强相互了解和沟通的心声。

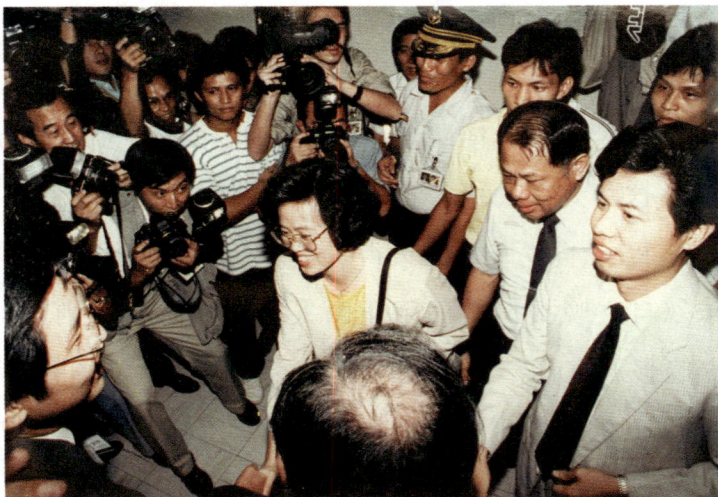

大陆记者1949年后首次赴台采访

　　邓小平从党和国家的领导岗位上退下来以后，仍然以高度的历史责任感，关注着祖国的统一大业。他多次听取对台工作汇报，会见台湾同胞和海外侨胞。他深情地说:"我和台湾领导人讲,我们岁数都不小了,都是炎黄子孙,来它个真正的统一,前人没有完成的,我们完成,后人会怀念我们,感谢我们的。不做这件事,后人写历史总要责备我们。我们有条件完成,这个条件并不苛刻。"以邓小平同志为核心的第二代中央领导集体为争取祖国的完全统一倾注了巨大心血,他们制定的"和平统一、一国两制"对台方针政策,成为解决台湾问题、实现祖国完全统一的基本遵循。

第四章　推动两岸开启商谈　开展反分裂反"台独"斗争

1989年6月，中国共产党十三届四中全会选举产生以江泽民同志为核心的第三代中央领导集体。1990年12月，中共中央召开对台工作会议，研究部署20世纪90年代对台工作。20世纪90年代是两岸矛盾分歧由意识形态、中国代表权之争为主向捍卫国家主权与领土完整、分裂反分裂、"台独"反"台独"之争为主的转化时期。面对纷繁复杂的形势，党的第三代中央领导集体直面来自各方的严峻挑战，坚定发展两岸关系，坚决开展反分裂反"台独"斗争，大力推进协商谈判，创造性破解障碍难题，推动两岸关系不断取得新的突破。

一、对台工作新形势和1990年中央对台工作会议

20世纪90年代初的对台工作新形势

20世纪80年代末90年代初，对台工作的内外形势均发生深刻变化。从国内形势看，1989年党的十三届四中全会产生以江泽民同志为核心的第三代中央领导集体。完成祖国统一继续被

江泽民在党的十三届四中全会上发表讲话

列为新时期党的三大历史任务之一。新一代中央领导集体的大政方针走向，包括新形势下对台工作政策，为国内外所关注。1989年7月，江泽民在中南海会见港澳著名人士时重申，按照"一国两制"原则制定的对香港、澳门和台湾的方针政策不会改变。1990年元旦，江泽民在全国政协新年茶话会上再次明确表示：我们将一如既往地坚持"一国两制"的基本方针和有关政策。

国际形势方面，自1989年下半年以后，世界正经历一个重大、剧烈的变动时期。苏联解体、东欧剧变，原有的美、苏两个超级大国对峙、争霸的旧格局已经打破，东西方之间的力量对比出现失衡。社会主义运动在世界上暂时处于低潮，西方国家进一步加大对社会主义国家尤其是对中国推行"分化""西化"战略，对中国实施"制裁"。我国在意识形态上面临以美国为首的西方世界的巨大压力。这一变化对我国的安全环境产生了重大影响。但在中央坚强领导下，我国整体形势比较稳定，并仍然可以争取一个比较好的和平外部环境。

就对台工作形势而言，出现了大量新情况、新问题。在世界格局发生急剧变化的情况下，随着苏联解体，中美两国原来以遏制苏联扩张为共同目标的这一战略基础突然削弱，美国逐渐把中国作为潜在对手，利用台湾问题对我国进行施压，促中国"和平演变"。台湾问题日益成为中美关系中的一个突出问题。此时台湾岛内局势也正经历剧烈变化。1985年后，岛内党外势力日益膨胀。1986年9月，主张台湾"住民自决"的民进党成立，五年后民进党提出"台独"纲领。台湾政治形势趋向复杂多元。1988年1月，蒋经国病逝，李登辉继任台湾地区领导人。台湾当局关于一个中国的立场开始出现严重蜕变，公开滑向"两个中国"的倾向日益明显。1990年5月20日，李登辉在台北发表就职演说，第一次和盘抛出他担任台湾地区领导人后的大陆政策，声称"中华民国为一个主权独立国家"，要大陆方面"不阻挠我们在一个中国原则的前提下开展对外关系"；抛弃了原来的"三民主义统一中国"的口号，而用"对等谈判"来代替。所谓"对等谈判"是指用"中华民国"或"中华民国政府"与中华人民共和国或中华人民共和国政府"对等谈判"。他还设置所谓改善两岸关系"三条件"的障碍，声称要"中共当局推行民主政治及自由经济制度""放弃在台湾海峡使用武力""不阻挠我们在一个中国原则的前提下开展对外关系"。此时，他虽然仍讲一个中国原则，但他的"一个中国"实质上是指"一国两府""两个对等政治实体"，本质上就是"两个中国"。

与此同时，港澳问题成功解决，两岸长期隔绝状态被打破，对台工作出现前所未有的新机遇。对台工作由以往主要是秘密的上层联络工作，逐步转变为更多的两岸民间交流交往活动。各地区各有关部门积极开展对台工作，如何准确全面地贯彻党中央对台方针政策，更好地在思想认识、政策措施和组织领导上适应新的形势，成为一个亟待研究解决的突出问题。

中央对台工作会议召开

1990 年 12 月 6 日至 13 日，中共中央召开对台工作会议。这是 1949 年以来第一次由中共中央召开的全国性对台工作会议。此次会议之前，1990 年 6 月，全国统战工作会议召开，江泽民在会议上就台湾问题和对台工作发表重要讲话。讲话针对李登辉当时的言论指出，按照国际法，一个国家只能有一个合法政府代表这个国家。一个国家不可能存在两个代表这个国家的对等政府。所谓"一国两府"，实质是"两个中国""一中一台"，是走向分裂，不是迈向统一。讲话批评了李登辉的不切实际、不自量力的所谓"三条件"。讲话要求李登辉回到一个中国原则上来，重申：只要双方坐下来，真正本着坚持一个中国的原则商谈祖国统一，而不是搞"两个中国""一中一台""一国两府"，一切问题都可以提出来讨论、商量。在正式谈判前，应尽快实现两岸"三通"，扩大双向交流。有关两岸交流中的一些具体问题，可分别通过适当途径协商解决。

中央对台工作会议明确提出了现阶段对台方针政策和目标任务。

会议强调，争取早日解决台湾问题，实现祖国完全统一，是全党全国 20 世纪 90 年代的重大政治任务，全党要坚定不移地贯彻执行"和平统一、一国两制"方针，扎扎实实做好对台工作，积极主动地促进两岸关系深入发展，加速祖国和平统一进程。会议重申，实现国家统一，寄希望于台湾当局，更寄希望于台湾人民。国共两党应当尽早接触谈判。谈判中可以吸收两岸其他政党、团体有代表性的人士参加。谈判可以在高层进行，也可以先从较低的层次开始。可以先谈统一问题，也可以先谈如何促进两岸双向交流，实现直接"三通"。对于台湾当局坚持一个中国的言论，以及缓和两岸关系，放宽双方交往的措施，应予热诚欢迎；对于台湾当局推行"一国两府""弹性外交"，制造"两个中国""一中一台"和姑息"台独"活动行为，必须坚决反对。会议强调对于台湾各政党、团体和各界人士要进行广泛地接触沟通，以消除隔阂，增进了解，建立共识。会议认为，当务之急是要加强两岸的联系，尽快实现双向的、直接的"三通"，应当进一步扩大人员交往和各种交流，特别是加强经贸往来。要不断研究新情况、新问题，进一步制定有关法律法规，充实和完善各项政策措施，鼓励和便利两岸人员来往和交流。会议特别指出，实现国家的统一，不是谁要吃掉谁，而是要使整个中华民族联合起来，团结起来，使国家得到很快发展。

两岸隔绝状态打破后，为统筹协调处理随之而来的台湾同胞来大陆旅游接待、两岸经贸往来和投资、婚丧嫁娶、财产继承等一系列涉台事务，1988 年 10 月，国务院成立国务院台湾事务办公室（简称国务院台办）。随着各地区各部门对台工作任务大量增加，需要加强党的集中统一领导。1991 年 3 月，中共中央决定，将原中共中央对台工作领导小组办公室与国务院台湾事务办公室合并，成立中共中央台湾工作办公室，该办公室同时也是国务院台湾事务办公室，"一个机构，两块牌子"，这是适应对台工作新形势、更好开展对台工作的一个重要举措。

二、"九二共识"建构两岸接触交往政治基础

随着人员往来和经济文化交流兴起，如何通过接触商谈有效处理双方交流交往中衍生的各类问题，确保两岸同胞合法权益，夯实两岸关系发展的基础，成为迫切课题。在这种背景下，海协会与台湾海基会"两会"机制应运而生。

建立两岸制度化接触商谈渠道

中共中央对推动开启两岸政治谈判、接触商谈，包括成立与台湾方面打交道机构问题，早有考虑和谋划。早期主张国共两党对等谈判，亦备有具体方案。1981 年 9 月，"叶九条"即提出国共谈判，达成有关协议；1983 年 6 月，"邓六条"再提国共平等谈判、实现"第三次国共合作"，双方达成协议。为表示诚意，大陆方面还特别强调"不提中央与地方谈判"。1990 年 6 月，江泽民在全国统战工作会议上的讲话提出国共两党商谈的具体构想，呼吁尽快实现两岸"三通"、扩大双向交流，还提出"有关两岸交流中的一些具体问题，可分别通过适当途径协商解决"。一系列政策信号明确而具体。

台湾当局则一度固守"三不政策"。1987年11月，蒋经国针对开放民众赴大陆探亲问题，重申反共立场和"三不政策"，妄称坚持不谈判使中共"无计可施"。1988年2月，李登辉在就任后的首次记者会上重申"三不政策"不变。但台湾民众对当局阻碍两岸关系发展的僵硬政策和做法十分不满，以各种方式强烈要求"解放思想"。《人民日报》发表评论，指出坚持"三不政策"是背离时代、拂逆民心之论。

面对大陆方面更加灵活的促谈政策和岛内民意的巨大压力，台湾当局不得不逐步松动立场，一方面拒绝政治谈判，一方面不得不考虑商谈两岸交往中衍生的具体事务性问题，两岸接触商谈终于得以突破。1990年5月，两岸红十字组织负责人首次接触会面，就查人转信、海难救助、继承遗产协助、探亲交流衍生问题的协助等问题进行沟通。1990年7、8月间，"闽平渔5540号"事件、"闽平渔5202号"事件等惨剧相继发生，台方以丧失人性的粗暴手段遣返大陆"越界"渔民和私渡人员，造成25人窒息死亡、21人遇难失踪。台湾当局遂成为千夫所指，不得不与大陆方面联系商谈。大陆方面顺势而为，促成两岸红十字组织9月在金门实现工作商谈，这是两岸最早通过接触商谈的形式务实解决两岸人民交往过程中出现的问题的一种有益尝试。双方就私渡人员遣返问题的原则、对象、地点、方式等问题达成共识，9月12日两岸签订第一个协议——"金门协议"。"金门协议"的签署，一定程度上保证了两岸遣返工作的顺利进行，保障了两岸民众的生命安全，亦为两岸双方分别授权的民间机构商谈奠定了初步基础。

两岸红十字组织签署"金门协议"

1990 年 10 月，台湾当局相继成立两岸政策咨询和执行机构"国家统一委员会""行政院大陆委员会"。11 月，成立"财团法人海峡交流基金会"（简称台湾海基会），授权其与大陆方面联系协商，处理两岸交往中涉及公权力的事务。1992 年 7 月，颁布实施"台湾地区与大陆地区人民关系条例"，将两岸关系定位为"一国两区"。

大陆方面在台湾海基会成立前后，即表示愿意与台湾对口机构接触，在一个中国原则基础上进行事务性、经济性商谈，实事求是解决两岸交往中的具体问题，促进两岸交流与合作，为实现两岸政治谈判逐步创造条件。这样的主张，体现了原则性和策略性的高度统一。11 月，国务院台办发表对台湾方面成立海基会的基本看法和态度，表示愿意与之接触。同时强调我们一贯主张中国共产党同中国国民党就统一问题和两岸其他重要问题进行谈判，同各党派、团体共商国是。当务之急是实现直接"三通"和双向交流。

　　1991 年 6 月 7 日，经党中央批准，中共中央台办负责人就海峡两岸关系与和平统一问题发表受权谈话，提出三点建议：一是"由海峡两岸有关部门和授权团体或人士，尽快商谈实现直接'三通'和双向交流的问题"。这是大陆方面首次公开建议可由两岸授权团体或人士商谈"三通"和双向交流问题。二是国共两党派出代表"进行接触，以便创造条件，就正式结束敌对状态、逐步实现和平统一进行谈判。还可以在坚持一个中国原则的前提下，讨论台湾当局关心的其他问题"。三是"中共中央欢迎国民党中央负责人以及国民党中央授权的人士访问大陆"。"如果国民党邀请中共代表，我们愿意应邀前往台湾，共商国是。"

　　为适应形势发展，推动对台工作，1991 年 12 月，海峡两岸关系协会（简称海协会）正式成立。全国人大常委会副委员长、全国工商联主席荣毅仁担任名誉会长，上海市前市长汪道涵当选首任会长。第一届理事会成员 65 名，分别来自中央和国家机关、事业单位、民主党派、人民团体、社会科学研究机构等方面。

　　海协会的宗旨是：促进海峡两岸交往，发展两岸关系，实现祖国和平统一。海协会接受中共中央台办、国务院台办的指导和授权，按照《海峡两岸关系协会章程》开展工作。《海峡两岸关系协会章程》规定，为实现海协会宗旨，海协会将致力于加强同赞同本会宗旨的社会团体和各界人士的联系与合作；协助有关方面促进海峡两岸各项交往和交流；协助有关方面处理海峡两岸同胞交往中的问题，维护两岸同胞的正当权益。海协会还可接受有关方面委托，与台湾有关部门和授权团体、人士商谈两岸交往中的有关问题，并可签订协议性文件。

海峡两岸关系协会成立大会

台湾各界对海协会成立普遍反应积极，认为大陆方面此举是善意的体现。岛内各媒体以显著位置报道海协会成立消息，多予积极评价，并寄予期望。海协会成立当天，台湾海基会即发函致贺，陆委会表示海协会成立是相当务实的做法。但也有一些不和谐的声音，台湾当局强调海基会没有海协会"实现祖国和平统一"这项任务，没有处理政策性问题的权限。

海协会的成立，确立了与台湾海基会进行制度化接触商谈的渠道，是推动两岸关系与祖国统一进程中具有重大意义的事件。

明确海峡两岸接触交往五项原则

在海协会成立前，为尽快实现与台湾方面正式接触，1991年4月，大陆方面邀请台湾海基会首次组团访问大陆。由于两岸接触交往是新生事物，为确保两岸商谈交往建立在健康的基础上，并向和平统一的方向发展，国务院台办负责人向来访的台湾海基会负责人一行正式提出处理海峡两岸交往中的具体问题应遵循的五项原则：

（一）台湾是中国领土不可分割的一部分。两岸同胞都应为促进祖国和平统一而共同奋斗。（二）在处理海峡两岸交往事务中，应坚持一个中国的原则，反对任何形式的"两个中国""一中一台"，也反对"一国两府"以及其他类似的主张和行为。（三）在坚持一个中国原则下，考虑海峡两岸存在不同制度的现实，应消除敌意，加深了解，增进共识，建立互信，实事求是、合情合理地处理海峡两岸交往中的各种具体问题，维护海峡两岸同胞的正当权益。（四）积极促进和扩大两岸同胞的正常往来，尽早实现直接通邮、通航、通商，鼓励和发展海峡两岸经济、文化、体育、科技、学术等方面的双向交流。（五）海峡两岸许多团体和人士致力于促进直接"三通"和双向交流，应继续充分发挥他们的积极作用。同时，为解决海峡两岸交往中各个方面的具体问题，应尽早促成海峡两岸有关方面以适当方式直接商谈。

五项原则的核心是坚持一个中国原则，坚决反对任何形式的"两个中国""一中一台"。五项原则亦为"九二共识"形成做了铺垫。

以党的十四大为标志，海峡两岸关系发展进入一个新的阶段

1992年10月，在邓小平南方谈话掀起新一轮改革开放热潮中，中国共产党第十四次全国代表大会胜利召开。江泽民作了题

为《加快改革开放和现代化建设步伐，夺取有中国特色社会主义事业的更大胜利》的报告。大会提出用建设有中国特色社会主义理论武装全党的任务，这是一项具有深远意义的重大决策。大会报告从发展道路、发展阶段、根本任务、发展动力、外部条件、政治保证、战略步骤、领导力量和依靠力量、祖国统一等九个方面，对建设有中国特色社会主义理论的主要内容作了概括，首次将"一国两制"这一实现祖国统一的科学构想，纳入建设有中国特色社会主义理论体系，用新的思想、观点继承和发展了马克思主义的国家统一理论。

中国共产党第十四次全国代表大会

大会报告阐明了"一国两制"构想的科学内涵，指出"在祖国统一的问题上，提出'一个国家、两种制度'的创造性构想。在一个中国的前提下，国家的主体坚持社会主义制度，香港、澳门、台湾保持原有的资本主义制度长期不变，按照这个原则来推进祖国和平统一大业的完成"。

　　大会在科学分析台海新形势的基础上，提出了对台工作的战略任务和基本要求，强调："台湾是中国神圣领土不可分割的一部分。我们坚决反对任何形式的'两个中国'、'一中一台'或'一国两府'，坚决反对任何旨在制造'台湾独立'的企图和行动。""我们将继续促进两岸直接通邮、通航、通商，推动两岸人民的往来和各个领域的交流合作，特别是大力发展两岸经济合作，共同振兴民族经济。""我们再次重申，中国共产党愿意同中国国民党尽早接触，以便创造条件，就正式结束两岸敌对状态、逐步实现和平统一进行谈判。在商谈中，可以吸收两岸其他政党、团体和各界有代表性的人士参加。在一个中国的前提下，什么问题都可以谈，包括就两岸正式谈判的方式问题同台湾方面进行讨论，找到双方都认为合适的办法。"

　　大会重申："完成祖国统一大业，是中华民族的根本利益所在，是全中国人民包括台湾同胞、港澳同胞和海外侨胞的共同愿望。我们坚定不移地按照'和平统一、一国两制'的方针，积极促进祖国统一。"

　　大会希望，台湾当局顺应民心，消除阻挠祖国统一的人为障碍，"使两岸关系有一个新的发展"。

　　在党的十四大精神的推动下，对台工作和两岸关系发展扬起新的风帆。经过全国各地区、各部门和包括台湾同胞在内的全国人民的共同努力，两岸经贸关系加速发展、人员往来和各项交流有了新的突破，两岸的经济利益结合得更紧密，两岸接触商谈迈出新的步伐。

推进两岸两会接触商谈

邀请台湾海基会首次来访大陆，是两岸开启接触商谈的重要一步。海协会正式成立前，中共中央始终积极务实推进两岸通过各种可行渠道接触商谈。1991年4月、7月、11月，大陆方面邀请海基会三次组团访问大陆，两岸双方就合作打击台湾海峡海上走私、抢劫犯罪活动等进行商谈。其间发生"鹰王号事件""闽狮渔事件"等突发事件。台湾当局利用人、船掌握在手，操作政治、司法管辖权议题，事态发展频生波折。大陆方面进行了坚决斗争。而一系列突发事件及其一事一办的临时性处置方式，客观上说明了两岸商谈建立机制化渠道的重要性。

两岸两会成立，发挥了沟通化解的桥梁作用。海协会自成立到1995年5月李登辉访美前，与台湾海基会共进行16次商谈，其中10次在大陆、4次在台北、1次在新加坡、1次在香港，议题集中在解决两岸交往中衍生的具体问题方面。1992年3月，海协会与台湾海基会在北京进行第一次工作性商谈，至1993年4月汪辜会谈第二次预备性磋商，1年零1个月时间共进行5次商谈。其中"海峡两岸公证书使用""开办海峡两岸挂号函件遗失查询及补偿业务"谈判3次，汪辜会谈预备性磋商2次。在这一年内，两岸双方合作处理渔事纠纷6起、台军造成大陆渔民伤亡事件10起、刑事案件8起，还形成一定的联系协调机制。这期间的两会商谈总的气氛是积极、务实的。双方商谈既有和颜悦色、谈笑风生，也不乏唇枪舌剑、激烈博弈。双方的矛盾争议主要集中在如何在两会机制和协议中体现一个中国原则、如何避免在事务性商谈中违背一个中国原则、两会机制是否只能谈事务性议题等。大陆方面旗帜鲜明坚持一个中国原则，坚定和平统一目标，坚决反对"两个中国"和"一中一台"，坚持通过事务性商谈为政治性、经济性商谈积累基础、创造条件。台湾当局则千方百计把政治性议题与事务性议题分开处理，并在事务性议题中处心积虑地埋置隐含违背一个中国原则的"私货"。不过，当时两岸双方都有达成协议的意愿，使得一些富有争议的问题得到妥善解决，最终促成历史性的汪辜会谈。

两岸双方达成"九二共识"

根据党的十四大对台工作精神，在党中央统一部署下，海协会按照国务院台办的授权，在两会交往商谈中明确坚持以一个中国原则作为基础，而是否应该及如何在形式和内容上体现和表达这个基础，成为两会交往和商谈初期面临的突出问题，充满着复杂的矛盾斗争。

台湾当局起初刻意强调两会不涉及任何政治议题，禁止台湾海基会与大陆方面讨论一个中国原则问题。认为在两岸事务性商谈与协议中体现坚持一个中国原则，既对其拓展"国际空间"不利，也会打破其通过两会交往体现两岸"对等政治实体"的图谋。有人甚至别有用心地宣称，坚持一个中国原则会掉进中共对台政策的"陷阱"。其间，台湾海基会违反一个中国原则的言行不断。如在解决两岸公证书使用问题中，主张比照国家间驻外使领馆认证做法；在开办挂号函件业务问题中，援引国家间通邮的做法。

这当然是大陆方面不能接受的。

两会交往和商谈初期的实践表明，如果双方不首先确立起打交道的政治基础，不但事务性议题难以突破，也会影响两会机制的正常运作和两岸关系的发展方向。鉴于两岸双方在涉及政治相关议题上的明显分歧，大陆方面及时出手，表明立场、划定红线。1992 年 3 月两会第一次工作性商谈结束后，海协会即召开记者会。海协会负责人针对台湾当局的有关曲解，并考虑到部分台湾民众的疑虑，阐明了两岸事务性商谈中应该及如何坚持一个中国原则的问题，即：海峡两岸交往中的具体问题是中国的内部事务，应本着一个中国原则协商解决；在两岸事务性商谈中，只要表明坚持一个中国原则的基本态度，可以不讨论一个中国的政治涵义，表述的方式可以充分协商，并愿意听取台湾海基会和台湾各界的意见。

海协会方面的坚持，以及合情合理的主张，使得台湾当局无法回避在事务性商谈中对坚持一个中国原则表明态度。从 1992 年 4 月起，由其"国统会"牵头开始对"一个中国"的表述进行讨论研究，并于 1992 年 8 月作出关于一个中国涵义的结论："海峡两岸均坚持'一个中国'之原则，但双方所赋予之涵义有所不同"；"1949 年起，中国处于暂时分裂之状态，由两个政治实体，分治海峡两岸"；"台湾固为中国之一部分，但大陆亦为中国之一部分"。这份结论反映了当时国民党当局一个中国的政策主张。

大陆方面认为，这个结论表明，台湾当局一方面表明"坚持'一个中国'之原则"，承认"台湾是中国的一部分"的态度，另一方面又鼓吹"两岸分裂分治",谋求与大陆"对等政治实体"地位。海协会本着既定的"只要表明坚持一个中国原则的态度,可以不涉及一个中国政治涵义"的主张,抓住这份结论已经公开作出"海峡两岸均坚持一个中国之原则"的表态,乘势推进两会商谈。1992年8月,海协会负责人发表谈话宣布:"在事务性商谈中应坚持一个中国原则已成为海峡两岸的共识。"同时海协会也表明反对"两个中国""一中一台""两个对等的政治实体"的立场。

大陆方面表达了务实的态度。剩下的问题就是把两岸关系包括两会交流交往的基石——坚持一个中国原则以某种形式确立下来。

同年9月,两会秘书长在厦门会面,就坚持一个中国原则的表述问题非正式交换意见。海协会代表向海基会代表表示,"台湾方面关于一个中国原则的结论,说明双方事务性商谈中坚持一个中国原则已有共识。但我们不同意台湾有关方面对一个中国内涵的解释,也不可能与海基会讨论关于一个中国的内涵",建议海基会认真考虑直接引用"海峡两岸均坚持一个中国原则"的表述。

1992年10月28日至30日,两会在香港进行第二次工作性商谈,双方分别就如何表述坚持一个中国原则提出五种文字表述方案,其中,海协会提出的五种文字方案是:

第一种:海峡两岸文书使用问题,是中国的内部事务。

第二种:海峡两岸文书使用问题,是中国的事务。

第三种:海峡两岸文书使用问题,是中国的事务。考虑到海峡两岸存在不同的制度(或国家尚未完全统一)的现实,这类事务有其特殊性,通过海峡两岸关系协会、中国公证员协会与海峡交流基金会的平等协商，予以妥善解决。

　　第四种：在海峡两岸共同努力谋求国家统一的过程中，双方均坚持一个中国之原则，对两岸公证文书使用（或其他商谈事务）加以妥善解决。

　　第五种：海峡两岸关系协会、中国公证员协会与海峡交流基金会依海峡两岸均坚持一个中国之原则的共识，通过平等协商，妥善解决海峡两岸文书使用问题。

　　但双方未能就文字表述达成一致意见。

　　随后台湾海基会代表又提出三种口头表述方案，其中最后一种表述方案（第八案）的内容是："在海峡两岸共同努力谋求国家统一的过程中，双方虽均坚持一个中国的原则，但对于一个中国的涵义，认知各有不同。唯鉴于两岸民间交流日益频繁，为保障两岸人民权益，对于文书查证，应加以妥善解决。"

　　台湾海基会代表称此案为台方底案，建议"以口头声明方式各自表述"。

　　海协会研究了台湾海基会提出的第八案，认为这个方案表明了台湾方面谋求国家统一、坚持一个中国原则的态度；其虽提出"对一个中国的涵义，认知各有不同"，但没有具体论述台湾方面看法。因此，可以考虑以此与台湾海基会各自以口头方式表达坚持一个中国原则的态度，同时提出希望台湾海基会确认这是台湾方面正式意见。双方为此又进行一系列函电往来，以确认台湾海基会最后的正式态度。

　　11月3日，海协会有关负责人就此事致电台湾海基会有关负责人表示，在这次两会工作性商谈中，"在海峡两岸事务性商谈中表述一个中国原则的问题上取得了进展"，"贵会建议采用贵我两会各自口头声明的方式表述一个中国原则。我们经研究后，尊重并接受贵会的建议"。并请台湾海基会确认这是台湾方面的正式意见。同时，海协会有关负责人还表示："口头表述的具体内容，另行协商。"当天深夜，台湾海基会发布新闻稿并传给海协会，表示

海峡两岸关系协会（函）

海峡交流基金会：

　10月28-30日，我会、中国公证员协会人员与贵会人员就海峡两岸公证书使用问题进行了工作性商谈，同时也就开办海峡两岸挂号函件遗失查询及补偿问题交换了意见。这次工作性商谈，不但在具体业务问题上取得了相当大的进展，而且也在海峡两岸事务性商谈中表述一个中国原则的问题上取得了进展。这是有关各方共同努力的结果。

　3月份北京工作性商谈结束后，我会一再表明，海峡两岸交往中的具体问题是中国的事务，应本着一个中国原则协商解决；在事务性商谈中，只要表明海峡两岸均坚持一个中国原则的基本态度，可以不讨论"一个中国"的政治含义，在事务性商谈中表述一个中国原则方式可以充分讨论协商，并愿听取贵会及台

-1-

湾各界的意见。

　在这次工作性商谈中，贵会代表建议在相互谅解的前提下，采用贵我两会各自口头声明的方式表述一个中国原则，并提出了具体表述内容（见附件），其中明确了海峡两岸均坚持一个中国的原则，这项内容也已于日后见诸台湾报刊。我们注意到，许惠佑先生于11月1日公开发表书面声明，表示了与上述建议一致的态度。11月3日贵会来函正式通知我会，表示已征得台湾有关方面的同意，"以口头声明方式各自表述"。我会充分尊重并接受贵会的建议，并已于11月3日电话告知陈荣杰先生。

　为使海峡两岸公证书使用问题商谈早日克尽全功，现将我会拟作口头表述的要点函告贵会：海峡两岸都坚持一个中国的原则，努力谋求国家的统一。但在海峡两岸事务性商谈中，不涉及"一个中国"的政治含义。本此精神，对两岸公证书使用（或其他商谈事务）加以妥善解决。

-2-

　我会建议，在贵我两会约定各自同时口头声明之后，在北京或台湾、厦门或金门继续商谈有关协议草案中某些有分歧的具体业务问题，并由贵我两会负责人签署协议。

附贵会于10月30日下午所提的口头表述方案：

　"在海峡两岸共同努力谋求国家统一的过程中，双方虽均坚持一个中国的原则，但对于一个中国的涵义，认知各有不同。惟鉴于两岸民间交流日益频繁，为保障两岸人民权益，对于文书查证，应以妥善解决。"

海协会致函台湾海基会

已征得台湾有关方面同意,"以口头声明方式各自表达"。

11月16日,海协会致函台湾海基会,指出台湾海基会在香港商谈中就表述坚持一个中国原则的态度"提出了具体表述内容,其中明确了海峡两岸均坚持一个中国的原则";重申同意以各自口头表述方式表明"海峡两岸均坚持一个中国之原则"的态度;提出海协会口头表述要点:"海峡两岸都坚持一个中国的原则,努力谋求国家统一。但在海峡两岸事务性商谈中,不涉及一个中国的政治含义。"该函还以附件方式,将台湾海基会在香港提出的第八案附后,作为彼此接受的共识内容。12月3日,台湾海基会回函对此未表示任何异议。至此,双方都认为经过协商达成共识。这一共识后来被称为"九二共识"。

台湾海基会回函

"九二共识"是各自以口头方式表述"海峡两岸均坚持一个中国原则"的共识，其核心要义是海峡两岸同属一个中国，共同努力谋求国家统一，表述共识的方式是各自口头表达，内容是上述两段经过协商、相互认可的具体文字，即海协会 11 月 16 日提出的口头表述要点、台湾海基会在香港会谈中提出的最后表述方案（第八案）。共识中，两会都表明了海峡两岸均坚持一个中国原则、努力谋求国家统一的基本态度。由于两岸长期存在的固有矛盾与政治分歧尚未解决，对于一个中国的政治含义，海协会表示"在事务性商谈中不涉及"，台湾海基会表示"认知各有不同"，作了求同存异的处理。

三、汪辜会谈迈出两岸关系历史性重要一步

确立了"九二共识"这一弥足珍贵的政治基础，两会商谈便疏通重大梗阻，进入更为实质性阶段，为实现两会更高层级见面会谈创造了必要条件。

筹备汪辜会谈

海协会于 1991 年底成立不久，大陆方面便筹划推动两会负责人见面。1992 年 1 月 8 日，海协会致函台湾海基会，邀请对方董事长、副董事长或秘书长率员访问大陆，就双方联系与合作事宜交换意见。函中说："本会草创甫成，为增进贵我两会之间的相互了解，兹特邀请贵会董事长、副董事长率贵会人员于近期来访，就加强双方联系与合作事宜交换意见。"同年 8 月 4 日，海协会会

长汪道涵致函台湾海基会董事长辜振甫，函中说："贵我两会初建，黾勉务实，任重事繁，急需加强沟通，协调配合，促进关系。是以深盼早日会晤，就当前经济发展及双方会务诸问题，交流意见、洽商方案，共利两岸。"8月22日，辜振甫复函表示接受"邀晤"，并建议10月中下旬或其他适当时间在新加坡进行会谈。

但是，汪辜会谈的时间却从初期约定的1992年10月推迟到1993年4月，其中一个重要原因是李登辉与国民党"非主流派"的政治争斗。1993年初，李登辉迫使"行政院长"郝柏村下台，完全掌控了台湾政局和大陆事务。1993年3月，台"总统府副秘书长兼发言人"邱进益正式接任台湾海基会副董事长兼秘书长，标志着李登辉已经排挤掉郝柏村及其身边的人马，而由他自己的人马直接掌控了台湾海基会，至此，李登辉才同意让汪辜会谈举行。邱进益在其入掌台湾海基会后首次记者会上表示，他从台"总统府"转任台湾海基会的主要任务是推动辜汪会谈。

为了保障两会负责人首次会谈顺利进行，海协会常务副会长唐树备和台湾海基会副董事长兼秘书长邱进益于1993年4月8日至11日在北京进行了预备性磋商，确定会谈的性质是"民间性的、经济性的、事务性的、功能性的会谈"。对于会谈地点，海协会考虑到辜振甫受台湾当局有关规定限制不能来大陆，尊重辜振甫的提议，同意在新加坡举行。双方还草签了相关协议。汪辜会谈自此拉开序幕。

汪辜会谈成功举办

汪辜会谈引起海内外广泛关注。来自两岸及港澳地区和国际主流新闻媒体 300 余名记者前来采访见证这一历史性的时刻。其中，大陆记者 20 多名，台湾记者 100 余名。

1993 年 4 月 25 日、26 日，汪道涵、辜振甫一行先后抵新加坡。此前，4 月 23 日、24 日，两会在新进行汪辜会谈第二次预备性磋商，敲定安排细节。

27 日上午 10 点，汪辜会谈在海皇大厦举行，双方代表各 10 名。汪、辜两人站立，隔桌握手——这是 40 多年来两岸高层人士首次公开握手。"度尽劫波兄弟在，相逢一笑泯恩仇"，历经战乱后两岸双方可以坐在一起握手言欢的场面令人感慨万千。

汪辜会谈在新加坡举行

在会谈中，汪道涵首先就会谈的议题、性质、主旨精神等问题，发展两岸经贸、科技、文化交流问题，以及两会会务问题，阐述了大陆方面看法，尤其是就加强两岸经济交流合作，提出一系列具体建议。但辜振甫只谈到台商投资权益保护、合作开发能源资源、开放两岸工商企业界人士互访等问题，没有对汪道涵所提的其他意见给予回应。

尽管汪辜会谈总体气氛不错，但仍存在一些重大分歧，主要集中在两个问题上。

一是建立常态化协商机制问题。邱进益曾在北京预备性磋商时同意海协会会长与台湾海基会董事长每年会谈一次。但在汪辜会谈中，台湾海基会在两会领导人会谈频次上立场有所后退，实际上反映了台湾方面限制两会互动、迟滞两岸关系发展进程的意图。考虑到汪辜会谈常态化一时难以实现，为了保持良好的商谈气氛，海协会对两会领导人会谈频次表现了一定的灵活性，表示可另外约定，但同时坚持将"海协会常务副会长与台湾海基会副董事长或两会秘书长，原则上每半年一次，在海峡两岸和商定之第三地，就两会会务进行会谈"写进《两会联系与会谈制度协议》，实现了两会实际负责会务的高层人员之间定期会谈的目标。

二是加强两岸经济交流与合作问题。在汪辜会谈中双方就此问题广泛交换了意见。汪道涵会长积极主张两岸经济合作，提出现阶段应把两岸经济交流与合作放在两岸关系的首要位置上，政治上的歧异不应当妨碍两岸经济合作，还提出应将两岸直接"三通"摆上议事日程，筹开两岸民间性经济交流会议并形成制度，各自采取措施鼓励和保护台商到大陆投资等有助于加强两岸经济合作的建议。但台湾方面并未采纳，并在后来落实汪辜会谈协议成果中，又拖延两岸经济性商谈，以致断送了一次发展两岸经济交流与合作的宝贵历史机遇。

4 月 29 日，汪道涵和辜振甫正式签署了《汪辜会谈共同协议》《两会联系与会谈制度协议》《两岸公证书使用查证协议》《两岸挂号函件查询、补偿事宜协议》4 项协议。双方认为，"两岸应加强经济交流，互补互利"，同意将台商投资权益保护及相关问题、能源资源开发与交流列为后续协商内容。双方确定下一步拟协商的事务性议题，同意开展两岸新闻、文教、青年、科技等领域交流。

海峡两岸和国际社会反响强烈

汪辜会谈是 1949 年两岸隔绝后，双方高层人士第一次以民间名义公开进行的最高层次会谈，对于两岸商谈乃至两岸关系发展，具有深远的历史意义。汪辜会谈建立了一个中国原则基础上两岸制度化协商的机制，树立了在一个中国原则基础上进行两岸平等协商的典范，体现了两会相互尊重、实事求是、平等协商、求同存异的精神，说明两岸中国人完全可以在一个中国原则基础上找到平等协商的适当方式。汪辜会谈为两岸商谈开创了新的局面，有力推动了两岸关系改善和发展。江泽民高度评价说："汪辜会谈是成功的，是有成果的，它标志着海峡两岸关系发展迈出了历史性的重要一步。"

汪辜会谈引起海峡两岸和国际舆论广泛关注。台湾舆论普遍对汪辜会谈给予肯定。《中国时报》认为这是"历经近半个世纪以来两岸关系从对峙走向和平的一个重大关键发展"；《联合报》评论"为今后两岸两会的联系及会谈制度树立一个可资依循的模式";《新生报》则颇为乐观地赞叹"不失为促进中国和平统一好的开始"。西方主流媒体普遍认为,汪辜会谈对两岸关系发展、地区和平稳定具有积极作用,是划时代的历史事件。

四、八项主张丰富发展中央对台方针政策

进入 20 世纪 90 年代,台海形势出现复杂变化。一方面两岸隔绝打破,民间交往兴起,两会开启商谈,实现汪辜会谈;但另一方面,苏联解体,东欧剧变,美国成为世界上唯一超级大国,国际格局剧变,美调整对华政策,加强遏制围堵、"以台制华"。台湾当局领导人李登辉在外部反华势力的支持和纵容下,逐步背弃一个中国原则,图谋制造"两个中国",纵容"台独"作乱,岛内分裂和"台独"活动日趋猖獗,严重冲击两岸关系。中共中央科学分析台海形势和两岸关系形势,既坚决反对、遏制分裂势力和"台独"势力,打击其嚣张气焰,又深入研究"和平统一、一国两制"方针在新形势下的运用和发展。江泽民提出发展两岸关系、推进祖国和平统一进程的八项主张,产生重大影响,指明前进方向。

国际形势变化与美国对华政策调整

随着中国综合国力不断提高、国际影响不断扩大,美国感到中国对其独霸地位形成挑战,美国内部出现对华政策争论,遏制派一度占据上风,直接影响到美国政府对华政策。美对华采取策

动"颜色革命"、干涉中国内政等手段，遏制打压中国，而"以台制华"、打"台湾牌"，则是其重要政策工具和抓手。

美国提升美台实质关系，对台湾当局高层"过境"提高接待规格，双方官员交往日益公开化；大幅增加售台武器数量和质量。1992年9月，布什政府悍然售台价值60亿美元的150架第三代战斗机F-16。1994年9月，克林顿政府公布对台政策调整方案，抛出台驻美机构更名、美高官访台、台美官方人员在美互动、支持台湾当局扩大在国际经济和金融组织活动等配套政策措施，甚至公然支持台湾参与只有主权国家才能参加的世界卫生组织等国际组织。美国政府的支持和纵容，助长了李登辉当局拓展"国际空间"、制造"两个中国""一中一台"的企图和行为，最终酿成台海危机。

为促进国际社会正确认识台湾问题，1993年8月31日，国务院台湾事务办公室、国务院新闻办公室发表《台湾问题与中国的统一》白皮书，以详实的史料充分论证了台湾是中国的一部分，系统地阐述了台湾问题的由来及现状，介绍了两岸关系的发展，阐明了中国政府对解决台湾问题的方针政策和国际事务中涉及台湾问题的原则立场，在海内外产生广泛影响。

李登辉掀起一股两岸关系逆流

随着权力地位的巩固，李登辉"台独"真面目也逐步暴露于世，他虽一度还不敢直接公开其分裂立场，但其言行已经逐步背弃一个中国原则，"暗独"气焰甚为嚣张。

言论上，相继提出分裂主张，试探进而误导岛内外视听。称"中华民国已经是个主权独立的国家，国名就是中华民国"；"现阶段是中华民国在台湾与中华人民共和国在大陆"；"中华民国与中华人民共和国为互不隶属的两个主权国家"。李登辉还自食其言，否认其此前讲过"一个中国""国家统一"，声称"始终没有讲过一个中国"。

行动上，有预谋有计划采取实际步骤，落实分裂主张。实施以"中华民国在台湾"为核心的"宪政改革"，以"宪法增修条文"形式给"中华民国宪法"填充"私货"，图谋以"两个互不隶属的政权""两个对等的政治实体"来定位两岸关系；推动"重返联合国"，在国际上制造"两个中国"；宣扬囿于台澎金马范围的"台湾生命共同体"理念，推行"去中国化"的"教改"，塑造台湾民众对大陆的疏离、隔阂和对立，解构台湾民众特别是年轻一代的传统国家民族认同；纵容甚至暗地支持"台独"势力，私下与其沆瀣一气，导致其迅速坐大。流亡海外的极端"台独"分子纷纷回台，与民进党等合流，成立"台独"组织、宣传"台独"主张、掌控民进党走向。1991 年 10 月，民进党通过"台独党纲"，蜕变为明确主张"台独"的政党。

李登辉大肆攻击、极力丑化他曾经加入的中国共产党，挑动岛内民众对大陆的疑虑、不满和仇视。1989 年春夏之交北京政治风波期间，李登辉当局十分活跃，公然宣称感到"鼓舞"，并与美国等西方国家联手煽风点火。正是在这一时期，李登辉已经形成了一套从政治、对外活动、经济关系、文化教育、国家民族认同等各方面"去中国化"的纲领。1994 年 3 月发生的"千岛湖事件",成为李登辉发动"去中国化"的"好机会"。李登辉借机大放厥词,污蔑大陆政治制度,谩骂共产党是"一群土匪""恶势力""草菅人命",造谣大陆警方"毁灭证据"。李登辉的这些论调有很大煽动性,企图把台湾民众和舆论的矛头指向中国共产党和中国政府,指向大陆。台湾当局宣布暂停两岸文教交流活动、停止民众赴大陆旅游。"台独"分子则遥相呼应,鼓噪与祖国大陆彻底分离。在分裂势力蛊惑下,台湾民众对大陆和统一的抵触情绪明显上升。

1994 年 3 月李登辉与日本右翼作家司马辽太郎的谈话,标志着其"台独"分裂立场彻底暴露。李登辉围绕"生为台湾人的悲哀"话题,歪曲解释台湾地方历史,将国民党政权与日本殖民统治混为一谈,称"到目前为止掌握台湾权力的,全都是外来政权……国民党也是外来政权";自诩"在国民党中的我,能够维持到今天的原因是我心中的台湾人之声:台湾人期待我,而我一定要做"。李登辉特别以《圣经·旧约全书·出埃及记》中率领犹太人穿越红海、返回故土重建家园的摩西自比,称"一想到牺牲许多台湾人的二二八事件,《出埃及记》就是一个结论"。言下之意,李登辉要率领台湾人出中国!

海内外、岛内舆论纷纷据此断言:"李登辉很台独","民进党的思想通过李登辉来实现会更快"。大陆方面坚决反击,官方表态、舆论谴责、学者揭批多管齐下,批驳李登辉妄言劣行。

江泽民发表题为《为促进祖国统一大业的完成而继续奋斗》的重要讲话

八项主张引领两岸关系方向

1995 年 1 月 30 日，农历新春除夕，中共中央台办、国务院台办、台盟中央、中国和统会、全国政协祖国统一联谊委员会、全国台联、海协会等单位，在北京人民大会堂联合举办新春茶话会，江泽民出席并发表题为《为促进祖国统一大业的完成而继续奋斗》的重要讲话。

江泽民指出，实现祖国的完全统一，促进中华民族的全面振兴，是所有中国人的神圣使命和崇高目标。值得所有中国人警惕的是，近年来台湾岛内分离倾向有所发展，"台独"活动趋于猖獗。某些外国势力进一步插手台湾问题，干涉中国内政。这些活动不仅阻碍着中国和平统一的进程，而且威胁着亚太地区的和平、稳定和发展。

江泽民重点就发展两岸关系、推进祖国和平统一进程的若干重大问题提出八项看法和主张：（一）坚持一个中国原则，是实现和平统一的基础和前提。坚决反对任何制造"台湾独立"的分裂行径，也反对"分裂分治""阶段性两个中国"等主张。（二）对于台湾同外国发展民间性经济、文化关系不持异议，但反对台湾以搞"两个中国""一中一台"为目的的所谓"扩大国际生存空间"的活动。（三）进行海峡两岸和平统一谈判。在一个中国的前提下，什么问题都可以谈，包括台湾当局关心的各种问题。再次郑重建议举行"正式结束两岸敌对状态、逐步实现和平统一"的谈判，提议作为第一步可以先就"在一个中国的原则下，正式结束两岸敌对状态"进行谈判，并达成协议。在此基础上，共同承担义务，维护中国的主权和领土完整，并对今后两岸关系的发展进行规划。（四）努力实现和平统一，中国人不打中国人。我们不承诺放弃使用武力，决不是针对台湾同胞，而是针对外国势力干涉中国统一和搞"台湾独立"的图谋的。（五）大力发展两岸经济交流与合作，加速实现两岸直接"三通"，以利于两岸经济共同繁荣，造福整个中华民族。（六）两岸同胞要共同继承和发扬中华文化的优秀传统。（七）充分尊重台湾同胞的生活方式和当家作主的愿望，保护台湾同胞一切正当权益。欢迎台湾各党派、各界人士，同我们交换有关两岸关系与和平统一的意见，也欢迎他们前来参观、访问。（八）欢迎台湾当局领导人以适当身份前来访问，我们也愿意接受台湾方面的邀请前往台湾。

江泽民的重要讲话，精辟概括了邓小平关于"和平统一、一国两制"的思想，进一步明确了和平解决台湾问题的方针政策，为发展两岸关系、推动祖国统一进程，开辟了新的前景，既体现了党和政府完成祖国统一大业的坚定决心，又充分考虑到台湾同胞的愿望和台湾的实际情况，是中央领导集体针对新形势下对台工作的重大政策宣示，体现了对台工作大政方针的一贯性、连续性和新发展，是指导新形势下对台工作的纲领性文件。

江泽民的讲话在海内外引起高度关注和积极反响。外界普遍认为，讲话是以江泽民同志为核心的中共第三代中央领导集体的对台政策行动纲领，与以往对台政策既一脉相承，又有创新发展，对两岸关系发展具有重大指导意义。

五、开展声势浩大的反分裂反"台独"斗争

李登辉在分裂中国的道路上越走越远，并与美国等西方反华势力沆瀣一气，使得来不易的台海和平稳定与交流交往局面受到严重冲击。党中央果断采取有力举措，对分裂和"台独"活动以及外部势力干涉予以坚决反制；同时积极引导两岸关系走向，推动两岸交流合作继续向前发展。

李登辉访美掀起分裂活动高潮

台湾当局通过雇佣公关公司等手段，大力游说美国政府和国会，竭力突破台美关系。1995年5月，美众议院、参议院先后通过要求美国政府允许李登辉访美决议案，克林顿政府出尔反尔、自食其言，公然宣布允许李登辉6月到美"私人访问"。美方此举，打破了将近17年不准台湾地区领导人访美的"禁令"，粗暴干涉中国内政，并为李登辉推行分裂政策打气撑腰，助长了台湾当局和国际反华势力的嚣张气焰。

1995年6月，李登辉一行抵美。他先后在加州洛杉矶，纽约州锡拉丘兹、伊萨卡，阿拉斯加州安克雷奇等地进行活动，与部分政商界亲台要员见面。李登辉在康奈尔大学发表政治色彩浓厚、极具挑衅意味的《民之所欲，长在我心》的演讲，这是其美国之行的"重头戏"。李打着"民主、自由"旗号博取支持，鼓吹"中华民国在台湾""在台湾的中华民国"，声称要打破"外交"孤立，强化台美关系；夸耀"落实了主权在民的理想"，"在'经济奇迹'之外，塑造了成功的'政治奇迹'"，宣称"我们在台湾的成就很显然能够帮助中国大陆经济自由化和政治民主化"；还狂妄地扬言："有人说我们不可能打破外交上的孤立，但是我们会尽全力向不可能的事物挑战！"李登辉的"康奈尔之行"将其在国际上制造"两个中国"的分裂活动推向高潮。舆论评价认为，李登辉演讲的实质是"'独'之所欲，长在我心"。

声势浩大的反分裂反"台独"斗争

为了捍卫一个中国原则，维护国家主权和领土完整，击退台湾分裂势力和国际反华势力的猖狂进攻，中共中央果断决定从政治、军事、外交、舆论等方面展开声势浩大的反"台独"反分裂斗争。江泽民在首都各界纪念抗日战争暨世界反法西斯战争胜利50周年大会上发表讲话，严正指出："中国共产党和中国政府决心用一切手段维护祖国的主权和领土完整。任何外来的或内部的分裂中国的图谋，都注定要失败。"国务院总理李鹏在首都各界纪念《为促进祖国统一大业的完成而继续奋斗》的重要讲话发表一周年座谈会上，旗帜鲜明地表示："只要台湾当局分裂祖国的活动一天不停止，我们反对分裂、反对'台独'的斗争就一天也不会停止。"

在对台舆论斗争方面，从1995年7月24日开始，《人民日报》、新华社连续发表评论员文章，深入批驳李登辉在美国康奈尔大学演讲中的分裂观点，揭露李登辉背弃一个中国原则，制造"两个中国""一中一台"分裂祖国的真实面目。

在两岸接触与商谈方面，海协会中止了与台湾海基会的第二次汪辜会谈的预备性磋商。自1994年2月海协会提出第二次汪辜会谈的建议后，直到1995年5月中旬，台湾当局才授权台湾海基会表示同意。正当两会即将为第二次汪辜会谈举行第一次预备性磋商前夕，美国政府宣布允许李登辉访美。中国政府旋即与美方交涉，要求美方取消允许李登辉访美的决定。同时国务院台办发言人发表谈话，指出一段时间以来，李登辉热衷于搞"度假外交""过境外交"，不惜用重金进行游说，在国际上制造"两个中国""一中一台"分裂活动。奉劝台湾当局立即改弦易辙，真正回到一个中国的立场上来。但美国政府不顾中方的严正交涉，李登辉不顾祖国大陆的严正警告，坚持访美，大肆在美发表制造"两个中国"的分裂言论，致使举行第二次汪辜会谈及其预备性磋商的气氛和条件被破坏。6月16日，国务院台办发言人发表谈话指出，台湾当局近期采取的一系列行动，包括李登辉访美，严重毒化两岸关系气氛，破坏两岸关系发展，阻挠中国统一，第二次汪辜会谈已不能按原计划进行，这完全是由台湾方面一手造成的。同日，海协会致函台湾海基会，正式通告了上述决定。这一决定在台湾产生很大影响，台北股市次日下跌102点，18日又下跌90多点。

在外交方面，中国政府向美国政府提出强烈抗议。5月23日，中国外交部就美国政府允许李登辉访美发表声明，指出："中国政府和中国人民准备面对任何挑战。"同日，国务院副总理兼外交部长钱其琛召见美国驻华大使，就美国政府允许李登辉访美提出强烈抗议。5月24日，全国人大外事委员会、全国政协外事委员会相继发表严正声明表示：美方此举"完全违背了中美三个联合公报的根本原则"，是"损害中国主权、破坏中国和平统一大业，明目张胆地制造'两个中国''一中一台'的极为严重的事件"。随后，中国政府中止或暂停了一系列重要团组访美，召回驻美大使回国述职。此后，中国领导人在会见美国客人时，都反复强调台湾问题是中美关系中最重要、最敏感的核心问题，严正要求美国政府恪守一个中国原则和中美三个联合公报。

在军事方面，1995 年 7 月、8 月、11 月和 1996 年 3 月，中国人民解放军在台湾海峡和台湾附近海域进行了 4 次大规模军事演习，显示出强大的海空打击威力和三军联合作战能力，表现出中国人民解放军完全有决心有能力保卫国家的主权和领土完整，有决心有能力完成党和人民赋予的保卫祖国的神圣使命。

威武雄壮的中国人民解放军海军导弹驱逐舰编队

反分裂反"台独"斗争沉重打击了李登辉和台湾当局，震慑了"台独"分裂势力，民进党领导人不得不表示，"一旦民进党'执政'，没有必要也不会宣布'台湾独立'"。这场斗争也震动了世界，绝大多数国家普遍表示，要在一个中国框架内对待台湾问题。在军事演习期间，台湾人心不稳，股市动荡，资金外流，移居和准备移居岛外的人数大量增加。绝大多数台湾民众认识到"台独"这条路不能走也走不通。

随着时间推移，反分裂反"台独"斗争的战略性作用进一步显现出来。美国政府意识到，如果台湾海峡的局势得不到有效控制，将危及美国的利益和全球战略。因此，必须重视对华关系，执行以接触为主的对华政策。1997年10月，江泽民对美国进行国事访问，中美决定致力于建立面向21世纪的建设性战略伙伴关系。1998年6、7月间克林顿访问中国，在上海公开重申对台湾的"三不政策"：承诺不支持"台湾独立"、不支持台湾加入联合国及其他由主权国家组成的国际组织、不支持制造"两个中国""一中一台"的主张，对台湾社会产生广泛影响。台湾当局尽管继续在国际上进行制造"两个中国""一中一台"活动，但难以取得突破性进展。两岸关系大局重新趋于稳定。

两岸关系在曲折中向前发展

反分裂反"台独"斗争取得阶段性成果后，僵持了3年之久的两岸关系，开始有所松动。

1996年5月20日，新当选的李登辉发表就职谈话表示，"海峡两岸，都应该正视处理结束敌对状态这项重大问题，以便为追求国家统一的大业，作出关键性的贡献"，并表示"在未来，只要国家需要，人民支持，登辉愿意带着2130万同胞共识与意志，访问中国大陆，从事和平之旅"。显然，这是在大陆反分裂反"台独"斗争的压力下，在台湾同胞的强烈要求下，李登辉不得不作出的敷衍表示。

同年 9 月 6 日，江泽民在接受外国记者访问时，针对李登辉的上述言论表示："如果台湾当局确有诚意进行会晤，就应放弃在国际上制造'两个中国''一中一台'的政治图谋，停止所谓'重返联合国'和其他形式的分裂活动，同时在两岸关系上，毫不拖延地采取实际行动，特别是早日实现两岸的直接'三通'。"

经过一年多反分裂反"台独"斗争，中美关系基本上已经恢复到常态，两岸关系大局也趋于稳定。针对台湾将在 2000 年 3 月举行新的"大选"，李登辉按规定将在 2000 年 5 月下台。尽管大陆方面对与李登辉打交道已经不抱任何幻想，但从长远考虑，争取在李登辉下台前恢复两会商谈，对新上任的台湾地区领导人可能会形成一定的牵制，对两会工作的推进也会有利。

两会成立后三项事务性议题的商谈功亏一篑，经济、科技议题无法启动，其根源都是卡在两岸的政治分歧。两会商谈和两岸关系的实践表明，要推动政治谈判，首先是推动两岸政治谈判的程序性商谈，着手处理两岸关系的症结，以求得两岸关系的发展。

为此，1997 年 9 月，江泽民在党的十五大报告中再次郑重呼吁："作为第一步，海峡两岸可先就'在一个中国的原则下，正式结束两岸敌对状态'进行谈判，并达成协议。"

为贯彻党的十五大精神，海协会决定先从逐步恢复两会工作机制入手，继续推动与台湾方面进行政治谈判的进程。1997 年 11 月 6 日，海协会致函台湾海基会表示："今年 12 月 7 日，我会将在厦门主办'跨世纪两岸经济关系展望研讨会'。谨邀请海基会副董事长兼秘书长焦仁和率海基会董监事团出席开幕式，并在厦门、上海、北京等地参访，为期6天。"这是李登辉访美、两会中断接触两年多来，大陆方面为打破两会接触商谈僵局而采取的主动行动，引起台港澳媒体和国际舆论广泛关注。

在海协会去函第二天，台湾海基会即来函称："为促进两岸良性交流，本会建议由本会董事长辜振甫先生于本年12月中旬或稍后率团前往，除参访外，并会见有关人士。"台湾海基会提出由辜振甫来访，直接开始两会接触的建议，为推动两会政治性接触提供了机遇。于是，海协会接受了台湾海基会的上述建议。11月11日，海协会发表新闻稿指出："海协会欢迎海基会辜振甫先生在适当时机访问大陆，但辜先生的来访，实际上涉及'汪辜会谈'的问题，两岸两会负责人应尽速就两岸政治谈判的程序性安排和双方关心的问题先进行沟通和准备，以便为辜先生在适当时机访问大陆做出妥善安排。"这样就跳出1993年汪辜会谈签署的两会接触商谈是"经济性、事务性、功能性"的框架，把即将到来的汪辜会晤朝向政治对话和谈判目标过渡提到了具体议事日程上。

1998年1月26日，纪念江泽民八项主张发表三周年座谈活动，成为大陆方面强烈表达两会应当进行政治性接触与谈判的重要场合。中共中央政治局委员、国务院副总理钱其琛在会上再次提出："促进两岸政治谈判是现阶段全面推进两岸关系的关键。"

面对大陆方面就政治谈判的程序性商谈作出的表态，台湾方面的立场也开始出现松动。辜振甫在1998年1月7日的一个学术研讨会上表示，两岸应随时透过事务性协商解决两岸交流衍生的问题；但他又表示，可以不分区隔，同时进行政策性对话和就政治性问题交换意见。这表明，两会已经逐步形成要谈政治议题的共识。

1998 年 2 月 24 日，海协会根据有关方面授权致函台湾海基会，欢迎辜振甫率团来访。此后，经过多次函电往来和两会副秘书长会面，双方就辜振甫来访时间、行程等问题达成一致意见。8月 24 日，中共中央台办、国务院台办负责人发表谈话表示，为了有利于增进了解、寻求共识，海协会"愿意和海基会进行一切有利于和平统一、有利于发展两岸关系的政治对话"。9 月 14 日，海协会据此致函台湾海基会，建议"两会尽早进行政治对话，为两岸政治谈判的程序性商谈预作准备"。

大陆方面关于两岸政治谈判的主张，在岛内引起很大反响，舆论纷纷要求台湾当局积极回应。历经台海危机冲击的台湾民众，对两岸恢复商谈寄予厚望。台陆委会委托民调表明，65% 民众主张"应该与中共进行协商"，过半民众赞成两岸进行政治谈判。

1998 年 10 月 14 日，辜振甫率台湾海基会参访团一行 32 人到达上海。抵沪当天，汪道涵、辜振甫在和平饭店会面。汪道涵重点就两岸应尽早进行政治谈判及其程序性商谈，对两岸事务性商谈的评价和两岸政治谈判开启后两会经济性事务性商谈的安排、两会应尽早开展对话（包括政治性对话）、两会应继续保持交流与接触、关于一个中国原则的含义问题及结束两岸敌对状态、实现直接"三通"等重大政治问题发表了看法和意见。指出政治谈判已客观地提上议事日程；实现两岸政治谈判，就可以为解决两岸

汪道涵与辜振甫在上海举行会晤

经济性事务性问题创造更好的条件。辜振甫也就一些问题发表了自己的看法。

从汪辜会晤谈话中可以看出，双方在统一问题立场上有很大的差异。祖国大陆坚持一个中国原则，而台湾则突出"分裂分治"现状；对于大陆方面所提的"政治对话"，台湾方面则用了"建设性对话"的提法。此次会见，双方的意见虽有不同，但总的看，谈话是在平静而坦率的气氛中进行的。

10月15日，汪道涵、辜振甫等在新锦江大酒店再次会面，达成"四点共识"：一是两会决定进行包括政治、经济等各方面内容的对话；二是两会决定进一步加强交流，包括两会负责人等多层次的交流与互访；三是在涉及两岸同胞生命财产安全方面，两会将加强个案协助；四是辜振甫先生邀请汪道涵会长访问台湾。

有媒体评价，这"四点共识"的达成，"给人留下两岸关系基本修复的印象"。这是"改善关系的开端，但今后的任务还很艰巨"。

16日，辜振甫一行离沪抵京。钱其琛会见了辜振甫一行。钱其琛肯定辜振甫此行对改善两岸关系是有积极意义的，重申了大陆方面在一个中国原则、政治谈判、国家统一等问题上的立场和主张。他指出，一个中国原则是两岸关系保持稳定和发展的基础。在一个中国原则基础上进行政治谈判，什么问题都可以谈，这当中当然包括台湾方面所关心的一切问题。而且，谈判是一个过程，可以逐步地解决问题。如果台湾方面对举行政治谈判及其程序商谈仍有顾虑，两会也可以加强接触与交流，先进行对话，就共同关心的或各自关心的有关两岸关系的各种问题包括政治问题交换意见。他强调，一切有利于和平统一、有利于两岸关系发展的问题，都可以交换意见。希望台湾当局能够客观地看待祖国大陆，勇敢地正视国际形势，真正地考虑国家和民族的利益，为促进两岸关系发展、早日实现和平统一，采取实质性步骤。

18日，江泽民在京会见辜振甫一行。江泽民对辜振甫先生前来参访表示欢迎，就涉及两岸关系的重大问题发表了看法，也听取了辜振甫的意见，对其为发展两岸关系作出的努力表示肯定，对此次达成的"四点共识"表示赞赏，并希望辜先生继续为两岸关系发展作出积极贡献。

推动汪辜会晤为开启两岸政治对话作了重要尝试，对两岸关系发展具有重要意义。邀请台湾海基会参访团来访并举行汪辜会晤，有效争取了台湾民心。台湾海基会一行返台第二天，岛内民

1998 年 10 月 18 日，江泽民会见辜振甫

调显示，85% 的台湾民众认为此事对改善两岸关系有帮助，86%
支持汪道涵访台。台湾和国际媒体对汪辜会晤也多给予积极评价，
认为缓和了局势、加深了了解、推进了两岸关系，有助于台海和
平稳定。

坚决反击李登辉"两国论"倒行逆施

正当海内外舆论高度评价汪辜会晤为两岸关系带来新的转机，
两岸双方为落实汪辜会晤达成的"四点共识"，着手准备汪道涵访
台之际，1999 年 7 月 9 日，李登辉接受"德国之声"电台采访公
然声称，1991 年"'修宪'以来，已将两岸关系定位在国家与国
家，至少是特殊的国与国的关系，而非一合法政府，一叛乱团体，
或一中央政府，一地方政府的'一个中国'内部关系"（这个说法

被称为"两国论")。顿时，台海再一次陷入危机之中。

李登辉的谈话发表后，台湾当局有关方面负责人随即表示，两岸关系已从"两个对等政治实体"走到"两个国家"；唯有明确地跳出一个中国的框架，才有助于推动"务实外交"。据台湾媒体报道，7月10日，台湾海基会董事长辜振甫也表示，两岸本来就是两个"独立的政治实体"，两岸会谈就是"国与国会谈"。民进党某些负责人感到欢欣鼓舞，认为李登辉实际上接受了该党的政治主张。

李登辉此时抛出"两国论"，决不是随意放炮，而是其精心策划的又一次重大分裂行动。

首先，他错估了国际形势。以美国为首的北约打着"人权高于主权"的旗号，发动对南联盟的军事打击，并悍然袭击我驻南使馆，使中美关系遭到严重损害；美国国会的反华势力相继提出"考克斯报告""强化台湾安全法"等一批反华文件或提案；美日进一步加强军事同盟，日本国会通过新日美防卫合作指针相关法案。李登辉认为，国际形势为其提供了搞分裂的机会。

其次，他对两岸关系的发展有压力、有恐惧。1999年3月，中共中央已批准当年秋季汪道涵会长访台，作为上海汪辜会晤的继续和深入，在拟议的台北会晤中，应就不同议题进行深入的政治、经济对话，从而为打破两岸政治僵局和全面直接"三通"寻求突破口。与此同时，美国也要求台湾与大陆进行包括政治、军事等有实质意义的、建设性的对话，甚至签订"中程协议"。这均对李登辉产生巨大压力。李登辉抛出"两国论"的目的，就是为了阻止汪道涵访台，阻挠和破坏两岸关系发展。

当然，李登辉抛出"两国论"的目的决不仅仅如此。他的根本目的是：在他下台前把它作为政治遗产留给下任台湾地区领导人，使其分裂路线有人继承，为2000年3月后的台湾当局和两会的交往布局。正如李登辉亲口所说的，"我把国家定位说出来以后，任何人做'总统'，事情会好做一点"。

李登辉公然抛出"两国论"，是一个极其严重的分裂步骤，产生了十分恶劣的影响。它导致了国民党内思想混乱，鼓舞了民进党等"台独"势力的嚣张气焰，引发了岛内分裂分子要求依照"两国论"进行"修宪""修法"。如果此举得逞，则将从法理上把台湾从祖国分割出去，以"中华民国"名义实现"台独"，将使海峡两岸的和平统一变得不可能。

中共中央非常敏锐地看到李登辉"两国论"的严重破坏性和十分恶劣的影响，迅即作出开展坚决反对李登辉"两国论"斗争的决策部署。这场斗争事关国家主权与领土完整、事关祖国和平统一大业，是一场带有战略意义的重大战役。这场斗争的结果，将决定我们最终解决台湾问题的方式。

这场斗争的目标，就是在国际上形成这样一种认识，即李登辉是"麻烦制造者"，是两岸关系发展的障碍，是台海地区和平稳定的障碍，只要李登辉一天在台上，他就会制造麻烦。同时，重点防止"两国论入宪入法"。

根据中共中央的统一部署，大陆各有关方面和部门，立即从政治、舆论、军事、外交等方面展开反对"两国论"斗争。中共中央台办、国务院台办、外交部、海协会相继发声，揭露李登辉和"台独"势力的分裂图谋，要求其悬崖勒马。大陆媒体密集发文，系统揭批李登辉上台以来的分裂言行，深入剖析"两国论"的本质和严重危害。

中国人民解放军再次展开强大军事威慑行动。1999 年 8 月，二炮部队进行东风 -31 洲际导弹试射；空军首次在高海拔地区进行地对空导弹实弹打靶试验；海军在台湾以北海域进行反潜演习。9 月，解放军南京、广州战区陆海空三军，第二炮兵和民兵预备役部队，在浙东、粤南沿海举行大规模多兵种联合渡海登陆作战实兵演习。

反对李登辉"两国论"斗争，也包括对美斗争。7 月 18 日，江泽民与克林顿通电话表明我反对"两国论"的严正态度。7 月 31 日，江泽民又专门就台湾问题写信给克林顿，强调李登辉的所作所为说明他是一个"麻烦制造者"。

李登辉的"两国论"出笼后，立即遭到海内外中华儿女的猛烈抨击。国际社会的反应更是让李登辉大失所望，包括美国、日本在内的 130 多个国家和欧盟、东盟等重申坚持一个中国政策。美国朝野几乎口径一致地批李，部分亲台国会议员也不例外。克林顿主动打电话给江泽民重申一个中国政策，派助理国务卿罗斯、国家安全委员会亚洲事务官员李侃如、"在台协会主席"卜睿哲等分赴北京、台北，当面重申美国立场，向台湾当局表达严重关切。

李登辉不得不紧急"灭火"。台湾当局被迫作出书面承诺，表示"两国论不入宪、不入法"，并对美方作出类似的表示。台陆委

台湾同胞要求李登辉下台

会公开表示，不会用"国对国谈判"改称两岸会谈，或是以"两国关系"替称"两岸关系"。

2000年元旦，江泽民在全国政协新年茶话会上发表重要讲话。他指出：李登辉"鼓噪一时的所谓'两国论'，遭到了海内外一切爱国同胞的强烈谴责，而且在国际上得不到任何响应和支持"。应该说，经过这场斗争，李登辉的"两国论"变成了他个人的歪理邪说，没有捞到任何好处。2000年3月24日，在席卷台湾全岛的民众抗议声中，在海内外中国人声讨"两国论"的浪潮中，李登辉身败名裂，被迫提前辞去国民党主席职务。

六、对香港、澳门恢复行使主权

在中国国家统一战略构想中，香港、澳门回归祖国不仅是国家统一进程的重要组成部分，而且是作为解决台湾问题的重要示范。按照"一国两制"科学构想成功解决香港、澳门问题，不仅标志着中国人民在完成祖国统一大业的道路上迈出伟大而坚实的一步，也使解决台湾问题、实现祖国完全统一进入一个新的阶段。

盛大的回归与台湾各界的复杂反应

1996 年 12 月 31 日，江泽民在新年贺词中表示，1997 年，我们将迎来香港回归祖国的历史性时刻。实现台湾与祖国大陆早日统一，是包括台湾同胞在内的全体中国人民的共同心愿。2 月，钱其琛在首都各界纪念台湾省人民二二八起义 50 周年座谈会上表示，随着我国对香港和澳门恢复行使主权，实现台湾与祖国大陆统一，将更为突出地摆在全体中国人民面前。

1997 年 6 月 30 日午夜，香港会议展览中心新翼灯火通明，举世瞩目的中英两国政府香港政权交接仪式在这里举行。中华人民共和国主席江泽民、国务院总理李鹏、国务院副总理兼外交部长钱其琛、中央军委副主席张万年、香港特别行政区首任行政长官董建华，英国查尔斯王子、首相布莱尔、外交大臣库克、国防参谋长查尔斯·格思里等在主礼台就位，邓小平夫人卓琳、英国前首相撒切尔夫人，香港各界人士、澳门同胞、来自 30 多个国家和地区的华侨华人，40 多个国家和地区的代表，30 个国际和地区组织负责人及国际知名政界人士，90 多个国家驻香港领事机构代表，一些国家民间组织、地区与国际组织驻港办事处代表等，共 4000 多人出席。全球 700 多家新闻媒体 8000 多名记者采访报道。

23 时 59 分，英国国旗和香港旗缓缓降下，象征着英国对香

1997 年 7 月 1 日，香港回归仪式

港一个半世纪的殖民统治结束。7 月 1 日零时，乐队奏响中华人民共和国国歌，中华人民共和国国旗和中华人民共和国香港特别行政区区旗冉冉升起。零时 4 分，中华人民共和国主席江泽民庄严宣告：中国政府对香港恢复行使主权。中华人民共和国香港特别行政区正式成立。

历经百年沧桑的香港顺利回归祖国的怀抱，洗雪了中华民族百年耻辱，完成了实现祖国完全统一的重要一步。这是彪炳中华民族史册的千秋功业。香港同胞从此成为祖国这块土地上的真正主人，香港从此走上同祖国共同发展、永不分离的宽广道路。海内外炎黄子孙通过电视转播同享喜悦的时刻。在祖国内地，无数人涌上街头，迎接这一历史时刻。

台湾社会对香港回归高度关注，有 60 余名台湾各界人士参加香港回归活动。辜振甫夫妇等参加香港政权交接、香港特别行政区成立暨宣誓就职仪式。赴港采访的台湾媒体多达42家、528人。台湾当局发表声明称，关注香港回归能否保持"安定、繁荣、自由、福祉"，"希望中共能盱衡大局，遵守对港人的承诺"。新党发表"庆回归、思未来"声明，指出希望香港回归就是祖国统一大业的一大起步。民进党指称"一国两制"模式不适合台湾。《联合报》社论认为，在本世纪封关前夕，香港的回归象征着中国人向不堪回首的历史正式挥手告别，为中华民族在21世纪的历史新局拉开序幕。

在香港回归的各项工作紧锣密鼓进行的同时，澳门回归的步伐也在加快。

1999年12月20日零时，中葡两国政府澳门政权交接仪式在澳门文化中心隆重举行。中华人民共和国主席江泽民、国务院总理朱镕基、国务院副总理兼外交部长钱其琛、澳门特别行政区首任行政长官何厚铧，葡萄牙总统桑帕约、总理古特雷斯、澳门总督韦奇立出席。澳门各界人士、香港特别行政区代表、台湾同胞，来自30多个国家的华侨华人代表，53个国家和29个国际组织代表，40多个国家驻澳门总领事、名誉领事和国际组织驻澳门代表，以及一些国际友好人士等约2500人现场目睹这一历史性时刻。

中华人民共和国主席江泽民庄严宣告：中国政府对澳门恢复行使主权。中华人民共和国澳门特别行政区正式成立。

著名诗人闻一多1925年创作的《七子之歌》，抒发和表达的

澳门社会喜迎回归

澳门同胞渴望回到祖国怀抱的强烈期盼，在这一刻成为现实。澳门的顺利回归，是中国人民在完成祖国统一大业的道路上树立的又一座丰碑。

来自台湾的知名人士梁肃戎、林洋港、许历农等参加回归仪式。香港、澳门回归后，海内外中国人更加关注解决台湾问题的前景。《中国时报》民调表明，44%岛内民众认为澳门回归后大陆将加强对台统一攻势。海外媒体则普遍感到，此后所有目光都将转向台湾。

处理香港、澳门特别行政区涉台事务的基本原则和政策

中国政府对香港、澳门恢复行使主权，香港、澳门成为中华人民共和国特别行政区后，香港、澳门和台湾的关系，已经成为两岸关系特殊组成部分。

　　长期以来，台湾当局极力歪曲和诋毁"一国两制"方针政策。虽然迫于形势，不得不承认港澳回归的现实，不得不表示继续维持台湾与港澳民间往来和直接"三通"的局面。但与此同时，台湾当局仍然顽固坚持其"两岸分裂分治"的立场，强调绝不接受"港澳模式"适用于台湾，制订"港澳关系条例"，对"九七""九九"后港台、澳台间正常的民间交往予以防范和限制；公然宣称台湾当局要"进一步参与港澳事务"，形成所谓"共管"的局面，干扰"一国两制"在港澳顺利实施，损害港澳的繁荣稳定。因此，处理好香港、澳门回归祖国后的涉台事务，保持港澳长期繁荣稳定、继续推进祖国和平统一大业，是中共中央和中国政府必须考虑的一个重大问题。

　　中央政府考虑到港澳历史和现实，就上述问题做了大量调查和认真研究，广泛听取包括港澳同胞在内的各方面的意见。在此基础上，依据一个中国原则和"一国两制"方针，及港澳基本法，分别制定了《中央人民政府处理"九七"后香港涉台问题的基本原则和政策》《中央人民政府处理"九九"后澳门涉台问题的基本原则和政策》。在 1995 年 6 月 22 日香港特别行政区筹备委员会预备工作委员会第五次全体会议和 1999 年 1 月 15 日澳门特别行政区筹备委员会第五次全体会议上，国务院副总理钱其琛宣布了上述基本原则和政策。这些基本原则和政策，是保持港澳繁荣稳定、促进祖国和平统一一系列方针政策的重要组成部分，也是香港、澳门特别行政区政府处理涉台事务的指导方针。

　　这些基本原则和政策的核心要义有三：一是坚持一个中国原

则。这是处理香港、澳门涉台事务的指导思想。香港、澳门和台湾，都是中国不可分割的领土。中央人民政府宣布的基本原则和政策规定，"九七""九九"后港台、澳台关系的发展，必须体现维护国家的统一及主权和领土的完整，必须坚持一个中国原则。明确界定香港、澳门特别行政区与台湾地区关系的性质是两岸关系的特殊组成部分，各项交流交往应在一个中国原则基础上进行；明确规定处理香港、澳门涉台问题中涉及国家主权和两岸关系的事务，包括香港、澳门特别行政区与台湾地区之间以各种名义进行的官方接触往来、商谈、签署协议和设立机构，须由中央人民政府安排处理，或在中央人民政府的指导下由香港、澳门特别行政区政府处理；明确要求台湾当局认清形势、面对现实、采取务实态度，消除各种障碍，不要企图在港台关系、澳台关系上制造"两个中国""一中一台"；高度警惕和坚决反对其任何旨在插手港澳事务、干扰港澳贯彻实施"一国两制"、破坏港澳繁荣稳定的图谋和行动。上述原则和政策在坚持一个中国原则、维护国家主权和领土完整的同时，也充分尊重了香港、澳门特别行政区的高度自治，是与港澳作为中央人民政府直辖下的特别行政区的地位相适应的。

二是继续保持和发展港台、澳台民间交流交往关系。这是处理香港、澳门回归后涉台事务的基本精神。多年来港澳地区一直是海峡两岸联系交往的桥梁与中介。在台湾与祖国大陆中断往来近40年的时间里，港澳与台湾之间的投资、贸易、交通、旅游、文化等方面仍然保持直接联系与往来。1979年以后，随着两岸关系进入新的发展时期，港台、澳台之间的经济、文化等各项交流发展迅速，港澳作为两岸经贸往来和其他各项交流交往发展的枢纽和桥梁作用更为突出。特别是港台间空中及海上航线，更是成为维系两地经济联系的黄金航线，直接影响两地的经济繁荣。因而中央人民政府的基本原则和政策明确：港澳回归后，港台、澳台原有各种民间交流交往关系，包括经济文化交流、人员往来等基本不变；鼓励、欢迎台湾居民和台湾各类资本到港澳从事投资、贸易和其他工商活动，依法保护其正当权益；港澳与台之间海空航运交通予以保持，按"地区特殊航线"管理，依双向互惠原则进行；台湾居民可根据香港特别行政区、澳门特别行政区法律进出港、澳，或在当地就学、就业、定居；香港、澳门特别行政区各类民间团体和宗教组织，在互不隶属、互不干涉和互相尊重的原则基础上，与台湾地区有关民间团体和组织保持和发展关系。香港、澳门回归后，港澳涉台问题中的大部分具体事务，均由香港、澳门特区政府根据基本法和当地法律法规自行处理。这些政策有利于促进"九七""九九"后港澳在一个中国原则下继续保持和发展与台湾地区的各项民间交流与往来，对于巩固香港作为亚太地区重要的金融、航运、贸易中心地位，对于维护港澳同胞和台湾同胞的正当权益、促进港澳台三地共同繁荣，振兴民族经济，无疑将产生重要而积极的作用。

三是妥善处理香港、澳门回归后台湾在当地机构和人员的问题。这是处理港澳涉台事务的重要内容。由于历史原因，在港澳有一批国民党人员的组织、社团，并有多家台湾机构。妥善处理

"九七""九九"后台湾在港澳的机构和人员，也是一个必须考虑的重要问题。早在1984年，邓小平就已明确表示，"九七"后，台湾在港机构和人员"仍然可以存在"，"但是他们在行动上要注意不能在香港制造混乱，不能搞'两个中国'"。中央人民政府关于处理"九七""九九"后港澳涉台原则和政策重申：台湾现有在港澳的机构可继续留存，但要严格遵守基本法，不得违背一个中国原则，不得从事损害港澳安定繁荣以及与其注册性质不符的活动；鼓励、欢迎其为祖国统一和保持港澳繁荣稳定作出贡献。

中央人民政府关于处理香港、澳门回归后涉台问题的基本原则和政策，对引导和推动港台关系、澳台关系积极健康发展，促进祖国和平统一大业，产生了广泛深远影响。

港澳回归以来，与台湾地区人员交流日益密切。台湾同胞赴港澳旅游或经港澳中转过境总人数，每年分别保持在210万人次、100万人次左右，到2018年，访港达192.5万人次，访澳达106.1万人次。港澳居民赴台旅游2012年即突破100万人次，2018年达165.4万人次。港台、澳台航线一直位居全球前列的黄金航线，台北、高雄成为港澳对外航空班机最密集目的地。

经贸交流持续热络。1996年港台贸易总额为1565.45亿元港币，2020年达5042.02亿元港币。目前，台湾是香港第二大贸易伙伴和进口来源地，香港是台湾第四大贸易伙伴和第三大出口市场。

公务交流更加频繁。据不完全统计，仅香港回归第一个10年间，台湾地区便有38位部门高层官员、119位中层官员以适当名义来港参访。2008 年 5 月后，港台、澳台公务交流活动更加频繁。到 2014 年 6 月，中央人民政府任命的香港特区政府官员赴台参访 14 人次；澳门特区政府高级官员也率团访台。

港台、澳台交往逐步机制化、制度化。香港特区涉台事务由政制及内地事务局主管。2010 年 4、5 月间，港、台先后成立民间形式、官方主导、相关部门主管官员参与的港台经济文化合作协进会、台港经济文化合作策进会，作为双方对口联系机构，正式启动港台两会联系机制，2011 年底签署《香港与台湾间航空运输协议》。澳台之间经济、文化、民生等事宜的协商，由澳门特区政府行政长官办公室主管。2011 年 7 月，香港、澳门特区政府分别在台设立香港经济贸易文化办事处、澳门经济文化办事处，以促进港台、澳台经贸、文教、旅游等领域交流合作，协助办理民众互访手续；台在港澳的"香港中华旅行社""澳门台北经济文化中心"同时更名为"台北经济文化办事处"，标志着港台、澳台交往走向机制化、制度化。2014 年 2 月，澳台双方经济文化办事处签署《澳门与台湾间航空运输协议》。2010 年、2011 年，香港贸易发展局、旅游发展局和澳门旅游发展局也在台设办事机构。香港、澳门特区政府分别主导在台举办"香港周""澳门台北文化周"等活动。

港澳在两岸间的中介桥梁功能持续发挥。据台交通部门统计，2008 年两岸直航后，两岸经香港转机人数下降幅度有限，2010 年仍高达 450 万人次，约八成台湾游客选择经香港赴内地。两岸经香港转口贸易总额从 2008 年的 230 亿美元增至 2015 年的 377 亿美元。

"一国两制"实践对解决台湾问题意义重大

港澳回归是实现祖国统一大业的重大标志性成果，为最终解决台湾问题提供了更为有利的条件。"一国两制"在香港、澳门成功实践，对解决台湾问题起到重要示范作用。

港澳实行"一国两制"，是和平解决历史遗留问题、推进祖国统一的创举。以和平方式实现祖国统一是最佳选择，最符合包括台湾同胞在内的中华民族的最大利益，亦顺应求和平、谋发展、促合作的世界潮流。海峡两岸中国人有责任终结敌对历史，避免骨肉相残，让子孙后代永享和平美好的生活。

港澳实行"一国两制"，从实际出发、尊重历史、尊重现实，充分照顾各方愿望和利益，是各方都能接受的政策。在解决台湾问题的过程中，大陆方面将充分考虑台湾现实情况，充分吸收两岸各界意见和建议，充分照顾台湾同胞利益和感情。台湾当局及"台独"分裂势力宣扬"一国两制"不适合台湾等谎言，不但无济于事，更极为有害。中华民族应当有足够的智慧、魄力和耐心，在推进两岸和平统一的进程中找到可行的解决方案。

港澳回归为台湾同胞在两岸统一后真正实现当家作主提供了典范。只有结束西方殖民统治，只有回到中国人自己的怀抱中，才能真正实现当家作主的愿望，才能真正享有民主和自由的全部权利。港澳实践证明，台湾同胞对统一后现有生活方式会被改变的担心完全没有必要。台湾同胞所关心的"国际空间"问题会得到合情合理安排，偏安一隅所享有的"国际空间"，比之统一后可享有的国际尊严和荣耀完全不可同日而语。

中央人民政府关于处理"九七""九九"后港澳涉台事务的基本原则和政策，从根本上打破了台湾当局企图插手港澳事务、利用港澳制造"两个中国""一中一台"的图谋，为在一个中国原则基础上发展港台、澳台间的民间交流交往提供了政策保障。从长远看，台湾同胞正是通过观察"一国两制"在港、澳的实践，逐步增加对"一国两制"的实际理解和认同。台湾问题与港澳问题，既有共性，也有差异。台湾必须与祖国大陆统一。在"一国两制"的框架内，在解决台湾问题的过程中，应当实施符合台湾现实的政策。台湾同胞一定会真正认识到"一国两制"确实充分考虑和尊重了广大台湾同胞的现实利益和长远利益。

七、两岸人员往来和各项交流快速发展

进入 20 世纪 90 年代以来，各地区各部门积极贯彻党中央对台大政方针，加大开展两岸交流交往与经济合作的工作力度，两岸人员往来以及科技、文化、学术、体育等各领域的交流蓬勃发展。两岸经济相互促进、互补互利的局面初步形成。早日实现两岸"三通"成为广大台湾同胞，特别是台湾工商业者的强烈呼声。

中共中央高度重视推动两岸交流交往。1990 年底，中央对台工作会议全面科学论述了对台交流工作的原则、目标、任务、策略、内容和重要意义，明确了对台交流交往的指导思想。强调要

"抓住一切有利时机，因势利导，积极促进文化、学术、体育、科技等各个领域的双向、直接交流，加强对岛内民众工作，增强台湾同胞的民族认同感和凝聚力，遏制'台独'势力，密切两岸关系，逐步形成彼此紧密相连、难以分离的局面，造成岛内各个阶层要求统一的形势"。1993年，江泽民再次强调，"实现祖国统一，台湾回归祖国，最重要的途径是扩大两岸交往"，明确了对台交流工作作为做台湾人民工作的主要内容和基本形式的战略定位。

——制定一系列有利于推动两岸经贸交流合作的政策，积极改善营商环境，健全发展两岸经贸关系的组织机构，激励和提升广大台商在大陆投资兴业的热情和信心。1988年，国务院颁布《关于鼓励台湾同胞投资的规定》，保证了台胞在大陆投资的政策环境。1990年，中央对台工作会议明确经贸工作在整个对台工作的中心地位。1994年3月5日，八届全国人大常委会六次会议审议通过了《中华人民共和国台湾同胞投资保护法》，这是第一部涉台专门法律，将保护台商投资纳入法制化轨道。1994年4月，国务院召开对台经济工作会议，强调不断加强两岸的经济交流与合作，既可以促进两岸经济共同发展，又可以增加彼此了解，增进共识，从而推动两岸关系的发展和国家的统一。各地、各部门都要切实把对台经济工作这件大事抓紧抓好。会议要求，一方面要努力办好现有台资企业，另一方面继续积极推动两岸经济的全面交流与合作。认真落实台湾同胞投资保护法，切实保护台商在大陆的合法权益。此后，又制订颁布了《中华人民共和国台湾同胞投资保护法实施细则》《对台湾地区贸易管理办法》《对台湾地区小额贸易的管理办法》《在祖国大陆举办对台湾经济技术展览会暂行管理办法》《台湾海峡两岸间航运管理办法》《关于台湾海峡两岸间货物运输代理业管理办法》等法律、法规，构筑了保护台商在祖国大陆投资和促进两岸经济交流合作的法律体系。党和政府对台商投资大陆采取"同等优先、适当放宽"的政策，鼓励台湾同胞在大陆投资。1989年，祖国大陆设置了台商投资企业专项贷款，纾解台商的融资困难。依据《中华人民共和国台湾同胞投资保护法》及《中华人民共和国台湾同胞投资保护法实施细则》的

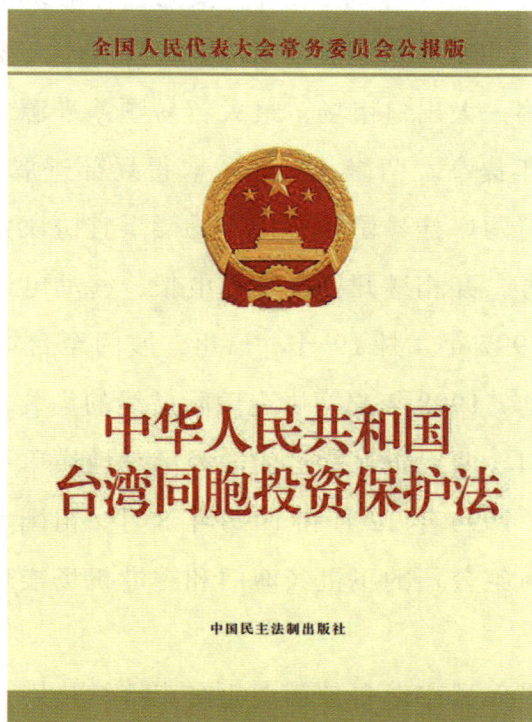

八届全国人大常委会六次会议通过的
《中华人民共和国台湾同胞投资保护法》

有关规定，国务院台办于 1995 年 5 月设立台商投诉协调机构，负责处理台商投诉案件和涉台经济纠纷案件。1998 年公安部发布条令，进一步简化台胞出入境管理手续，便利两岸经济交流。

——两岸经贸交流合作持续发展。台商对大陆投资步伐加快。1989 年，批准台商投资项目、合同台资金额、实际利用台资分别为 540 项、4.32 亿美元和 1.55 亿美元，到 2002 年，新批准台商投资项目、合同台资金额、实际利用台资分别上升为 4853 项、67.4 亿美元和 39.7 亿美元。两岸间接贸易快速发展。据海关统计，两岸贸易总额从 1989 年的 34.84 亿美元上升至 2002 年的 446.7 亿美元。至 2002 年，台湾是大陆第四大贸易伙伴、第二大进口市场；大陆是台湾第一大出口市场、最大贸易顺差来源地。两岸贸易相互依存度逐年提高。两岸"三通"取得局部进展。1993 年 4 月，两岸两会签署两岸挂号函件查询、补偿事宜协议，两岸开始互办挂号函件业务，并相继开办电话、电报、移动电话漫游、电子信箱等业务。1997 年 4 月 19 日，福州、厦门至台湾高雄港的试点直航开始启动。1998 年起两岸走国际航线的集装箱班轮可以直接挂靠两岸港口，两岸贸易货运船舶经第三地换单不换船，一船到底航行两岸。1995 年 12 月和 1996 年 8 月，祖国大陆控股的澳门航空和港龙航空公司的飞机经澳门和香港机场换班号，一机到底飞行两岸。

——两岸人员往来和各项文化交流持续热络。两岸同胞直接交流，始于 1987 年台湾艺人凌峰来大陆拍摄电视片和 1989 年中国科学院研究员赵松乔赴台交流。自 1992 年下半年起，台湾当局

台湾艺人凌峰回阔别 38 年的故乡山东

逐步放宽对大陆居民赴台限制，两岸双向交流往来逐步形成。其间，祖国大陆推出简化台胞入出境手续、实行大陆高校台生与陆生同等收费、设立台生奖学金等一系列举措，推进两岸交流往来。台湾同胞来大陆规模不断扩大。1988 年 45 万人次，1992 年超过 100 万人次，2000 年超过 300 万人次。大陆居民赴台 1990 年 8000 多人次，1997 年超过 5 万人次。交流内容日益丰富，交流层级逐步提高。台湾同胞来大陆，从最初的探亲、旅游发展到投资、考察、求学、就业、就医、访问等。两岸交流从文艺领域，逐渐扩展到经济、教育、科技、体育、卫生、新闻出版、广播影视等和民族、宗教、工会、青年、妇女等界别。台湾各领域、各界别代表性人士纷纷来大陆交流、参访。大陆各领域专家、学者、知名人士以及许多副部级以上领导干部率团赴台交流。两岸关系的这种积极变化，反映了民心所向、大势所趋。

八、党的十五大与面向新世纪的中央对台方针政策

1997 年 9 月，中国共产党召开第十五次全国代表大会，这是在中国改革开放和社会主义现代化建设发展的关键时刻召开的一次承前启后、继往开来的大会，是动员全党和全国各族人民团结奋斗，把建设中国特色社会主义事业全面推向 21 世纪的大会。党的十五大不仅对中国跨世纪发展产生深远影响，而且对海峡两岸关系、推进祖国和平统一进程也起到重大而积极的推动作用。

中国共产党第十五次全国代表大会

与以往党的代表大会相比，此次大会报告首次辟出"推进祖国和平统一"专节论述对台工作，反映了中共中央在世纪之交对对台工作的高度重视。

报告指出，完成祖国和平统一大业是中国共产党的历史任务。

强调要坚持"和平统一、一国两制"的基本方针和发展两岸关系、推进祖国和平统一进程的八项主张，坚持一个中国原则。报告表示，邓小平"一国两制"的科学构想，有力地推动了祖国和平统一进程。这一构想既体现了实现祖国统一、维护国家主权的原则性，又充分考虑台湾、香港、澳门的历史和现实，体现了高度的灵活性，是推进祖国和平统一大业的基本方针。实行"一国两制"，有利于祖国统一和民族振兴，有利于世界的和平与发展。香港顺利回归并保持长期繁荣稳定，必将为解决台湾问题创造有利条件。报告强调，反对分裂、反对"台独"，反对制造"两个中国""一中一台"，反对外国势力干涉。台湾的前途系于祖国统一，分裂是绝对没有出路的。祖国统一问题，应当由两岸中国人自己解决，绝不允许任何势力以任何方式改变台湾是中国一部分的地位。希望台湾当局认真回应我们的建议和主张，及早同我们进行政治谈判。在一个中国的前提下，什么问题都可以谈。

报告中提出的政策主张符合两岸同胞的切身利益，符合中华民族的根本利益，充分体现了中国共产党对实现国家统一的真心诚意，既有原则的坚定性，又有务实的灵活性和很强的可操作性。

党的十五大以后，各地区各部门切实贯彻党的十五大关于加强对台工作的精神，高举邓小平理论的伟大旗帜，坚持"和平统一、一国两制"基本方针，全面贯彻江泽民提出的八项主张，推动两岸关系继续向前发展。两岸经济、文化交流保持持续发展势头。台湾同胞特别是台湾工商界对实现两岸直接"三通"呼声更加强烈，我们争取实现两岸政治谈判的努力得到台湾各界人士更多的理解和赞同，一个中国原则进一步得到国际社会和绝大多数国家的确认。但台湾政局也发生了一系列新的变化，增加了两岸关系的复杂性和不确定性。外国反华势力阻挠我们解决台湾问题的活动仍在继续。

针对美国干涉中国内政、插手台湾事务的行径，我们在进行针锋相对斗争的同时，努力改善和发展中美关系，使解决台湾问题的形势朝着有利于我们的方向发展。美国不得不多次公开表态坚持一个中国政策，重申对台"三不支持"。港澳已经回归，解决台湾问题已十分现实地摆在我们的面前。台湾问题不能无限期地拖延下去。面对新形势，以江泽民同志为核心的党的第三代中央领导集体在对台工作上作出了一系列重大部署。1998年5月，中共中央召开对台工作会议，重点就进一步做好新形势下台湾人民工作明确了指导思想、工作目标和任务，提出了一系列新的重要论断和思想主张，丰富发展了党中央对台方针政策。

第一，强调在发展的基础上解决台湾问题。解决台湾问题，完成祖国统一大业，要靠发展。大力发展经济实力、科技实力、军事实力，增强综合国力，为最终解决台湾问题奠定坚实而强大基础，提供厚实战略支撑。

第二，提出在两岸关系中坚持一个中国原则的新表述，"在统一之前，在处理两岸关系事务中，特别是两岸谈判中，坚持一个中国的原则，就是坚持世界上只有一个中国，台湾是中国的一部分，中国的主权和领土完整不能分割"，"就两岸关系而言，我们主张的一个中国原则是：世界上只有一个中国，大陆和台湾同属于一个中国，中国的主权和领土完整不容分割"。这样的表述，突出强调了海峡两岸坚持一个中国原则的共同基点，具有很大的包容性，更有利于两岸平等协商谈判、争取台湾民心、反对分裂势力挑拨。

第三，强调努力争取实现和平统一，同时加强反"台独"军事斗争准备。就是两手都要硬。军事斗争准备越充分，"台独"分裂势力就越不敢轻举妄动，和平统一的希望反而越大。"台独"分裂势力和外部干预势力胆敢轻举妄动，必遭灭顶之灾。

第四，强调争取台湾民心"是完成祖国统一的重要基础"。做好台湾人民的工作，争取和团结广大台湾同胞同我们一道共同实现祖国的完全统一，始终是对台工作的重要目标。统一也是两岸民心的统一，只有全社会的力量都动员起来，才能激发出争取台湾民心的最深厚伟力。

这一时期，以江泽民同志为核心的党的第三代中央领导集体冷静观察冷战结束后国际形势的新变化，科学分析台海形势和两岸关系发展的新趋势，深入思考"和平统一、一国两制"基本方针在新形势下的运用和发展，提出发展两岸关系、推进祖国和平统一进程的具有鲜明时代特色的新思想、新论断、新政策，作出一系列重大决策和部署。面对两岸关系风云激荡，第三代中央领导集体牢牢把握两岸关系主导权，领导全党全国人民同"台独"分裂势力进行了坚决斗争，坚定地维护了台湾是中国一部分的地位；推动了在一个中国原则基础上进行两岸对话与谈判，打破了台湾当局"不接触、不谈判、不妥协"的"三不政策"；寄希望于台湾人民，大力

中国共产党与祖国统一

推动两岸经济、文化、人员等各项交流交往，进一步密切了两岸关系；巩固了国际社会承认一个中国的格局；实现了香港、澳门顺利回归，为解决台湾问题创造了新的有利条件。

第五章　坚决反对、遏制"台独"分裂活动
推动两岸关系和平发展

　　进入 21 世纪，台海形势发生重大变化。2000 年 3 月，民进党候选人陈水扁在台湾地区领导人选举中获胜。台湾地区出现政党轮替，中国国民党在台湾长期一党"执政"的历史终结。这是 1949 年以来台湾政局发生的最重大变化。2004 年 3 月，陈水扁再次当选。陈水扁当局顽固坚持"台独"分裂立场，利用"执政"地位和资源，加紧推动"台独"分裂活动。2002 年 8 月，陈水扁抛出"一边一国论"，此后"台独"分裂势力不断利用"公投"议题进行"台独"活动，尤其是图谋推动"宪政改造"，以所谓"宪法"和"法律"的形式把台湾从中国分割出去，构成对台海和平稳定的最大威胁。党的十六大以来，以胡锦涛同志为总书记的中共中央采取一系列强而有力的措施，将一个时期对台工作的首要任务确定为坚决反对和遏制"台独"分裂活动，并在这场斗争中形成了两岸关系和平发展重要思想，引领两岸关系实现重大转折，开创了两岸关系和平发展的新局面。

一、新世纪开展反对陈水扁当局"台独"分裂活动的斗争

民进党上台，祖国大陆"听其言观其行"应对"台独"挑战

2000年3月，民进党候选人陈水扁在台湾地区领导人选举中获胜，结束了国民党在台湾长期一党"执政"的历史。台湾此次政党轮替，对两岸关系产生深远影响。3月18日台湾地区领导人选举结果揭晓当晚，中共中央台办、国务院台办发表声明指出："和平统一是以一个中国原则为前提的。任何形式的'台独'都是绝对不允许的。对台湾地区新领导人我们将听其言观其行，对他将把两岸关系引向何方，拭目以待。"

在此之前，2月21日，国务院台湾事务办公室、国务院新闻办公室发表《一个中国的原则与台湾问题》白皮书，深入阐述了一个中国的事实和法理基础，明确指出一个中国原则是实现和平统一的基础和前提，强调中国政府坚持尽一切可能争取和平统一，但是，如果出现台湾被以任何名义从中国分割出去的重大事变，如果出现外国侵占台湾，如果台湾当局无限期地拒绝通过谈判和平解决两岸统一问题，中国政府只能被迫采取一切可能的断然措施，包括使用武力，来维护中国的主权和领土完整，完成中国的统一大业。中国政府和人民完全有决心、有能力维护国家主权和领土完整，决不容忍、决不姑息、决不坐视任何分裂中国的图谋得逞，任何分裂图谋都是注定要失败的。这些宣示掷地有声，对"台独"分裂势力清晰地画出了底线。

　　2000 年 5 月 20 日，陈水扁发表就职演说。面对祖国大陆坚决反对"台独"的坚定立场、广大台湾同胞和国际社会乃至美国政府不支持"台独"的压力，并囿于他"执政"基础薄弱、地位不固、立足未稳，陈水扁不得不有所收敛，对两岸关系作出"四不一没有"的承诺："只要中共无意对台动武，本人保证在任期之内，不会宣布'独立'，不会更改'国号'，不会推动'两国论入宪'，不会推动改变现状的'统独公投'，也没有废除'国统纲领'与'国统会'的问题。"但陈水扁却始终没有提及最关键的问题——民进党当局究竟如何定位两岸关系？在统"独"问题上持何立场？是否承认一个中国原则和"九二共识"？换言之，他只讲了"不会做什么"，却避而不谈"要做什么"。而且陈水扁作出上述承诺时，还加上"中共无意对台动武"的前提。

　　中共中央台办、国务院台办当天发表受权声明，认为陈水扁讲话在是否接受一个中国原则这一关键问题上"采取了回避、模糊的态度"，并强调指出"只要台湾当局明确承诺不搞'两国论'，明确承诺坚持海协会与台湾海基会 1992 年达成的各自以口头方式表述'海峡两岸均坚持一个中国原则'的共识，我们愿意授权海协会与台湾方面授权的团体或人士接触对话"。上述声明进一步表明在两岸关系中确立一个中国原则的政治基础，对于促进两岸双方政治互信、开展两会对话与商谈、推动两岸关系发展，是至关重要的。

　　然而，陈水扁当局无意改变"台独"立场。陈水扁长期从事"台独"分裂活动，"台独"理念根深蒂固。民进党建党以后通过的几次重大的"台独"宣言都与他脱不了干系：1988 年 4 月，民进党二届一次"临代会"通过他提出的以"四个如果"作为"台独"前提条件的决议文；1990 年 10 月，民进党四届二次"全代会"通过他主张的"台湾事实主权不及于中华人民共和国及外蒙古共和国"的修正提案；1991 年 10 月，民进党五届一次"全代会"通过他抛出的在"党纲"中增列"基于国民主权原理，建立主权独立自主的台湾共和国及制订新宪法的主张，应交由台湾全体住民以公民投票方式选择决定"条文，即"台独党纲"。除此之外，陈水扁还在 1989 年竞选"立委"时毫无顾忌地在台湾报刊刊登"台湾独立万万岁"的大幅广告，1999 年竞选台湾地区领导人时公然高呼"台湾独立万岁、万万岁"，其气焰之嚣张，一时间成为岛内"台独"势力的政治代言人。

台湾同胞抗议民进党搞"台独"

陈水扁的"台独"本质决定了他不可能将"台独"的招牌束之高阁。他的一个基本策略就是耍两面派手法，对大陆软磨硬抗，退一步、进两步，用蚕食的方式搞"渐进式台独"。他一上台，就下令拆除了"总统府"大楼及其他地方的"三民主义统一中国"等标语，并强令军队全部清除基地营区有关宣传"统一中国""复兴中华文化""反对台独"等标语口号。

陈水扁表面上在两岸关系上采取"模糊"策略，无非是一时的缓兵之计，一旦其认为时机成熟，便毫不犹豫地撕掉面具，肆无忌惮实施"台独"步骤。

进入新世纪的两岸关系形势，对刚上台的民进党来说不是很有利。2000年连战出任中国国民党主席，国共关系趋于改善；宋楚瑜成立亲民党，该党一成立，即亮出坚持"一中"、反对"台独"旗帜。海外华人华侨在全球范围内展开了声势浩大的"反独促统"活动。同时，两岸民间往来持续发展。特别是香港、澳门相继回归祖国，为解决台湾问题创造新的有利条件。对此，民进党惶恐不安，如芒在背。陈水扁深切地感受到，如再不采取激进的"台独"行动，恐将难以阻挡两岸统一步伐。

2001年12月，在台湾地区"立委"选举中，民进党获得87个席位，超过国民党成为"立法院"第一大党。这时的陈水扁自恃民进党实力进一步增强、"执政"地位巩固，在岛内得到李登辉及其领导的"台联党"支持，在外部有美国反华势力的撑腰打气，因此错判形势，"台独"野心开始膨胀，于是跳出来蓄意对大陆进行挑衅，在两岸关系上实施冒险策略。

"台独"分裂活动持续升级，台海形势进入高危期

进入 2002 年，陈水扁当局明显加快"台独"步伐。一个突出动向就是，他一反常态，多次出席"台独"分子集会，公开发表"台独"分裂言论，为"台独"分裂势力加油打气，继续在思想文化上推行"渐进式台独"的同时，开始将"台独"触角伸向政治、法律、"外交"等领域。

1 月 13 日，陈水扁在出席"台湾人公共事务会"20 周年会庆上正式宣布，将在新版"中华民国护照"封面上加注"TAIWAN"（台湾）字样。

3 月 17 日，在"世界台湾人大会"年会上，陈水扁以所谓"台湾之子"身份出席会议，并正式提出"五拼"："拼经济""拼外交""拼安全""拼正名""拼宪改"。其中"拼经济"是假、是虚，而"拼外交""拼安全""拼正名""拼宪改"是真、是实。这个"五拼"归根到底就是拼"台独"、拼分裂。

在陈水扁的授意下，台湾当局"台独"分裂举措一拨接一拨地出台：2 月下旬，台"外交部"策划将台驻美"台北经济文化代表处"更名为"台湾代表处"，并准备分阶段逐步推动台湾所有驻外机构更名。3 月，台"行政院长"游锡堃声称，目前台"五院中央机关"都设在台北市，所以"中华民国的首都就是台北"，图谋凸显民进党"执政"后的"独立新国家"形象。

更为令人震惊的是，8 月 3 日，陈水扁以视频方式出席在东京召开的第 29 届"世界台湾同乡联合会"年会，公然提出"一边一国"的分裂主张。他宣称，"台湾要走自己的路""台湾是个

主权独立的国家""台湾与对岸中国一边一国要分清楚""公民投票是基本人权，也是 2300 万人民的基本人权，不能被剥夺和限制""要认真思考公民投票立法的重要性和迫切性"。这是陈水扁上台以来首次正式、公开、赤裸裸地将两岸关系定位为"一边一国"，并不加掩饰地表示要通过"公投立法"的方式实现"台独"，表明其彻底抛弃原先的"模糊"策略，开始向一个中国原则发起全面挑战。这一举动极大刺激了"台独"分裂活动升级，严重威胁台海和平稳定和祖国和平统一前景。

2003 年是台湾地区领导人选举的竞选年。年初，陈水扁在元旦讲话中重申"四不一没有"的承诺，并首次提出"建立两岸和平稳定的互动架构"等"新中间路线"，摆出一副和缓、安定的姿态。然而，随着陈水扁"执政"临近届满，其政绩乏善可陈，竞选连任选情持续低迷，甚至基本盘都有所松动。国民党、亲民党合作推出连战、宋楚瑜搭档参选迅速成军，声势大振。面临巨大压力的陈水扁开始撕下"新中间路线"的伪装，采取新的"台独"冒险行动，以拉抬不利的选情。

5 月 20 日，陈水扁借台湾当局利用"非典"疫情推动参与世界卫生组织（WHO）、制造"一中一台"分裂活动受挫而发难，公开声称"希望朝野各界共同研议'台湾加入 WHO'的公民投票"。9 月 28 日，陈水扁借民进党党庆之机，提出要"催生台湾新宪法"，并进而提出"公投""制宪""建国"的"台独时间表"：2004 年实施首次"公民投票"，2006 年"公投制宪"，2008 年正式实施"台湾新宪法"，"让台湾成为正常、完整和伟大的国家"。

在民进党的操弄下，台"立法院"于 2003 年 11 月通过"公民投票法"。陈水扁不顾各方反对，强行在 2004 年 3 月台湾地区领导人选举投票之日，举办"公投绑大选"活动，推动"强化国防""对等协商"两项"防卫性公投"。因选前最后关头发生"枪击案"，陈水扁以微弱多数当选连任，但两项"公投"均遭否决。

2004 年 3 月，陈水扁竞选连任成功，任期至 2008 年。陈水扁当局按照其既定的"台独"时间表，加紧推动"入联公投""废统"活动和以"宪政改造"为实质内容的"台湾法理独立"活动。5 月 20 日，陈水扁在就职演说中再次宣称：将实施"宪政改造"，要在 2008 年"交给台湾人民及我们的国家一部合时、合身、合用的新宪法"。此后，"台独"活动持续升级。

为给"宪政改造"谋求"台湾法理独立"扫除障碍，2006 年 2 月，陈水扁主持"国安高层会议"，宣布终止"国统纲领"适用和"国统会"运作，彻底抛弃其"四不一没有"承诺。3 月 1 日，台"行政院"将"终止适用国统纲领"列为报告案，"国统会"终止运作，"国统纲领"终止适用。

早在 2004 年 11 月，陈水扁就提出"要认真思考用'台湾'的名字，直接申请加入联合国"。2006 年 9 月，在联合国总务委员会第十四次挫败台"邦交国"提出的"台湾参与联合国"案之际，恼羞成怒的陈水扁抛出"应该认真思考透过公民投票方式，以'台湾'的名义直接申请加入联合国，以新会员国的身份重新申请"（即"入联公投"）的主张。2007 年 3 月，陈水扁当局在难以通过"宪改"炮制"新宪法"的情况下，正式开始启动"入联公投",策划 2002 年 3 月新一届台湾地区领导人选举时同步举行"以台湾名义加入联合国的公投"。一时间,"台独"现实危险性大幅上升,严重威胁中国国家主权和领土完整,严重阻碍两岸关系发展,严重危害台海地区和平稳定。台海形势进入高危期!

二、党的十六大和坚决反对、遏制"台独"分裂活动的总体部署

党的十六大以后,以胡锦涛同志为总书记的党中央坚持"和平统一、一国两制"方针和现阶段发展两岸关系、推进祖国和平统一进程的八项主张,针对台海形势的变化,就发展两岸关系、推进祖国和平统一作出一系列重大决策和部署,提出一系列新主张,采取一系列新举措,坚决打击和遏制"台独"分裂活动,推动两岸关系朝着和平稳定的方向发展。

党的十六大宣示完成祖国统一是实现中华民族伟大复兴的必然要求

2002 年 11 月,中国共产党召开第十六次全国代表大会。十六届一中全会选举产生以胡锦涛同志为总书记的新一届中央领导集体。党的十六大是我们党进入新世纪、台海形势发生重大变化、我们取得反对陈水扁"台独"分裂斗争阶段性成果之际召开的一次全国代表大会。此次大会报告关于对台工作论述的篇幅,与此前历次代表大会报告相比是最长的,反映了中共中央对对台工作

中国共产党第十六次全国代表大会

的高度重视。十六大报告关于对台工作的重要论述，针对台海形势和两岸关系新变化，提出了一个时期对台工作的指导思想、总体要求和工作重点。宣示了完成祖国统一是实现中华民族伟大复兴的必然要求，指出"我们党必须坚定地站在时代潮流的前头，团结和带领全国各族人民，实现推进现代化建设、完成祖国统一、维护世界和平与促进共同发展这三大历史任务，在中国特色社会主义道路上实现中华民族的伟大复兴"。

报告阐明了坚持一个中国原则的新论述，首次将"世界上只有一个中国，大陆和台湾同属一个中国，中国的主权和领土完整不容分割"的表述，写入党的全国代表大会报告，既充分表明要毫不动摇坚持一个中国原则，同时也对两岸关系展现出极大的包容性。

报告提出了关于两岸对话与谈判的新倡议，呼吁在一个中国原则的基础上，暂时搁置某些政治争议，尽早恢复两岸对话和谈判。表示在一个中国的前提下,"可以谈正式结束敌对状态问题,可以谈台湾地区在国际上与其身份相适应的经济文化社会活动空间问题,也可以谈台湾当局的政治地位等问题"。这是将"在一个中国的前提下,什么问题都可以谈"的政策主张进一步具体化,使之有了可操作性。

报告首次提出了"一国两制"对台湾的好处。指出两岸统一后,台湾可以保持原有的社会制度不变,高度自治;台湾同胞的生活方式不变,切身利益将得到充分保障,永享太平;台湾经济将真正以祖国大陆为腹地,获得广阔的发展空间;台湾同胞可以同大陆同胞一道,行使管理国家的权利,共享伟大祖国在国际上的尊严和荣誉。

报告表达了坚决维护国家主权和领土完整、坚决反对和遏制"台独"分裂图谋的坚定态度。强调维护祖国统一事关中华民族的根本利益,中国人民将义无反顾地捍卫国家主权和领土完整,绝不允许任何人以任何方式把台湾从中国分割出去。

2003 年 3 月 11 日,胡锦涛在参加十届全国人大一次会议台湾代表团审议时,首次代表新一届中央领导集体就做好新形势下的对台工作发表重要讲话,提出四点意见:一是要始终坚持一个中国原则。坚持一个中国原则,是发展两岸关系和实现和平统一的基础。在这个事关中华民族根本利益的大是大非问题上,我们的立场是坚定的、一贯的。任何旨在制造"台湾独立""两个中国""一中一台"的言行,两岸同胞理应坚决反对。我们愿意在一个中国原则的基础上,务实、平等地进行协商,妥善处理台湾方

2003 年 3 月 11 日，胡锦涛在参加十届全国人大一次会议台湾代表团审议时发表重要讲话

面关心的问题，使两岸关系得到改善和发展。二是要大力促进两岸的经济文化交流和人员往来。大力推进两岸直接"三通"，努力改善投资环境，支持台商办好企业。坚持以弘扬中华文化的优秀传统为主线，扩大两岸文化交流。进一步完善现有涉台法规和政策，切实保障台湾同胞的正当权益。三是要深入贯彻寄希望于台湾人民的方针。台湾同胞是我们的手足兄弟，是发展两岸经济文化交流、扩大人员往来的重要力量，也是遏制台湾分裂势力的重要力量。要争取广大台湾同胞理解和支持我们的方针政策，同我们一道共同推进两岸关系和祖国和平统一进程。四是要团结两岸同胞共同推进中华民族的伟大复兴。胡锦涛发表的四点意见，是新一届中央领导集体根据党的十六大关于对台工作的决策作出的具体部署，为新形势下的对台工作和两岸关系发展指明了方向。

促进两岸关系发展，坚决反对和遏制"台独"的决策部署

党的十六大以后，中共中央客观、全面、辩证地分析台海形势，高度关注陈水扁当局"台独"分裂活动不断升级态势，特别是 2004 年 3 月陈水扁连任后，台湾当局和"台独"分裂势力搞"台独"冒险性进一步上升，发生"台独"重大事变的可能性明显增大，威胁国家主权和领土完整的现实危险日益严重的现实情况，作出了反"台独"斗争的重大决策部署。

针对未来四年台海形势演进趋势尤其是"台独"现实危险性上升，2004 年 7 月，中共中央召开了中央对台工作会议。会议提出当前对台工作的指导原则和基本思路。会议指出，做好新形势下的对台工作，必须牢牢把握以下指导原则：一是坚持一个中国原则，捍卫国家主权和领土完整。坚决打击和遏制"台独"分裂势力，捍卫台湾是中国一部分的地位，维护发展两岸关系、实现祖国完全统一的基础。二是尽力争取和平统一，绝不放弃使用武力。切实加强军事斗争的准备。三是立足争取台湾民心，壮大反"独"促统力量。广泛发展反"独"促统的联合阵线。四是营造有利国际环境，反对外国势力干涉。巩固和发展国际社会承认一个中国的格局。五是紧紧抓住发展机遇，不断增强综合国力，为解决台湾问题奠定坚实基础。会议强调，要正确认识和处理尽最大努力实现和平统一和绝不承诺放弃使用武力的关系；正确认识和处理做台湾人民工作和遏制"台独"的关系。会议确定新形势下对台工作的基本思路，这就是：实现祖国完全统一是我们坚定不移的奋斗目标。同时，根据两岸关系形势和台湾局势现实情况，

目前必须把反对和遏制"台独"作为首要任务，综合运用政治、经济、法律、文化、外交等力量和必要的军事手段，团结岛内各种反对"台独"力量，坚决挫败"台独"分裂图谋，维护国家主权和领土完整，维护两岸关系基本稳定，维护重要战略机遇期，为早日解决台湾问题创造条件。会议对于动员全党进一步加强对台工作，反对和遏制"台独"分裂活动，促进两岸关系和平稳定发展，推动祖国统一进程，具有重大意义。

综合施策，从各方面展开坚决反对和遏制"台独"分裂的斗争

——开展坚决反对陈水扁"一边一国论"的斗争。2002年8月3日，陈水扁公开抛出"一边一国论"后，中共中央高度重视，认为这次陈水扁"台独"分裂言论的性质是严重的，影响是恶劣的，是比1999年李登辉"两国论"更露骨、更严重的分裂步骤，它标志着陈水扁彻底撕掉种种伪装，彻底否定其"四不一没有"的承诺，彻底暴露其蓄意分裂的政治本质。中共中央

台湾同胞反对陈水扁"一边一国论"

决定迅即开展反对陈水扁"一边一国论"斗争，坚决打击陈水扁的嚣张气焰，争取台湾民心、争取国际舆论，维护台海局势稳定，使国际社会认清陈水扁的分裂本质并坚持一个中国政策。

反对陈水扁"一边一国论"斗争，是继 20 世纪 90 年代开展的反分裂、反"台独"斗争和反对李登辉"两国论"斗争之后，祖国大陆与台湾岛内的"台独"分裂势力之间展开的又一次重大政治斗争。8 月 4 日，中共中央台办、国务院台办发言人发表谈话，首次点了陈水扁的名，严正警告台湾分裂势力，不要错判形势，立即悬崖勒马，停止一切分裂行径。《人民日报》、新华社发表评论文章，揭露陈水扁的分裂本质，指出其"台独"言论的严重危害性，呼吁台湾同胞共同反对陈水扁的"台独"行径。外交部门也相继开展工作，重点做美、日等国政府工作，指出，陈水扁"公然挑战世界上只有一个中国这一不争的事实，这是对国际社会的基本认知和共同准则的挑战"。这场斗争取得了重要积极成果。台湾各界强烈反对陈水扁恶化两岸关系；港澳同胞、海外侨胞严厉谴责陈水扁"台独"言论；国际舆论指斥陈水扁无端挑衅。美国政府重申坚持一个中国政策，不支持"台湾独立"。这迫使陈水扁当局有所收敛，不得不表示"大陆政策的主轴迄今没有改变"，"不可能也不会推动公投法"。

——开展坚决反对"公投立法"和"公投绑大选"等分裂图谋的斗争。2003 年是台湾地区竞选年。民进党的许多活动都是围绕选举展开的。2000 年陈水扁上台"执政"后，台湾经济持续不振，失业率攀升，陈水扁不断操弄统"独"议题将台湾政局推向动荡不安的地步，引发台湾民众强烈不满。这对陈水扁 2004 年竞选连任相当不利。为此，陈水扁将"公投"作为选举工具，以此来拉拢基本支持者，刺激中间偏绿者，并期望带动部分不明真相者，达到连任的目的。

针对陈水扁当局操弄"公投立法"议题时间节点和步步升级的"台独"分裂活动的态势，大陆方面将斗争的重点放在坚决反制和挫败陈水扁当局推动"公投立法"和"公投绑大选"等"台独"分裂活动上，并根据时间节点，相机开展工作。

在外交工作方面，2003 年 6 月 1 日，胡锦涛在法国埃维昂会见美国总统布什，表达希望美方恪守承诺，妥善处理台湾问题，不向"台独"势力发出错误信号。我外交部门进一步加强对美工作，引起美方高度关注。6 月 21 日，美国公开表示"反对台湾进行任何议题的公投"。

在两岸交流合作方面，大陆方面抓住两岸同胞特别是台湾同胞最关注的"三通"话题，采取具体举措，引导舆论。岛内工商界要求开放"三通"的呼声强烈，台塑集团董事长王永庆指出，"不三通是最不聪明的作法。现在经济已经很不好了，不三通将会更糟糕"。在台外资企业也表示，若两岸不直航，企业在比较得失之后，会将总部迁移到大陆。长荣集团董事长张荣发也重炮抨击陈水扁成天只知道选举，对迟迟不开放两岸直接"三通"表达强烈不满。12 月，中共中央台办、国务院台办发布《以民为本　为民谋利　积极务实推进两岸"三通"》政策说明书，指出两岸"三通"有利于两岸共同发展，对扩大台湾就业、产业升级和经济稳定发展将发挥重要作用，并且对实现

"三通"提出许多建设性意见。大陆方面排除阻碍，实现了年初的两岸春节包机，并启动了共同研究"引晋（江水）入金（门）"合作计划，契合了广大台湾同胞民心。

在开展岛内政党工作方面，团结台湾泛蓝政党共同反"独"遏"独"。2003年10月，民进党拟定的具有"急独"议题的"公投法案"提交台"立法院"。11月，国民党、亲民党联盟为阻止民进党借"公投立法"达到其政治目的，也提出自己的"公投法"草案，提交台"立法院"审议表决。为此，大陆方面加大反制力度。11月17日，在台"立法院"审议表决前夕，中共中央台办、国务院台办负责人发表谈话，严正指出："最近一个时期，陈水扁当局假借民意，纠合各种'台独'分裂势力，大肆进行'台独'分裂活动。他们在'公投立法'过程中，企图塞进有利于进行'台独'分裂活动的条文，为其今后实施'台独公投'制造'法律依据'，图谋通过'公投''制宪'，并建立所谓'台湾国'，实现其'台独'主张。这是一个非常危险的分裂行径，是对一个中国原则的公然挑衅。""我们正告陈水扁当局，必须悬崖勒马，立即停止利用'公投立法'进行分裂国家的罪恶活动。"

祖国大陆的坚决斗争对岛内泛蓝阵营产生积极影响。11月27日深夜，台"立法院"审议"公投法"。由于泛蓝"立委"超过半数，并联合了倾向泛蓝的无党籍"立委"，掌握了审议、表决的主动权。表决通过了国民党、亲民党联合提交的"公投法"，否决了民进党提出的针对所谓"国旗、国号、国歌、领土变更、主权"等事项进行"公投"及"制宪公投"的内容，但"公投法"第十七条赋予"总统"在"国家遭受外力威胁时"发动"公投"的权力，为民进党当局所利用。

面对骑虎难下的困局，11月30日陈水扁强行宣布，将在2004年3月20日，即台湾地区领导人选举当日举办"防卫性公投"，操弄"公投绑大选"戏码。大陆方面对此作出强烈反应。12月，国务院总理温家宝出访美国，在会见美国总统布什时指出，陈水扁当局假借民意搞所谓"防卫性公投"，企图将台湾分裂出去，这种分裂活动"是绝对不能接受和容忍的"。对此，布什直接点名台当局领导人企图单方面改变台湾现状，并明确表示反对。之后，日本、欧盟及亚洲部分国家也先后对台湾"公投"不同程度地表示了反对或忧虑的态度。台湾同胞的态度也发生变化。据岛内民调反映，超过50%的受访者认为，如果美方坚持反对，台湾没有必要举办"防卫性公投"。此时的陈水扁既不愿放弃"公投"，又不能不考虑日益高涨的内外压力，不得不改变"公投"议题，将原本的"防卫性公投"改为攻击性较低的所谓"和平公投"，并将"公投"议题修改为"如果中共不撤除瞄准台湾的飞弹，不放弃对台湾使用武力，你是否赞成政府增加购置反飞弹装备，以强化台湾自我防卫能力"和"你是否赞成政府与中共展开协商，推动建立两岸和平稳定的互动架构，以谋求两岸的共识与人民的福祉"。

2004年3月20日，陈水扁执意进行的两项"公投"议题均未达到所需50%的投票率，以无效而告失败。当晚，中共中央台办、国务院台办发表声明指出，陈水扁执意举办"3·20公投"的失败，证明这一试图挑衅大陆、分裂国家的行径不得人心。

三、调整策略，两手并重，引领两岸关系开新局

"五一七"受权声明指出两条道路、两种前景

2004 年台湾地区领导人选举结束不久，大陆方面一改以往对陈水扁"听其言观其行"策略，由中共中央台办、国务院台办发表"五一七"受权声明，这份声明以非常明确的语言，表明大陆方面坚决反对民进党当局推行激进"台独"的原则立场和坚定决心，首次把反"台独"、"维护台海和平稳定"作为"当前最紧迫的任务"提到两岸同胞面前。并把未来两岸关系的两条道路、两种前景昭告世人："一条是悬崖勒马，停止'台独'分裂活动，承认两岸同属一个中国，促进两岸关系发展；一条是一意孤行，妄图把台湾从中国分割出去，最终玩火自焚。何去何从，台湾当权者必须作出选择。"声明还提出维护国家领土主权完整的"五个决不"和在一个中国原则下发展两岸关系的"七项愿景"。声明强调，"未来四年，无论什么人在台湾当权，只要他们承认世界上只有一个中国，大陆和台湾同属一个中国，摒弃'台独'主张，停止'台独'活动，两岸关系即可展现和平稳定发展的光明前景"，表示"如果台湾当权者铤而走险，胆敢制造'台独'重大事变，中国人民将不惜一切代价，坚决彻底粉碎'台独'分裂图谋"。声明反映出中共中央针对台海新形势，紧紧抓住反对和遏制"台独"这一对台工作的首要任务，着眼于两岸关系和平发展的光明前景，毫不动摇地反对和遏制"台独"、毫不动摇地推进两岸关系和平稳定发展的两手并重策略思想。

祖国大陆各有关方面相互配合，卓有成效地开展工作

发动舆论攻势，对"台独"形成巨大政治压力。通过中共中央台办、国务院台办负责人、发言人发表谈话，召开座谈会、撰写报刊文章、播发电视节目、接待来访台湾同胞和外国政要等形式，对"台独"分裂势力及其活动的危害性、严重性进行揭露和批判，对祖国大陆维护台海地区和平稳定、维护一个中国原则的坚定立场进行阐述，在海内外产生广泛影响。

加大外交工作力度，争取国际社会理解和支持反"台独"斗争。党和国家领导人相继出访数十个国家，足迹遍及欧亚非拉，接待数十批来访的各国政要，尤其是胡锦涛与美国总统布什在亚太经合组织领导人非正式会议期间当面谈到台湾问题，明确传递中国大陆坚持一个中国、主张和平统一、反对"台独"分裂的坚定立场，得到国际社会的理解和支持。联合国秘书长安南多次重申联合国在台湾问题上的一贯立场："台湾不是一个国家，联合国不会承认它。"美国同样意识到陈水扁当局激进"台独"分裂活动可能引发台海冲突，从而危及美国自身的利益，多次公开表示，反对台湾当局领导人旨在单方面改变台海现状的言行。欧盟、俄罗斯等世界主要组织及大国，也相继重申一个中国政策。陈水扁当局挤入联合国和世界卫生组织的图谋连年破产。从 2002 年至 2007 年的 5 年间，中国先后与多米尼克、格林纳达、塞内加尔、乍得、哥斯达黎加建交或复交，我建交国增至 169 个，台所谓"邦交国"减少至 24 个。得道多助，失道寡助。国际社会的反响无疑是对"台独"分裂活动的沉重打击，也反过来间接鼓励了岛内其

他政治力量及民众反对陈水扁当局的"台独"分裂路线。

2004 年，联合国秘书长安南重申联合国在台湾问题上的一贯立场

　　加紧反"台独"军事斗争准备。中国人民解放军按照党中央的部署，针对陈水扁当局推动"法理台独"不断升级的态势，积极做好应对台海冲突的军事准备。大陆军方多次强硬发声：如果"台独"分裂势力一意孤行，中国人民解放军有决心、有能力，坚决粉碎任何"台独"分裂图谋，强化了对"台独"分裂势力的军事威慑力度。

　　继续促进两岸民间各项交流交往。大陆各地区各部门贯彻中央对台工作指示要求，着眼于共创两岸"和平稳定发展的光明前景"，采取政经分开、官民分开的务实做法，大力推动两岸民间经贸、文化、宗教等领域的交流合作，促进两岸人员往来，为台商、台生、台湾旅游人士往来大陆提供便利，鼓励福建沿海与金门、马祖地区的"小三通"；在加大反"台独"斗争的同时，注意将广大希望两岸关系和平发展的台胞与个别死硬的"台独"分子分开，切实保障台湾同胞的合法权益。2004 年两岸间接贸易额达783.2 亿美元，同比增长 34.2%。截至 2004 年底，累计批准台资项目 6.46 万个，实际使用台资 396.23 亿美元。2004 年台湾居民赴大陆达 368.5 万人次，大陆居民赴台 14 万余人次。大陆赴台交流项目达 4475 个，人数达 30728 人次。

政治、外交、军事、舆论、两岸民间交流交往等多管齐下，大陆方面向台湾各界释放了明确而强烈的信息："台独"是一条没有前途的绝路，祖国大陆坚持一个中国原则的立场决不妥协，坚决捍卫国家主权和领土完整的意志决不动摇，对"台独"决不容忍。如果台湾当局改弦更张，摒弃"台独"主张，停止"台独"活动，两岸关系即可展现和平发展的前景。何去何从，台湾当局必须作出选择。

制定和实施《反分裂国家法》

"庆父不死，鲁难未已。"2004 年陈水扁连任后，继续按其既定的"台独"时间表，通过推动"宪政改造"进行"台湾法理独立"活动。"台独"现实危险性进一步上升。中共中央客观、全面、辩证地分析台海形势，作出一系列决策部署，强调继续以最大诚意、尽最大努力争取和平统一前景，同时绝不允许"台独"势力把台湾从祖国分裂出去。

制定《反分裂国家法》是中共中央作出的一项重大决定。面对"台独"分裂势力图谋通过所谓"宪改"实现"法理台独"、两岸关系主要矛盾已上升为图谋"台独"与反对和遏制"台独"的斗争，广大人民群众、社会各界人士和香港、澳门及海外同胞要求以法律手段反对和遏制"台独"图谋的诉求和呼声日益强烈，全国人大代表、全国政协委员提出了许多立法建议提案。

　　为顺应形势的变化和人民的呼声，2003 年 12 月，中共中央作出着手研究制订对台特别立法的重大决定。经过一年的起草工作和多方征求意见，2004 年 12 月，十届全国人大常委会第十三次会议全票通过，决定提请 2005 年 3 月召开的十届全国人大三次会议审议这部法律草案。2005 年 3 月 14 日，十届全国人大三次会议高票通过《反分裂国家法》，并于当天颁布实施。

十届全国人大三次会议高票通过《反分裂国家法》

　　《反分裂国家法》全文十条。其主要内容为：

　　（一）关于立法宗旨和适用范围。《反分裂国家法》第一条开宗明义强调本法的目的就是"为了反对和遏制'台独'分裂势力分裂国家，促进祖国和平统一，维护台湾海峡地区和平稳定，维护国家主权和领土完整，维护中华民族的根本利益"。

（二）关于解决台湾问题的基本原则。《反分裂国家法》第二、三、四条，分别阐述了台湾问题和两岸关系的性质，解决台湾问题的基本原则。该法规定：世界上只有一个中国，大陆和台湾同属一个中国，中国的主权和领土完整不容分割。维护国家主权和领土完整是包括台湾同胞在内的全中国人民的共同义务。台湾是中国的一部分。国家绝不允许"台独"分裂势力以任何名义、任何方式把台湾从中国分裂出去。台湾问题是中国内战的遗留问题。解决台湾问题，实现祖国统一，是中国的内部事务，不受任何外国势力的干涉。完成统一祖国的大业是包括台湾同胞在内的全中国人民的神圣职责。

（三）关于以和平方式实现国家统一。《反分裂国家法》第五、第六、第七条，阐述了国家追求和平统一的方针，进一步申明国家关于发展两岸关系的主要措施与两岸协商谈判的主张。该法规定：坚持一个中国原则，是实现祖国和平统一的基础。以和平方式实现祖国统一，最符合台湾海峡两岸同胞的根本利益。国家以最大的诚意，尽最大的努力，实现和平统一。国家和平统一后，台湾可以实行不同于大陆的制度，高度自治。该法规定国家采取下列措施，维护台湾海峡地区和平稳定，发展两岸关系：（1）鼓励和推动两岸人员往来，增进了解，增强互信；（2）鼓励和推动两岸经济交流与合作，直接通邮通航通商，密切两岸经济关系，互利互惠；（3）鼓励和推动两岸教育、科技、文化、卫生、体育交流，共同弘扬中华文化的优秀传统；（4）鼓励和推动两岸共同打击犯罪；（5）鼓励和推动有利于维护台湾海峡地区和平稳定、发展两岸关系的其他活动。国家依法保护台湾同胞的权利和利益。该法还规定，国家主张通过台湾海峡两岸平等的协商和谈判，实现和平统一。协商和谈判可以有步骤、分阶段进行。方式可以灵活多样。台湾海峡两岸可以就下列事项进行协商和谈判：（1）正式结束两岸敌对状态；（2）发展两岸关系的规划；（3）和平统一的步骤和安排；（4）台湾当局的政治地位；（5）台湾地区在国际上与其地位相适应的活动空间；（6）与实现和平统一有关的其他任何问题。

（四）关于以非和平方式制止"台独"分裂势力分裂国家。该法第八条规定："'台独'分裂势力以任何名义、任何方式造成台湾从中国分裂出去的事实，或者发生将会导致台湾从中国分裂出去的重大事变，或者和平统一的可能性完全丧失，国家得采取非和平方式及其他必要措施，捍卫国家主权和领土完整。"

这部法律的公布实施，体现了中共中央以最大诚意、尽最大努力争取和平统一的一贯主张，也表明了维护国家主权和领土完整的坚定决心。

台湾舆论反应强烈，认为该法明确规定从五个方面采取措施，"维护台湾海峡地区和平稳定，发展两岸关系"，具有积极意义。以中国国民党为代表的泛蓝阵营认为，《反分裂国家法》是陈水扁进行"台独"挑衅所造成的，两岸应重回交流协商轨道，通过交流逐步解决问题，创造双赢。有台湾媒体表示，大陆对台政策新思维"柔中带硬、软中透刚",既有立场坚定的一面,也有温和的一面,在解决台湾问题上展现了善意与诚意。而"台独"势力则极尽攻击诋毁之能事,拼凑多场所谓"反'反分裂法'大游行",气急败坏地动员其支持者进行抵制。《反分裂国家法》在海外产生重大和广泛的积极影响。海外华侨华人广泛开展声势浩大的反"独"促统运动,通过召开座谈会、举办论坛、发表声明、给驻在国政府官员或国会议员写信等方式,表达坚持一个中国原则,反对"一边一国""入联公投"等"台独"言行,对"台独"势力形成巨大压力。2006年12月,全球华侨华人促进中国和平统一大会在澳门成功召开。这是新世纪以来第一次举办的全球华侨华人促进中国和平统一大会,来自全球约50个国家和地区1200余名代表参加,其中包括400多名台湾同胞,得到中央政府和社会各方面高度重视,在海内外产生了良好反响。港澳同胞和海外侨胞开展的反"独"促统活动,为反"台独"斗争发挥了重要作用。

成功开启两岸政党交流,引导台湾支持两岸关系和平发展新民意

中共中央在持续保持对"台独"分裂势力通过"宪改"图谋"法理台独"进行反制、遏制高压态势的同时,以最大诚意、尽最大努力,着眼于推动两岸关系的改善与发展,努力争取和平统一的前景。秉持这一思路,中共中央在这一阶段通过积极争取、团结岛内一切可以团结的政治力量,大力争取台湾民心,为两岸关系开辟新局、实现两岸关系和平稳定发展创造新的有利条件。

进入 2005 年，两岸关系形势和台湾政局开始出现一些积极变化。

2005 年 1 月 3 日，台湾海基会董事长辜振甫病逝于台北。2 月 2 日，海协会副会长孙亚夫、秘书长李亚飞作为海协会会长汪道涵个人代表专程赴台吊唁，并向辜振甫遗孀辜严倬云转交汪道涵会长亲笔慰问信函。汪会长信函云："倬云女士：惠函奉悉，深感盛情。唯道涵耄年，杖履不便，未克亲赴为憾。今特托亚夫、亚飞二君执礼代行，以申我悃。老友永逝，精神长存。云海遥念，思绪无限。仍望珍摄，不尽一一。"海协会代表向辜严倬云女士及其家属转达了汪会长对辜先生为促进两岸谈判、促进两岸关系发展的贡献作出的高度评价。台湾舆论认为，在两岸两会联系协商中断 6 年后，大陆高层次的对台事务官员赴台，是一件好事，是大陆方面对辜先生的肯定，是对台湾释放的善意。台湾海基会前副董事长兼秘书长陈长文表示，应珍惜现在的气氛，尤其在春节包机成行以及海协会人员赴台两件善意互动下，两岸都应把握这个契机，作出努力。

2005 年 3 月 4 日，胡锦涛在参加全国两会期间发表了关于台湾问题和对台工作的重要讲话，提出了新形势下发展两岸关系的四点意见。他指出"台独"分裂势力及其活动日益成为两岸关系发展的最大障碍，成为对台海地区和平稳定的最大现实威胁，如不予以坚决反对和遏制，势必严重威胁国家主权和领土完整，断送两岸和平统一的前景，危害中华民族的根本利益。为此提出"四个决不"：坚持一个中国原则决不动摇，争取和平统一的努力决不放弃，贯彻寄希望于台湾人民的方针决不改变，反对"台独"分裂活动决不妥协。强调:"只要和平统一还有一线希望,我们就会进行百倍努力。我们真诚希望台湾有关人士和有关政党严肃思考这个重大问题,从民族大义出发,从两岸同胞的福祉出发,为保持台海和平、发展两岸关系、实现和平统一作出正确的历史性抉择。"还表示:"我们相信,广大台湾同胞一定会同我们一道,坚定地维护国家主权和领土完整,坚定地维护中华民族的根本利益。"四点意见丰富了对台工作指导原则的内涵,提出了对台工作的战略基点,表达了祖国大陆对和平统一的极大诚意和对台湾同胞意愿的极大尊重,产生了重大影响。

随后不久,中共中央分别邀请中国国民党主席连战、亲民党主席宋楚瑜和新党主席郁慕明率团访问大陆,打开了两岸政党交流的新局面。

3月28日,中国国民党副主席江丙坤率团访问大陆,在北京与中共中央台办举行工作性会谈,双方达成十二项初步成果,此举不仅顶住岛内"台独"势力巨大压力,为连战主席访问大陆成功"破冰",赢得了台湾同胞的支持,而且也为国民党进一步推进大陆政策调整取得了主动权。岛内舆论称,两党首次进行正式工作性会谈,象征两岸党际交流方式正式启动。中共中央台办、国务院台办在江丙坤结束访问返台之际,释放多项善意:尽快推动两岸客运包机"节日化""常态化",增加航点、扩大搭乘对象;欢迎台湾农民到福建、海南、山东、黑龙江、陕西等地创业发展;帮助解决台湾农产品在大陆销售问题;恢复对台输出渔工劳务合作业务;鼓励和推动两岸金融、保险、运输、医疗等服务业合作,加强两岸信息产业标准的研究和制定；赞成在互惠互利基础上商谈并签订保护台商投资权益的民间性协议；促进两岸县市、乡镇之间对口交流；促进早日实现两岸媒体互派记者常驻；实施台湾学生与大陆学生同等收费标准，设立台湾大学生奖学金；做好开放大陆居民赴台旅游准备；进一步研拟台湾同胞往来大陆的便利措施；推动两岸共同打击犯罪等。祖国大陆的主动作为为两岸关系改善营造了有利的政策舆论环境。

4月26日至5月3日，中国国民党主席连战应中共中央总书记胡锦涛邀请率团访问大陆。4月29日下午3点，在两党"正视现实，开创未来"的共同体认下，胡锦涛与连战在北京人民大会堂会晤，实现了自1945年后60年来中国共产党和中国国民党主要领导人之间的第一次历史性握手。胡锦涛在同连战会谈时强调，当前两岸关系正处在关键时期。在这样的形势下，我们两党的领导人坐在一起，就发展两岸关系和两党交往的重大问题开诚布公地进行对话交流，这是我们两党正视现实、开创未来的重要标志。为了中华民族的根本利益和两岸同胞福祉，基于认同"九二共识"、反对"台独"的立场，共同致力于维护台海和平稳定，促进两岸关系发展，谋求中华民族伟大复兴，这符合两岸同胞的共同期待，也顺应中国和世界的发展潮流。双方共同发表《两岸和平发展共同愿景》，宣示了国共两党共同推动两岸关系和平发展的态度。两党共同体认到"坚持'九二共识'，反对'台独'，谋求台海和平稳定，促进两岸关系发展，维护两岸同胞利益，是两党的共同主张"。两党同意共同促进以下工作：（一）促进尽速恢复两岸谈判，

2005 年 4 月 29 日，胡锦涛在人民大会堂与中国国民党主席连战实现历史性握手

共谋两岸人民福祉。促进两岸在"九二共识"的基础上尽速恢复平等协商，就双方共同关心和各自关心的问题进行讨论，推进两岸关系良性健康发展。（二）促进终止敌对状态，达成和平协议。促进正式结束两岸敌对状态，达成和平协议，建构两岸关系和平稳定发展的架构，包括建立军事互信机制，避免两岸军事冲突。（三）促进两岸经济全面交流，建立两岸经济合作机制。促进两岸展开全面的经济合作，建立密切的经贸合作关系，包括全面、直接、双向"三通"，开放海空直航，加强投资与贸易的往来与保障，进行农渔业合作，解决台湾农产品在大陆的销售问题，改善交流秩序，共同打击犯罪，进而建立稳定的经济合作机制，并促进恢复两岸协商后优先讨论两岸共同市场问题。（四）促进协商台湾民众关心的参与国际活动的问题。促进恢复两岸协商后，讨论台湾

民众关心的参与国际活动的问题，包括优先讨论参与世界卫生组织活动的问题。双方共同努力，创造条件，逐步寻求最终解决办法。（五）建立党对党定期沟通平台。建立两党定期沟通平台，包括开展不同层级的党务人员互访，进行有关改善两岸关系议题的研讨，举行有关两岸同胞切身利益议题的磋商，邀请各界人士参加，组织商讨密切两岸交流的措施等。两党希望，这次访问及会谈的成果，有助于增进两岸同胞的福祉，开辟两岸关系新的前景，开创中华民族的未来。

这是 60 年间国共两党领导人首次会谈，揭开了国共两党关系新的一页，为两党共谋两岸关系和平稳定发展新局面指明了方向，对于推动中国共产党与台湾其他党派往来具有引领作用，也为深陷低潮的两岸关系注入生机与活力。

2005 年 8 月，中国国民党召开第十七次代表大会，高度肯定连战"和平之旅"，将"两岸和平发展共同愿景"纳入党的政策纲领，并以此为基础继续推动两岸关系发展。据台湾有关民调显示，连战访问大陆期间，民进党的支持率下跌超过 7 个百分点，而国民党的支持度一路攀升，一举超过民进党。香港《亚洲周刊》刊文指出，两岸关系在连战的大陆行中出现和解突破，背后动力在于两岸民意都期望和平、不要战争；大陆零关税欢迎台湾部分农产品进口，打动台湾农业人口的心，击中绿营堡垒的要害。

此后，亲民党主席宋楚瑜、新党主席郁慕明应中共中央总书记胡锦涛邀请先后来访。胡锦涛分别会见他们并举行会谈，共同发表公报，达成坚持"九二共识"、反对"台独"、谋求台海和平稳定、促进两岸关系发展等多项共识。中国共产党与中国国民党、亲民党、新党交流对话，对于反对和遏制"台独"、推动两岸关系朝着和平稳定方向发展起到重要作用，产生了广泛、积极的影响。岛内受民进党当局压制的反对"台独"、主张发展和改善两岸关系的力量和声音得到空前的释放和激发。越来越多的台湾民众认识到，陈水扁当局的"台独"分裂活动将两岸关系带到紧张动荡的地步。国民党和泛蓝阵营也感到，必须向台湾民众更加明确地昭示有别于陈水扁当局"台独"分裂活动的另一种选择、另一种愿景。两岸政党交流带动两岸各项交流，沉重打击了"台独"分裂势力的嚣张气焰，引领了岛内的新民意。

推动两岸关系发展，反对和遏制"台独"分裂活动，最终要依靠两岸人民的力量。争取岛内民心，首先得让台湾同胞看到两岸关系和平发展所能带来的实实在在的好处。在党际交往取得历史性突破的新形势下，祖国大陆实施多项促进两岸交流合作、惠及广大台湾同胞的政策措施。这些政策措施，便利台湾同胞往来大陆及在大陆居留、就业、就学、就医，提供台湾农民、渔民向大陆销售部分水果、蔬菜、水产品的优惠，扩大两岸农业交流，缓解台资企业融资困难，以及宣布开放大陆居民赴台旅游、大陆同胞向台湾同胞赠送大熊猫，等等，饱含着对台湾同胞的深情厚谊，让台湾老百姓切身感受到祖国大陆的诚意与善意，进一步密切了大陆与台湾经济文化交流与人员往来，增进了台湾同胞对大陆的认同，为两岸关系和平发展奠定了坚实的民意基础。

2005年12月，泛蓝阵营在台湾县市长、县市议员、乡镇市长"三合一"选举中大获全胜，民进党在政治上陷入严重危机。

此后，大陆方面顺势而为，主动出击，主导议题，引领两岸关系朝着和平稳定方向发展。根据中国共产党和中国国民党两党领导人关于两党建立定期沟通平台的倡议，两党保持高层交往对话，开展不同层级的党务人员互访。2006 年 4 月和 10 月，中共中央台办海峡两岸关系研究中心分别与中国国民党有关方面共同成功举办首届两岸经贸论坛、两岸农业合作论坛（从 2007 年开始，将此类论坛统一命名为"两岸经贸文化论坛"），探讨关系两岸同胞切身利益的经济、文化等重要议题，使之形成舆论热点，进一步把两岸关系的焦点和台湾民众关注的重点引导到有利于两岸关系和平发展的议题上来，以此争取台湾同胞的理解、支持并积极推动两岸关系和平发展。

2006 年 4 月，首届两岸经贸论坛在北京举办

这一时期，广大香港同胞、澳门同胞和海外侨胞广泛开展反

"独"促统活动。他们通过召开座谈会、举办论坛、发表声明、网上联署、给外国政府官员和国会议员写信等多种方式，表达反对"台湾独立"、支持祖国统一的决心和意志。

两岸党际交往、两岸经济文化交流合作、海外反"独"促统活动、反"台独"斗争在国际上得到广泛理解和支持，进一步展现出遏制"台独"分裂活动，促进两岸关系发展的新态势。陈水扁当局借推动"宪政改造"和"入联公投"等谋求"台湾法理独立"的图谋，相继被挫败。

2006 年 10 月，百万台湾同胞组成"红衫军"走向街头要求陈水扁下台

四、党的十七大和两岸关系和平发展重要思想的确立

党的十七大强调牢牢把握两岸关系和平发展主题

党的十七大是在我国改革开放发展关键阶段召开的一次十分

重要的代表大会。胡锦涛在十七大上所作的报告，是我们党带领全国各族人民坚定不移地走中国特色社会主义道路、在新的历史起点上继续发展中国特色社会主义的政治宣言和行动纲领。

党的十七大报告明确提出今后一个时期对台工作的指导思想和总体要求，表示：我们将遵循"和平统一、一国两制"的方针和现阶段发展两岸关系、推进祖国和平统一进程的八项主张，坚持一个中国原则决不动摇，争取和平统一的努力决不放弃，贯彻寄希望于台湾人民的方针决不改变，反对"台独"分裂活动决不妥协，牢牢把握两岸关系和平发展的主题，真诚为两岸同胞谋福祉、为台海地区谋和平，维护国家主权和领土完整，维护中华民族根本利益。

中国共产党第十七次全国代表大会

报告把维护国家主权和安全、维护重要战略机遇期、维护中华民族根本利益放在第一位，高度关注陈水扁当局"台独"分裂活动不断升级的事态发展，明确指出："当前，'台独'分裂势力加紧进行分裂活动，严重危害两岸关系和平发展。两岸同胞要共同反对和遏制'台独'分裂活动。"报告强调："任何涉及中国主权和领土完整的问题，必须由包括台湾同胞在内的全中国人民共同决定。"这一论断掷地有声，表达了全党的坚定意志和坚强决心。

报告就新形势下推进对台工作、发展两岸关系提出一系列新主张、新论述，正式写入"牢牢把握两岸关系和平发展的主题"这一重大思想观点，对指导对台工作、推进两岸关系发展产生重要作用。

报告着眼于揭露"台独"分裂势力歪曲攻击、争取广大台湾同胞理解一个中国原则，对坚持一个中国原则作了精辟概括，丰富了一个中国原则的内涵。报告强调："坚持一个中国原则，是两岸关系和平发展的政治基础。"1949年以来，"尽管两岸尚未统一，但大陆和台湾同属一个中国的事实从未改变。中国是两岸同胞的共同家园，两岸同胞理应携手维护好、建设好我们的共同家园"。

报告发展了我们党关于两岸协商谈判的主张，提出："我们郑重呼吁，在一个中国原则的基础上，协商正式结束两岸敌对状态，达成和平协议，构建海峡两岸关系和平发展框架，开创两岸关系和平发展新局面。"通过两岸协商谈判正式结束两岸敌对状态、签署和平协议的政策主张，将在祖国和平统一进程中产生历史性的深远影响。

报告坚持以人为本的执政理念，进一步突出强调在对台工作中坚持"寄希望于台湾人民"的方针。报告指出："十三亿大陆同胞和两千三百万台湾同胞是血脉相连的命运共同体。"郑重宣示："凡是对台湾同胞有利的事情，凡是对维护台海和平有利的事情，凡是对促进祖国和平统一有利的事情，我们都会尽最大努力做好。"这是我们党对广大台湾同胞的庄严承诺，倾注了满腔亲情和无私关怀。

报告庄严宣告："两岸统一是中华民族走向伟大复兴的历史必然"，激励我们以百倍的努力进一步做好对台工作。

台海形势出现重大积极变化

在中共中央的坚强领导下，各地区各部门认真贯彻党的十七大关于对台工作的决策部署，持续推动与国民党等泛蓝政党的交流合作，做深做实争取台湾民心的工作，切切实实地增强了台湾同胞改善和发展两岸关系的信心，同时也使国民党认识到与大陆合作对其生存发展的重要性。与此同时，大陆方面通过推出一系列惠及台湾同胞的政策措施，把岛内"求和平、求安定、求发展"的主流民意进一步凝聚在牢牢把握两岸关系和平发展这一主题上，从而使反分裂、求稳定的民意基础更加坚实、更加雄厚。

2008 年的春天，在两岸关系的史册上书写了浓墨重彩一笔。这一年 3 月，反对陈水扁当局"台独"分裂活动的斗争取得决定性胜利。台湾政局也随之发生重大积极变化。3 月 22 日，台湾地区同时举行地区领导人选举和所谓"入联公投"。此次选战开打后，国民党候选人马英九的选情一直处于明显领先地位。岛内工商界、宗教界、农渔界、法律界、文艺界、医疗界等各行各业知名人士纷纷公开表态支持马英九。台"中选会"公布选举结果显示：国民党籍候选人马英九、萧万长获得765万张选票，得票率为58.54%，得票数和得票率双双创下自1996年台湾地区领导人选举以来新高。民进党推出的谢长廷、苏贞昌获得544万张选票，得票率仅为41.55%。马英九最后以领先对手220多万张选票的巨大优势当选。与此同时，陈水扁当局推动"宪改"的图谋胎死腹中，绞尽脑汁发动的所谓"入联公投"案遭到否决。民进党丧失了运用政权力量推动"台独"的条件。我们通过坚决斗争，维护了国家主权和领土完整，维护了发展的重要战略机遇期，也为推动两岸关系实现历史性转折奠定了基础。

台湾同胞反对"公投入联"

两岸关系和平发展重要思想的全面系统阐述

2008年5月，陈水扁下台，台海形势发生重大积极变化。如何进一步改善和发展两岸关系，如何开创两岸关系和平发展新局面，成为海峡两岸共同面临的重大课题，两岸同胞高度关注。在这个两岸关系发展的重要时间节点上，12月31日，胡锦涛在纪念《告台湾同胞书》发表30周年座谈会上发表题为《携手推动两岸关系和平发展　同心实现中华民族伟大复兴》的重要讲话。

这篇重要讲话的核心内容，是在中央对台工作大政方针和党的十七大关于对台工作总体要求的基础上，首次全面系统地阐述中央关于两岸关系和平发展的重要思想和促进祖国和平统一的重大主张，确立了两岸关系和平发展的目标、任务和各项政策。讲话为站在历史新起点上的两岸关系勾勒出清晰的"路线图"，成为开创两岸关系和平发展新局面的根本指针。

这篇重要讲话的鲜明特色和主旨，是把我们党实现祖国完全统一的历史使命与近代以来中华民族的历史追求紧密联系起来，把两岸关系的发展与实现中华民族伟大复兴紧密联系起来，号召两岸同胞携手推动两岸关系和平发展，同心实现中华民族伟大复兴。

这篇重要讲话的理论贡献，是首次全面系统地阐述了两岸关系和平发展的重要思想，鲜明地提出争取祖国和平统一首先要确保两岸关系和平发展的论断，科学地回答了为什么要推动两岸关系和平发展、怎样推动两岸关系和平发展的重大问题。

这篇重要讲话的主要内涵，是首次明确提出推动两岸关系和平发展的六点意见，从政治、经济、文化、社会、涉外事务、军事安全等方面，全面系统阐述了我们的政策主张，指明了构建两

2008 年 12 月 31 日，胡锦涛在纪念《告台湾同胞书》
发表 30 周年座谈会上发表重要讲话

岸关系和平发展框架的努力方向，擘画了推动两岸关系和平发展
的蓝图，为开创两岸关系的未来提供了新的契机。

这篇重要讲话的基本理念，是突出彰显了两岸同胞在推动两
岸关系和平发展中的主体地位，强调做好对台工作、推进两岸关
系必须坚持以人为本。

这篇重要讲话的基本要点是：

（一）解决台湾问题的核心是实现祖国统一，目的是维护和确
保国家主权和领土完整，追求包括台湾同胞在内的全体中华儿女
的幸福，实现中华民族伟大复兴。以和平方式实现祖国统一，最

符合包括台湾同胞在内的中华民族根本利益，也符合求和平、谋发展、促合作的时代潮流。我们一定要以最大诚意、尽最大努力争取祖国和平统一。首先要确保两岸关系和平发展，这有利于两岸同胞加强交流合作、融洽感情，有利于两岸积累互信、解决争议，有利于两岸经济共同发展、共同繁荣，有利于维护国家主权和领土完整、实现中华民族伟大复兴。

（二）推动两岸关系和平发展，应该把坚持大陆和台湾同属一个中国作为政治基础，把深化交流合作、推进协商谈判作为重要途径，把促进两岸同胞团结奋斗作为强大动力，把反对"台独"分裂活动作为必要条件。

（三）就推动两岸关系和平发展提出六点意见：（1）恪守一个中国，增进政治互信；（2）推进经济合作，促进共同发展；（3）弘扬中华文化，加强精神纽带；（4）加强人员往来，扩大各界交流；（5）维护国家主权，协商涉外事务；（6）结束敌对状态，达成和平协议。

（四）两岸同胞是血脉相连的命运共同体。包括大陆和台湾在内的中国是两岸同胞的共同家园，两岸同胞有责任把她维护好，建设好。实现中华民族伟大复兴要靠两岸同胞共同奋斗，两岸关系和平发展新局面要靠两岸同胞共同开创，两岸关系和平发展成果要由两岸同胞共同享有。要坚持以人为本的科学理念，把寄希望于台湾人民的方针贯彻到对台工作中去，最广泛地团结台湾同胞一道推动两岸关系和平发展。

两岸关系和平发展重要思想，是在继承"和平统一、一国两制"基本方针和发展两岸关系、推进祖国和平统一进程的八项主张基础上，针对台海形势的新变化提出的，以新的内涵，继承、丰富和发展了中央对台工作大政方针，有力地推动了对台工作的理论创新和实践创新，是指导新形势下对台工作的纲领性文件。

五、开创两岸关系和平发展新局面

开创两岸关系和平发展新局面的决策部署

早在 2007 年底、2008 年初，在陈水扁当局推动所谓"入联公投"，台湾民意代表、台湾地区领导人两项选举活动都进入决定胜负的最后关头，中共中央以十七大确定的"确保到 2020 年实现全面建成小康社会的奋斗目标"这一党和国家工作的发展大局来统领对台工作，在推进中华民族伟大复兴的进程中开辟两岸关系发展的道路，及时作出开创两岸关系和平发展新局面的决策部署。主要是：紧紧围绕反对和遏制陈水扁当局图谋"法理台独"这一首要任务，牢牢把握两岸关系和平发展这一主题，综合运用各种资源和手段，全力打好反制"入联公投"这场硬仗，坚决制止陈水扁当局通过"宪改"谋求"法理独立"，促使岛内政治力量对比发生有利于遏制"台独"的重大变化，为今后两岸关系和平发展营造有利态势。国民党马英九胜选后，党中央认为，要从战略高度把握台海形势重大变化和两岸关系面临的难得历史机遇，紧紧围绕开创两岸关系和平发展新局面这一主要任务，以进一步争取台湾民心为重心，以做蓝营政党工作为抓手，以全面推进两岸交流合作为突破口，积极推动两岸协商谈判，共同推动两岸关系和平发展。这是一种从全民族根本利益出发看待和处理两岸关系的全新思维和理念，展现了解放思想、实事求是、开辟未来的宽广境界。

2008年3月4日，胡锦涛在参加全国两会时发表重要讲话，明确指出：实现两岸关系和平发展，是两岸同胞的共同利益所系，共同责任所在。推动两岸关系和平发展已经具有更为坚实的基础、更为强劲的动力、更为有利的条件。我们再次呼吁，两岸同胞团结起来，牢牢把握两岸关系和平发展的主题，共同开创两岸关系和平发展新局面。两岸关系和平发展，有利于两岸发展和稳定；"台独"分裂活动，有害于两岸发展和稳定。只有坚决遏制"台独"分裂活动，才能实现两岸关系和平发展的前景。我们期待，两岸双方共同努力、创造条件，在一个中国原则的基础上协商正式结束两岸敌对状态，达成和平协议，构建两岸关系和平发展框架，开创两岸关系和平发展新局面。讲话宣示了我们党和政府坚决遏制"台独"分裂活动的坚定决心，展现了祖国大陆努力促进两岸关系和平发展的最大善意和诚意，揭开了两岸关系和平发展新局面的序幕。

随着中国国民党在台湾重新"执政"，中央领导同志抓紧做国民党高层工作，推动两岸关系实现历史性转折。2008年4月中旬至6月下旬，胡锦涛先后会见台湾两岸共同市场基金会董事长、台湾地区副领导人当选人萧万长，中国国民党荣誉主席连战，党主席吴伯雄及台湾海基会董事长江丙坤等人士，并提出了一系列促进两岸关系和平发展的重要主张。

4月12日，胡锦涛在会见萧万长时，围绕"共同开创两岸关系和平发展新局面"的总体要求，明确提出"四个继续"："在新的形势下，我们将继续推动两岸经济文化等各领域交流合作，继续推动两岸周末包机和大陆居民赴台旅游的磋商，继续关心台湾同胞福祉并切实维护台湾同胞的正当权益，继续促进恢复两岸协商谈判。"并提出新形势下推进两岸交流合作的方针："抓住难得机遇、共同应对挑战、切实加强合作、努力共创双赢。"胡锦涛再次表示："希望两岸同胞携手努力，共同开创两岸关系和平发展新局面。"双方就两岸经济交流、合作共赢达成共识，为开启两岸关系和平发展新局面奠定了基础。

4月29日，胡锦涛会见连战时明确表示，"我们共同发布的'两岸和平发展共同愿景'，郑重宣示了国共两党推动两岸关系和平发展的决心和诚意，奠定了双方合作的政治基础，指明了两岸关系发展的正确方向"，"我们应该以此为遵循，大力加强两岸人员往来和经济文化等各领域交流合作，在'九二共识'的基础上尽早恢复两岸协商谈判，务实解决各种问题，切实为两岸同胞谋福祉、为台海地区谋和平"。在此基础上，胡锦涛针对两岸和两党间客观存在的历史和现实问题，提出了正视和解决问题的方针："建立互信、搁置争议、求同存异、共创双赢。"他强调，只要两岸双方秉持上述方针，"就一定能够找到解决问题的办法，两岸关系和平发展的道路就一定会越走越宽广"。连战表示，"两岸应当掌握契机，在经济、文化、教育、社会、安全等层面加强交流合作，创造有利条件和环境，在两岸关系和平发展的康庄大道上携手前进"。双方达成诸多共识，为开创两岸关系和平发展新局面创造条件。

5 月 28 日，胡锦涛与吴伯雄举行会谈，双方就坚持"九二共识"、继续推动落实"两岸和平发展共同愿景"、促进两岸关系改善和发展，达成重要共识。这对于巩固两岸双方基本互信具有积极意义。

6 月 13 日，胡锦涛会见江丙坤时表示，应当把"建立互信、搁置争议、求同存异、共创双赢"的精神贯彻到两岸两会商谈之中，希望两会今后在商谈中做到"平等协商、善意沟通、积累共识、务实进取"。这为两会恢复制度化商谈指明了方向。

至此，从 3 月下旬台湾地区领导人选举结束到 6 月中旬，在不到 3 个月的时间里，中共中央面向未来，总揽全局，站在时代的制高点上，积极推动落实"两岸和平发展共同愿景"，擘画两岸关系和平发展的通衢大道，推动两岸关系实现重大历史性转折。

对此，台湾方面也作出积极、正面的回应。5 月 20 日，马英九在其就职演说中表示，我们注意到胡锦涛先生最近三次有关两岸关系的谈话（指 3 月 26 日与美国总统布什的谈话、4 月 12 日与萧万长的谈话及 4 月 29 日与连战的谈话），这些观点都与我方的理念相当的一致。马英九强调，两岸人民同属中华民族，明确与李登辉的"两国论"和陈水扁的"一边一国论"划清界限。马英九还表示，"将继续在'九二共识'的基础上，尽早恢复两岸协商"，并"秉持'正视现实、开创未来、搁置争议、追求双赢'，寻求共同利益的平衡点"。

这些情况表明，国共两党高层互动所达成的广泛共识，转化为国民党上台"执政"的"政策共识"，标志着两岸关系和平发展新局面的正式开启。

携手谱写两岸关系和平发展新篇章

在两岸关系和平发展重要思想的指引下，各地区各部门认真贯彻党中央决策部署，牢牢把握两岸关系和平发展主题，扎实有效开展对台工作，广泛团结台湾同胞，共同开创两岸关系和平发展新局面。

（一）国共两党和两岸双方确立两岸关系发展的共同政治基础，保持了两岸关系的正确方向和良好势头。两党重申反对"台独"、坚持"九二共识"的共同政治立场，在此基础上建立基本互信，保持良性互动，为两岸交流合作、协商谈判营造了必要环境，为两岸关系保持正确方向和发展势头提供了最基本的保障。两党有关方面持续举办两岸经贸文化论坛，发挥了重要政策先导作用。两岸双方秉持建立互信、搁置争议、求同存异、共创双赢的精神，按照先易后难、先经后政、把握节奏、循序渐进的思路，采取积极政策举措，促进交流合作和协商谈判。

（二）推动两岸协商取得一系列重要成果，促进两岸交流合作制度化。2008 年 5 月 26 日，台湾海基会第六届第二次临时董监事联席会议选举江丙坤为董事长。同日，台湾海基会致函海协会表示："期望贵我两会在'九二共识'的基础上，尽早恢复制度化协商。"5 月 29 日，海协会回函表示"同意贵会来函意见，尽速在'九二共识'基础上恢复两会联系往来与协商谈判",并邀请江丙坤率团访问北京。6月3日,海协会召开第二届理事会第一次会议,推举陈云林为海协会会长,产生了新的领导机构,做好了恢复两会商谈的组织准备。6月11日至14日,江丙坤应邀率团访问北京,恢复了1998年以后中断10年之久的商谈。双方重申坚持"九二共识"是恢复协商的基础,商定本着先经后政、先易后难、循序渐进的思路推进协商,签署了两岸包机、大陆居民赴台旅游两项协议。同年11月3日至7日,陈云林率海协会代表团赴台北与台湾海基会商谈,实现了海协会成立17年以来会长首次赴台商谈,取得了两会协商制度化的突破,产生重要的政治影响。2008年至2012年4年间,两会领导人举行了8次会谈,相继签署了

2008年6月,海协会与台湾海基会在北京复谈

18 项协议，达成多项共识，解决了诸多事关两岸民众切身利益的问题，对协议范围内的两岸同胞交往、经济合作、权益保障作出制度化安排。台湾海基会董事长江丙坤形象地将此比喻为架设在台湾海峡上的 18 条"双向交流高速公路"。

（三）实现两岸全面双向直接"三通"，深化两岸经济合作。2008 年 7 月，两岸正式开通周末包机直航。在此基础上，12 月 15 日，两岸空运直航、海运直航、直接通邮全面启动。两岸客机、轮船和邮件不再绕行第三地而直达对岸。2009 年 6 月 30 日，台湾当局开放大陆企业赴台投资。8 月 31 日，两岸定期航班正式开通。至此，终于实现了两岸同胞为之努力 30 年之久的夙愿，构筑了两岸人员往来和货畅其流的"黄金交通网"和"一日生活圈"，大大方便了两岸同胞的往来，促进了两岸投资贸易的发展。

大陆居民赴台旅游和两岸周末包机启动

两岸直接通邮启动

　　（四）启动两岸经济关系正常化机制化进程，影响重大而深远。2010 年 6 月，两会签署《海峡两岸经济合作框架协议》（ECFA），推动了两岸经济关系正常化的进程，明确了两岸贸易自由化的目标，构建了两岸经济合作机制化的平台，将两岸经济合作推向一个新的阶段。2011 年始，ECFA 早期收获计划全面实施和后续商谈持续推进，效益逐年扩大。台湾企业投资大陆持续增长，两岸新型产业合作稳步推进。2011 年 1 月，两岸经济合作委员会正式成立并全面运作，推进了两岸经济合作机制化进程。2009 年，两岸签署金融合作协议和金融监管合作谅解备忘录，2012 年，两岸签署货币清算合作备忘录，2013 年台湾人民币业务正式启动，金融领域合作水平不断提升。

　　（五）形成两岸各界全方位交往交流格局。推动两岸社会各界和基层民众大交流，形成空前的全方位、宽领域、多层次的格局

2011 年 7 月 12 日，胡锦涛会见两岸青年大交流活动代表

和形式多样、内容丰富、参与广泛的态势。2009 年 5 月，首届海峡论坛在福建省厦门、福州、泉州、莆田等地隆重举行，主题是"扩大民间交流、加强两岸合作、促进共同发展"，由此揭开了两岸民间大交流的序幕。此后每年举办的海峡论坛，成为两岸民间交流规模最大、台湾基层民众参与最多的盛会。各地区各部门踊跃开展对台交流，4 年间近 20 个省区市党政主要负责同志相继率团赴台考察交流。两岸文化艺术交流空前活跃。大陆居民赴台团队旅游和个人旅游试点相继启动，大陆游客迅速成为台湾旅游业第一大客源，产生广泛的积极效果。两岸人民往来规模迅猛扩大，2011 年达到 710 万人次。

2009 年 5 月 15 日，首届海峡论坛开幕式

　　两岸关系改善加深了两岸同胞感情。台湾各界人士积极支持并参加奥运活动。2008 年 8 月 8 日，台湾少数民族舞蹈团登上北京奥运会开幕式演出舞台。这个由台湾 7 个少数民族族群的 102 个舞者组成的表演团队，由台湾少数民族民意代表高金素梅带领，在全球 40 亿观众面前，以"原味"十足的舞蹈与律动，载歌载舞地表演了"我们都是一家人"音乐舞蹈，充分展现出台湾少数民族最优美的歌舞、最纯真的文化，营造出两岸同胞共襄中华民族盛举的良好氛围，得到现场观众的热烈欢迎和赞叹。

　　2008 年 12 月，大陆同胞赠送台湾同胞的大熊猫"团团""圆圆"到台北安家。台湾同胞回赠的梅花鹿和长鬃山羊，安家山东省威海市刘公岛。在两岸发生重大自然灾害时，两岸同胞相互支援救灾重建，书写血浓于水的感人篇章。2008 年 5 月，四川汶川特大地震发生后，台湾同胞积极支援四川抗震救灾和灾后重建，

2008 北京奥运会开幕式中华台北代表团入场

通过海协会共捐款 6.7 亿元人民币。2009 年 8 月，台湾同胞遭受"莫拉克"台风袭击，损失巨大，大陆同胞向台湾同胞捐款 9.8 亿元人民币，占外界对台捐款 90% 以上。2008 年下半年以后，为帮助台湾应对国际金融危机冲击，大陆各有关主管部门制订并相继出台一系列对台惠民政策措施，支持大陆的台资企业发展，加强台资企业融资服务、支持和帮助大陆台资企业转型升级，加大对台工业品和农产品采购力度，受到台湾各界欢迎。

（六）两岸在涉外领域内耗大幅减少。在坚持一个中国原则的基础上，稳妥解决台湾以适当名义和方式参加世界卫生大会、国际民航大会、亚太经合组织领导人非正式会议等涉台外交问题，有效解决了台湾同胞的关切。在协助处理台胞涉外纠纷等事务中切实维护台胞的合法权益，关心台湾同胞在海外的经济、民生、

大陆同胞赠送台湾的大熊猫"团团"和"圆圆"

安全问题，照顾台胞福祉。这一系列举措，既获得台湾同胞普遍欢迎和赞誉，又在客观上压缩了民进党和"台独"分裂势力恶意炒作"国际空间"议题及某些外国势力插手台湾问题的空间，巩固了国际社会一个中国的格局，为两岸关系和平发展增添了积极因素。

（七）两岸关系和平发展已从理念变成现实，影响到台湾社会各个阶层，亦与民生经济紧密结合，从而为台湾同胞所认同、为台湾各个政党所不能漠视与抗拒。两岸同胞在经济合作中扩大了共同利益，在文化交流中增强了精神纽带，在直接往来中增进了彼此感情。两岸关系和平发展趋势不断增强，对台湾社情民意产生越来越广泛的影响。岛内民调显示，近七成台湾民众赞成两岸交流合作和平等协商，希望两岸关系和平发展。激进"台独"路线受到遏制。台海形势和平稳定，两岸关系改善，也得到国际社会的积极评价和高度肯定。

进入新世纪以来，两岸关系发展风云激荡、极不平凡，两岸关系总体面貌发生了前所未有的深刻变化。这一时期，党中央在继承对台工作大政方针的基础上，倡导两岸关系和平发展，采取一系列有效举措，挫败"台独"势力的分裂行径，推动两岸关系实现历史性转折，开创了和平发展新局面。两岸关系和平发展道路的开辟与推进，不仅在60多年的两岸关系史上具有重大意义，而且为未来两岸关系发展注入了活力，提供了宝贵的启示：对台方针政策要审时度势，与时俱进；处理两岸关系必须站在中华民族发展全局的高度，符合两岸同胞根本利益；作为有影响的大国，我们在处理台湾问题时要注意统筹国际、国内两个大局，有历史、宏观、世界、文化的观照。要坚持在发展的基础上、在推进中华民族伟大复兴的进程中，审视和处理台湾问题。事实证明，两岸关系和平发展符合两岸同胞共同愿望，符合中华民族整体利益，符合时代发展的进步潮流，是一条正确的道路。

第六章　新时代对台工作砥砺奋进

  党的十八大以来，习近平总书记站在党和国家事业发展全局和中华民族伟大复兴的战略高度，敏锐洞察国内外形势和台海形势新变化，深刻总结党中央对台工作大政方针及实践，提出一系列内涵丰富、思想深邃的重要理念、方针政策，形成关于对台工作的重要论述。2019年1月2日，习近平总书记在《告台湾同胞书》发表40周年纪念会上发表重要讲话，全面阐述了立足新时代、在实现中华民族伟大复兴征程中推进祖国和平统一的重大政策主张。这是习近平总书记关于对台工作重要论述的新篇章，是党中央对台工作大政方针的新发展，是新时代对台工作的根本遵循和行动指南。在党中央坚强领导和习近平总书记关于对台工作的重要论述科学指引下，祖国大陆坚持对台工作大政方针毫不动摇，坚持一个中国原则和"九二共识"，推动实现两岸领导人历史性会晤，出台一系列对台政策措施加强两岸交流合作、深化两岸融合发展，坚决反对"台独"分裂行径，坚决反对外部势力干涉，牢牢把握两岸关系主导权和主动权。踏上全面建设社会主义现代化国家新征程，中国共产党继续团结带领两岸同胞顺应历史大势，勇担时代责任，把前途命运牢牢地掌握在自己手中，为实现祖国完全统一和中华民族伟大复兴而努力奋斗。

一、党的十八大和巩固深化两岸关系和平发展

党的十八大对对台工作作出全面部署。各地区各部门深入贯彻十八大决策部署，团结广大台湾同胞共同努力，巩固深化两岸关系和平发展的政治、经济、文化和社会基础，不断开创两岸关系和平发展的崭新局面，维护了台海和平稳定，增进了同胞利益福祉。

党的十八大作出巩固深化两岸关系和平发展战略部署

2012 年 11 月，党的十八大在北京胜利召开。这是我们党在我国进入全面建成小康社会决定性阶段召开的一次十分重要的大会，也是对台工作承前启后、继往开来的一次重要大会。党的十八大提出了建设中国特色社会主义总任务是实现社会主义现代化和中华民族伟大复兴，确立了"在中国共产党成立一百年时全面建成小康社会""在新中国成立一百年时建成富强民主文明和谐的社会主义现代化国家"的发展战略和宏伟目标。这一关乎党和国家全局工作的战略性决策，决定了对台工作的方针政策，并引领着两岸关系发展方向。

党的十八大报告在充分肯定对台工作和两岸关系发展取得重大成就的基础上，提出了今后一个时期对台工作的指导思想和基本要求，确定了推动两岸关系发展的努力方向和工作目标。报告强调要坚持"和平统一、一国两制"基本方针和发展两岸关系、推进祖国和平统一进程的八项主张，全面贯彻两岸关系和平发展

重要思想，将两岸关系和平发展重要思想纳入对台工作大政方针的重要组成部分。

中国共产党第十八次全国代表大会

报告指出，要继续牢牢把握两岸关系和平发展的主题，以巩固深化两岸关系和平发展的政治、经济、文化、社会基础为主要任务和目标，不断推动对台工作取得新的进展。报告要求始终坚持一个中国原则，持续推进两岸交流合作，努力促进两岸同胞团结奋斗，坚决反对"台独"分裂图谋。这些基本要求，构成了确保两岸关系和平发展的政治基础、重要途径、强大动力和必要条件，从而进一步明确了对台工作的总体布局和努力目标。

报告首次把坚持"九二共识"写入党的代表大会正式文件，表明对"九二共识"作为两岸关系和平发展政治基础重要组成部分的高度重视。提出两岸双方应增进维护一个中国框架的共同认知，表明希望在认同并坚持一个中国原则上寻求双方的连接点，扩大彼此的共同点，增强相互的包容性，从而深化政治互信、加强良性互动，增添两岸关系和平发展的前进动力。强调加强两岸关系和平发展的制度化建设，表明愿通过平等协商，强化两岸各领域交流合作的机制化，以利于巩固两岸关系和平发展局面，并且形成不可逆转的趋势。提出探讨国家尚未统一特殊情况下的两岸政治关系并对此作出合情合理安排，表明期待为解决两岸症结性问题逐步创造条件，不断拓宽两岸关系的前进道路。合情，就是照顾彼此关切，不搞强加于人；合理，就是恪守法理基础，不搞"两个中国""一中一台"。这体现了愿意正视分歧、逐步破解难题的决心和诚意。只要两岸双方以诚相待，相向而行，循序渐进，任何难题最终都可以找到妥善的解决办法。

报告中还表示，"两岸同胞同属中华民族，是血脉相连的命运共同体，理应相互关爱信赖，共同推进两岸关系，共同享有发展成果。凡是有利于增进两岸同胞共同福祉的事情，我们都会尽最大努力做好。我们要切实保护台湾同胞权益，团结台湾同胞维护好、建设好中华民族共同家园"，充分显示了祖国大陆对台湾同胞的善意与诚意、信赖和尊重。

党的十八大实现了中央领导集体新老交替。习近平在十八届一中全会上当选为中共中央总书记。习近平与台湾有着深厚的渊源。他曾在福建省工作长达17年，担任过厦门市副市长、宁德地委书记、福州市委书记、福建省省长等职。福建与台湾一水之隔，是两岸交流合作的前沿区域。在闽工作期间，习近平参与处理了大量对台事务，为跨海来大陆打拼的台商解决了许多困难，为台胞办了许多好事实事，在台湾同胞中建立了很好的口碑和很高的威信。习近平担任福建省代省长的第二天，就在福州召开台商代表座谈会，强调切实依法保护台商的一切正当权益，并继续推动闽台人员往来，进一步扩大闽台各项交流，让与会台商代表深受鼓舞。许多台商台胞与习近平结下了深厚友谊，他们称赞："近平书记是我们台商台胞的贴心人。"2002年，习近平从福建调到浙江工作时，许多台商台胞都依依不舍，很多人把他们与习近平的合影珍藏至今。习近平当选中共中央总书记，增强了台湾同胞和大陆同胞团结携手继续推动两岸关系和平发展的信心和力量。

习近平具有亲民爱民领袖风范，在十八大以后仍广泛接触台湾各界同胞，身体力行做台湾人民工作。在第一次会见台湾重要客人时，他深情回忆起自己在福建工作多年与台湾朋友往来的情形："现在想起那个时期，我几乎每天都要接触有关台湾的事情，要经常会见台湾同胞，也结交了不少台湾朋友。到浙江、上海工作，差不多也是这样。我离开福建到现在，始终关注着台海局势，期待两岸关系持续改善。"他倡导"两岸一家亲"、构建"两岸命运共同体"理念，深入了解台湾同胞尤其是基层民众的现实需求，采取积极措施，让更多台湾同胞在两岸交流合作中受益。他高度肯定台湾统派团体和人士为推动两岸关系发展、推进祖国和平统一进程作出的积极贡献，极大鼓舞了岛内爱国统一力量的士气。每当台湾同胞遭遇空难、地震、交通事故等重大灾难，他总是在第一时间表达亲切慰问和深情关切。得悉全国台湾同胞投资企业联谊会成立10周年时，他专门致信祝贺，代表党和国家向广大台湾同胞表达欢迎到祖国大陆投资兴业、共同分享祖国大陆发展机遇的态度。对台湾的深入了解、对台湾同胞的深切关怀、对台湾问题的深邃思考，使得习近平关于对台工作的重要论述非常"接地气"，对对台工作实践具有很强的指导意义。习近平始终将台湾同胞的利益和感受放在心上，始终坚持为台湾同胞谋福祉、办实事、办好事的理念，既突出了做台湾人民工作的主线，又率先垂范、身体力行，为从事对台工作的同志树立了光辉榜样。

倡导两岸同胞共圆中国梦，引领两岸关系开新局

在新的历史条件下续写巩固深化两岸关系和平发展这篇大文章，需要凝心聚力，需要精神支撑，需要目标引领。2012 年 11 月 29 日，党的十八大闭幕不久，习近平在参观《复兴之路》展览时首次提出，"实现中华民族伟大复兴，就是中华民族近代以来最伟大的梦想。这个梦想，凝聚了几代中国人的夙愿，体现了中华民族和中国人民的整体利益，是每一个中华儿女的共同期盼"。实现中华民族伟大复兴中国梦，是习近平提出的重大战略思想，显示了新一届中央领导集体勇担民族复兴使命的坚定决心和信心。

此后，习近平在会见台湾客人等多个重要场合，进一步阐述了中国梦的基本内涵、实践途径和依靠力量。他表示，实现中华民族伟大复兴，是中华民族近代以来最伟大的梦想。现在，我们比历史上任何时期都更有信心、更有能力实现这个梦想。"兄弟齐心，其利断金。"实现中华民族伟大复兴，需要两岸同胞共同努力，

2012 年 11 月 29 日，中共中央总书记、中央军委主席习近平和中央政治局常委李克强、张德江、俞正声、刘云山、王岐山、张高丽等来到国家博物馆，参观《复兴之路》展览

"真诚希望台湾同大陆一道发展，两岸同胞共同来圆'中国梦'"。他语重心长地表示，"大陆和台湾取得的每一项发展成就，都值得两岸中国人自豪。两岸同胞共同推动两岸关系和平发展，就是在为实现中华民族伟大复兴作贡献"。他还指出，两岸关系和平发展已经成为中华民族伟大复兴的重要组成部分，"我们两党应该以实现民族振兴、人民幸福为己任，促进两岸同胞团结合作，积极宣导'两岸一家人'的理念，汇集两岸中国人智慧和力量，在共同实现中华民族伟大复兴的进程中抚平历史创伤，谱写中华民族繁荣昌盛的崭新篇章"。

实现中华民族伟大复兴的中国梦，把国家的发展、人民的幸福和祖国的统一融为一体，使之成为包括台湾同胞在内的中华民族团结奋斗的最大公约数和最大同心圆，成为每一个中华儿女的共同愿景，成为凝聚着海内外全体中华儿女努力奋进、开辟未来的一面精神旗帜和引领两岸关系开创新局的根本指针。

明确政策方向，为巩固深化两岸关系和平发展开辟新局

新一届中央领导集体接过历史的接力棒，以一往无前、积极进取的精神，团结带领两岸同胞继续努力、开拓奋进，使两岸关系和平发展的道路越走越宽广。2012 年 11 月 15 日，习近平当选中共中央总书记当天，他在给中国国民党主席马英九的复电中指出，"当前两岸关系呈现和平发展的良好局面。由衷期望贵我两党把握历史机遇，深化互信，筑牢两岸关系和平发展的政治、经济、文化、社会基础，推动两岸关系和平发展不断取得新成果，共同开创中华民族美好未来"。这是新一届中央领导集体第一时间作出的重要宣示，明确了在新的历史阶段努力巩固深化两岸关系和平发展的政策方向。

2013 年 2 月 25 日，中国国民党荣誉主席连战应邀率台湾各界人士参访团访问大陆，受到中共中央总书记习近平亲切会见。这是新一届中央领导集体产生以后习近平会见的第一批台湾客人，会见成为海内外观察祖国大陆对台方针政策的一个重要窗口。4 月 8 日，习近平在博鳌会见台湾两岸共同市场基金会荣誉董事长萧万长，就深化两岸经济合作等重大问题发表重要讲话。6 月 13 日，习近平会见了中国国民党荣誉主席吴伯雄和他率领的中国国民党

2013 年 2 月 25 日，习近平会见中国国民党荣誉主席连战

访问团全体成员。10 月 6 日，习近平在印尼出席亚太经合组织领导人非正式会议时再次会见萧万长，双方就两岸经济制度化合作等问题交换意见并达成共识。在上述复电、会见中，习近平就台湾问题、两岸关系和对台工作发表了一系列重要论述，提出了许多新理念新思想新主张，为巩固深化两岸关系和平发展、引领两岸同胞共谋民族复兴指明了方向。

关于新一届中央领导集体对台工作大政方针，习近平明确表示，"继续推动两岸关系和平发展、促进两岸和平统一，是新一届中共中央领导集体的责任"。"我们将保持对台工作大政方针的连续性，始终坚持一个中国原则，持续推进两岸交流合作，努力促进两岸同胞团结奋斗，巩固和深化两岸关系和平发展的政治、经济、文化、社会基础"。习近平强调，"我们有充分信心继续坚定不移推动两岸关系和平发展，有充分信心克服各种困难开辟两岸关系新前景，有充分信心同台湾同胞携手迎接中华民族伟大复兴"。这是向两岸同胞作出的郑重承诺，发出的响亮号召。

关于深化两岸政治互信，筑牢两岸关系和平发展的各项基础，持续推动两岸关系和平发展，习近平在会见吴伯雄时强调，"希望两党和两岸双方继续增强互信、保持良性互动，稳步推进两岸关系全面发展"，并指出"增进互信，核心就是要在巩固和维护一个中国框架这一原则问题上形成更为清晰的共同认知和一致立场"，"从中华民族整体利益把握两岸关系大局，最根本的、最核心的是维护国家领土和主权完整。大陆和台湾虽然尚未统一，但同属一个中国，是不可分割的整体。国共两党理应坚持一个中国立场，共同维护一个中国框架"。他在会见连战时表示，"两岸同胞同属中华民族，这种天然的血缘纽带任何力量都切割不断；两岸同属一个中国，这一基本事实任何力量都无法改变"。

关于巩固两岸经济交流合作成果，拓宽两岸关系和平发展的前进道路，习近平在会见萧万长时提出四点希望，即"希望本着两岸同胞一家人的理念促进两岸经济合作""希望两岸加强经济领域高层次对话和协调，共同推动经济合作迈上新台阶""希望两岸加快经济合作框架协议后续协议商谈进程，提高经济合作制度化水平""希望两岸同胞团结合作，共同致力于实现中华民族伟大复兴"。他还表示，"我们会更多考虑台湾同胞的需求和利益，积极促进在投资和经济合作领域加快给予台湾企业与大陆企业同等待

2013 年 6 月 13 日，习近平会见中国国民党荣誉主席吴伯雄

遇，为深化两岸经济合作提供更广阔的空间"。

关于巩固两岸交流交往的局面，深化文化教育领域的交流，习近平在会见吴伯雄时强调，"希望双方共同努力，促进两岸关系发展取得更多积极成果，不断拓宽两岸关系和平发展的道路"。他还表示，"在两岸关系大局稳定的基础上，两岸各领域交流合作有着广阔空间。两岸双方应该为深化经济、科技、文化、教育等领域合作采取更多积极举措，提供更多政策支持，创造更加便利条件，以拓宽合作领域，提高合作水平，产生更大效益"。

关于巩固两岸关系和平发展的民意基础，深化两岸同胞感情融合，习近平在会见连战时指出，"实现中华民族伟大复兴，需要两岸同胞共同努力。我们真诚希望台湾同大陆一道发展，两岸同胞共同来圆'中国梦'"。在会见吴伯雄时，他强调，"我们要努力增进两岸民众福祉，让更多民众共享两岸关系和平发展成果，积极促进两岸同胞在厚植共同利益、弘扬中华文化的过程中，增进对两岸命运共同体的认知，增强民族自豪感，坚定振兴中华的共同信念"。

持续推进两岸关系和平发展，开局之年取得新的重要进展

在新一届中央领导集体的坚强领导下，各地区各部门认真贯彻党中央决策部署，以实现中华民族伟大复兴中国梦这一总目标为引领，以两岸关系和平发展为主题，以广泛团结台湾同胞为主线，以认真做好巩固深化两岸关系和平发展这篇大文章为突破口，扎实有效地开展对台工作。在2013年这个开局之年，两岸关系稳步前行、全面发展，取得一系列新突破、新成果。

国共两党和两岸双方保持良性互动，互信合作持续深化。国共两党高层密切交往，巩固了坚持"九二共识"、反对"台独"的政治基础，在维护一个中国框架、扩大两岸交流合作、共同振兴中华等方面共识增多、互信增强。连战明确表示，两岸各自的法律、体制都实施一个中国原则，台湾固然是中国的一部分，大陆也是中国的一部分，从而形成"一中架构"下的两岸关系，而不是"国与国"的关系。吴伯雄强调，坚持"九二共识"、反对"台独"是国共两党一致的立场，是两岸关系和平发展的基础。两岸各自的法律、体制都实行一个中国原则，都用一个中国框架定位两岸关系，而不是"国与国关系"。他还说，马英九主席最近重

申，"不推动'两个中国''一中一台'及'台湾独立'"。2013年8月，马英九在一个月内三次提及希望实现两岸领导人会面，在岛内引发关注和热议。2013年10月，习近平在印尼举行的亚太经合组织领导人非正式会议期间会见台湾两岸共同市场基金会荣誉董事长萧万长时指出："增进两岸政治互信，夯实共同政治基础，是确保两岸关系和平发展的关键。""对两岸关系中需要处理的事务，双方主管部门负责人也可以见面交换意见。"大陆方面积极落实习近平重要指示，国台办主任张志军在陪同习近平会见萧万长后，与台湾方面大陆事务主管部门负责人王郁琦简短寒暄，双方达成互访及加强沟通的共识。

开启两岸民间政治对话，寻求破解两岸政治难题。党的十八大提出，"希望双方共同努力，探讨国家尚未统一特殊情况下的两岸政治关系，作出合情合理安排"，表明了大陆方面希望逐步解决两岸政治分歧问题的积极态度。2013年10月，习近平进一步指出："着眼长远，两岸长期存在的政治分歧问题终归要逐步解决，总不能将这些问题一代一代传下去。我们已经多次表示，愿意在一个中国框架内就两岸政治问题同台湾方面进行平等协商，作出合情合理安排。"这一重要论述展现了大陆方面愿意努力破解两岸政治难题的决心，并为两岸政治交往指明了具体路径。

大陆方面首先推动两岸民间就政治对话进行研讨，营造有利两岸政治对话的社会氛围。2013年10月11日，全国台湾研究会、台湾21世纪基金会等14家两岸民间团体、学术机构共同发起举办的首届"两岸和平论坛"在上海开幕，论坛以"两岸和平、共同发展"为主题，来自海峡两岸的 120 多位专家学者，围绕两岸政治关系、涉外事务、安全互信、和平架构等政治议题展开研讨，实际上为两岸政治对话进行了预热，也反映了两岸同胞对破解两岸政治难题的共同关切。

两岸经济合作不断深化，有关商谈持续推进。2013 年 1 月，两岸经济合作框架协议早收清单中全部产品降至零关税。2 月，《海峡两岸投资保护和促进协议》及《海峡两岸海关合作协议》正式生效，为在大陆的台商及赴台湾投资的大陆投资者的资本及人身安全提供了保障，也为解决两岸货物通关中的争议定下了标准。3 月，两岸两会同意将互设办事处议题纳入两会协商议题，随后两会进行四次业务沟通。6 月，海协会会长陈德铭与台湾海基会董事长林中森举行两会第九次会谈，签署《海峡两岸服务贸易协议》。7 月，两岸企业家峰会常设机构分别在北京、台北成立，300 多位两岸知名企业家和工商团体负责人加入峰会，选举产生峰会领导机构，峰会大陆方面秘书处设在北京，台湾方面秘书处设在台北，确立了"推动两岸企业家之间的交流，推进两岸产业合作，深化两岸经济互利合作，维护两岸关系和平发展，振兴中华民族经济"的宗旨。11 月 4 日至 5 日，2013 年两岸企业家峰会年会在南京举行。峰会成为两岸企业家间机制化的高端交流平台，推动了两岸经济领域高端对话和两岸企业深度合作。两岸贸易保持较快增长，全年达到 1972 亿美元，同比增加 16.7%。产业合作和金融监管合作向纵深推进，货币清算机制运作良好，台湾人民币业务快速发展。

海协会与台湾海基会签署《海峡两岸服务贸易协议》后双方互赠礼品

　　两岸人员往来规模持续扩大，各项交流日益深入，机制化水平得到提升。大陆方面进一步采取一系列新举措，推动两岸人员往来和加强两岸文化教育等领域交流合作。两岸空中、海上客运航点、航班总量持续增加。2013 年，两岸人员往来规模达 808 万人次，再创历史新高。大陆居民赴台 292 万人次，同比增长 11%。其中个人游 52.3 万人次，激增 174%。两岸文化、教育、科技、体育等领域交流精彩纷呈。6 个省区市主要负责人率团赴台交流，促成不少合作项目。

二、两岸关系稳中有进，政治交往取得历史性突破

　　进入 2014 年以后，台湾局势出现了新的变化，两岸关系和平发展面临的挑战增多。大陆方面保持高度战略自信和战略定力，始终把握两岸关系发展正确方向，坚持对台大政方针，坚持一个中国原则，推动两岸关系沿着和平发展道路稳步前行，两岸政治

交往取得历史性突破，两岸各领域交流合作深入发展。

中共中央坚持对台工作大政方针不动摇，引领两岸关系和平发展走深走实。习近平等党和国家领导人，亲自面向台湾有关党派、团体和各界人士，阐明政策主张，解疑释惑。2014年2月18日，习近平在会见连战及随访的台湾各界人士时，面向广大台湾同胞，发表了题为《共圆中华民族伟大复兴的中国梦》的重要谈话，深刻阐述"两岸一家亲、共圆中国梦"的理念，表达团结广大台湾同胞继续推动两岸关系和平发展的诚意和决心，强调巩固和深化共同政治基础对两岸关系和平发展的重要意义，以及要有破解两岸政治难题的勇气和历史责任，重申"和平统一、一国两制"基本方针并丰富其内涵，呼吁两岸同胞共同珍惜来之不易的两岸关系和平发展成果。谈话情真意切、内涵丰富，为两岸关系发展指明了方向，在海内外产生了广泛积极影响。2014年9月26日，习近平在北京人民大会堂会见台湾和平统一团体联合参访团。习近平高度肯定参访团各位成员为推动两岸关系发展、推进国家和平统一进程作出的积极贡献。指出当前两岸关系虽然面临一些新情况新问题，但和平发展的大趋势没有改变。两岸同胞应该坚定信心、携手努力，继续推动两岸关系和平发展，共同开创中华民族伟大复兴的光明前景。习近平会见台湾统派团体表达了对台湾统派人士的肯定和支持，必将鼓舞他们坚定信心、团结一致，为两岸和平统一而继续奋斗。

2014 年 9 月 26 日，习近平会见台湾和平统一团体联合参访团

两岸领导人实现历史性会晤，树立两岸关系新的里程碑

　　大陆方面积极落实习近平有关指示，继 2013 年 10 月国台办主任与台湾方面陆委会负责人简短寒暄之后，2014 年 2 月，两岸双方两岸事务主管部门负责人在南京正式会面，就推进两岸关系有关问题，包括建立国台办与陆委会常态化联系沟通机制等问题，广泛深入交换意见并取得积极共识。同年 6 月，国台办主任首度赴台，迈出 65 年来两岸关系的一大步，增进了两岸双方、两岸同胞的相互了解与沟通，有力提升了两岸交流机制化水平。其后，双方两岸事务主管部门负责人又举行多次工作会面，并建立"两岸热线"，对于提升两岸政治交往水平，持续推进两岸关系和平发展具有重要作用。双方两岸事务主管部门负责人会面，也为两岸领导人会晤作了沟通和准备。

国台办主任在新北市托老中心与老年人共同用餐交流

　　2015 年 11 月 7 日，中共中央总书记、国家主席习近平在新加坡同台湾地区领导人马英九会晤，这是 1949 年以来两岸领导人首次会晤，是两岸关系发展史上具有里程碑意义的大事，注定被载入史册。当天下午 3 时许，新加坡香格里拉大酒店，习近平系红色领带从右侧进入大厅，马英九系蓝色领带从左侧进入，现场有 600 多名媒体记者，闪光灯立即闪成一片。习近平伸出右手跟马英九握在一起，时间长达 81 秒，现场闪光灯不停闪烁。握手完毕后，两人又向记者们挥手致意。事后在记者会上被问及握手感受时，马英九形容"很好哇，我们两个人都很用力"。

2015 年 11 月 7 日，习近平与马英九在新加坡历史性会晤

　　习近平在会晤时强调，"我们今天坐在一起，是为了让历史悲剧不再重演，让两岸关系和平发展成果不得而复失，让两岸同胞继续开创和平安宁的生活，让我们的子孙后代共享美好的未来。面对新形势，站在两岸关系发展的新起点上，两岸双方应该胸怀民族整体利益、紧跟时代前进步伐，携手巩固两岸关系和平发展大格局，共同实现中华民族伟大复兴"。习近平指出："7 年来两岸关系能够实现和平发展，关键在于双方确立了坚持'九二共识'、反对'台独'的共同政治基础。没有这个定海神针，和平发展之舟就会遭遇惊涛骇浪，甚至彻底倾覆。'九二共识'经过两岸有关方面明确的授权认可，得到两岸民意广泛支持。'九二共识'之所以重要，在于它体现了一个中国原则，明确界定了两岸关系的根本性质。它表明大陆与台湾同属一个中国，两岸关系不是国与

国关系，也不是'一中一台'。虽然两岸迄今尚未统一，但中国的主权和领土完整从未分裂。两岸同属一个国家、两岸同胞同属一个民族，这一历史事实和法理基础从未改变，也不可能改变。"习近平着重指出，"'台独'煽动两岸同胞敌意和对立，损害国家主权和领土完整，破坏台海和平稳定，阻挠两岸关系发展，只会给两岸同胞带来深重祸害。对此，两岸同胞要团结一致、坚决反对"。马英九表示，2008年以来，两岸共同开创和平稳定的台海局势，获得两岸及国际社会普遍赞扬，要善加珍惜。"九二共识"是实现两岸关系和平发展的共同政治基础，两岸要巩固"九二共识"，扩大深化交流合作，增进互利双赢，拉近两岸心理距离，对外展现两岸关系可以由海峡两岸和平处理，同心协力，为两岸下一代创造更美好的未来。

两岸领导人会晤标志着两岸政治关系取得重大突破，具有重大的历史意义和深远的历史影响。两岸领导人会晤开创了两岸领导人直接对话沟通的先河，将两岸交流互动提升到新高度，为两岸关系发展翻开了新篇章，开辟了新空间。举行两岸领导人历史性会晤，是以习近平同志为核心的党中央着眼党和国家事业全局，着眼对台工作和两岸关系大局，引领推动两岸关系和平发展、推进祖国统一进程的重大举措，充分彰显了坚定维护中华民族根本利益，致力于解决台湾问题、实现祖国完全统一的政治责任感和强烈使命感，充分体现了坚持党中央对台工作大政方针的原则坚定性和策略灵活性的有机结合。

国共两党保持积极互动和良好关系，不仅深化了两党之间的理解和互信，也推动解决了一些涉及两岸同胞福祉的实际问题，对持续深化两岸关系和平发展发挥了重要作用。两岸经贸文化论坛持续举办，基本形成每年一届的常态，每届论坛均取得丰硕成果，以共同建议形式提出一系列加强两岸各领域交流合作的政策建议和实际措施，为两岸双方推动两岸关系向前发展提供了政策助力。两党还在市、县等层级开展党务部门之间的交流，与论坛一起构成两党交流的重要内容。

两岸两会协商持续推进，签署一系列新的协议。海协会和台湾海基会负责人相继于 2013 年 6 月、2014 年 2 月和 2015 年 8 月进行互访并举行工作会谈，签署了五项协议，解决了诸多涉及两岸同胞切身利益的问题。两会协商谈判促进了两岸交流合作的制度化和规范化，拓展了两岸交流合作的领域，丰富了两岸交流合作的内涵，增进了两岸同胞的福祉，成为推动两岸关系和平发展的重要动力。

两岸经贸交流合作稳步发展，两岸经济不断融合。两岸贸易额持续增长，大陆连续多年稳居台湾第一大进口来源地、出口目的地和最大的贸易顺差来源地。台湾对大陆贸易和出口占比进一步提高。两岸货物贸易规模扩大，双方贸易成本降低。大陆经贸机构在台设立分支机构取得历史性突破。继 2013 年 1 月中国机电产品进出口商会台北办事处成立之后，2015 年 6 月，海峡两岸经贸交流协会台北办事处正式揭牌，为促进两岸经贸交流合作发挥积极作用。两岸双向投资持续增长。大陆方面进一步优化台商投资环境，落实对台商的同等待遇和扶持台资中小企业发展。台商对大陆投资出现新特点，台湾液晶面板、半导体产业、新能源产业、医疗、金融业等加快投资大陆。两岸产业合作持续扩大，金融监管合作深化，两岸货币清算机制不断完善，两岸农渔业合作稳步推进。海峡西岸经济区、平潭综合实验区、昆山深化两岸产业合作试验区、海峡两岸产业合作区、海峡两岸集成电路产业合作试验区等不断推进发展，为探索两岸经济合作新模式创造条件，提供平台。

2013 年 1 月 30 日，中国机电产品进出口商会台北办事处正式成立

两岸各领域交流深入推进，交流效果显著。两岸文化、教育、新闻、出版、艺术、影视、文物、体育等领域交流十分频繁，交流规模扩大、形式多样、内容丰富。两岸基层、青年交流更显活力，呈现蓬勃发展态势。越来越多的台湾乡镇市民代表、村里长、农渔民、中小企业主、中小学教师等基层民众来大陆参观交流。每年数万名青年学生参与两岸交流，交流内容丰富多彩，包括文

艺表演、体育比赛、辩论赛、社会实践以及夏令营、冬令营、研习营等。两岸高校学生组织和青少年社团广泛建立合作机制。工会和劳动界交流不断深化，两岸妇女界联系日益密切，海峡妇女论坛业已成为两岸妇女交流品牌项目。两岸县市交流快速发展。两岸县市基层和民意代表"双百论坛"、两岸乡镇市长百人会等活动，搭建了两岸县市乡镇直接沟通交流平台。大陆居民赴台游成为两岸民间交流新亮点。继 2011 年开放第一批包括北京等 3 个城市居民赴台个人游后，随后的三年多时间里，大陆又先后开放四批次城市居民赴台个人游，赴台个人游城市增加至 47 个。据台湾方面统计，自 2011 年 6 月开放大陆居民赴台个人游至 2015 年 2 月，成行人数突破 219 万人次。开放大陆居民赴台个人游，使得大陆民众可以更加全面、更加便捷地领略宝岛风光，增进了两岸同胞之间的接触和了解，促进了台湾经济发展。

两岸大学生开展交流活动

在涉外领域，两岸双方在"九二共识"共同政治基础上，通过务实协商，稳妥处理台湾方面关心的一些问题。大陆方面着眼维护两岸关系和平发展大局，务实处理台湾参与国际活动问题，两岸就此问题建立了沟通渠道，就相关问题进行建设性协商，有效减少和避免了意外事件发生。大陆方面坚持在不造成"两个中国""一中一台"前提下，通过两岸务实协商作出合情合理安排。台湾作为亚太经济合作组织（APEC）及世界贸易组织（WTO）成员，每年都参与其中多项活动。2013 年，台湾首次以"中华台北民航局"名义、国际民航组织（ICAO）理事会主席客人身份获邀列席国际民航大会。2014 年，台湾成为亚太区追讨犯罪所得机构网络会员。2015 年，台湾以"捕鱼实体"身份和"中国台北"名义，参加北太平洋渔业委员会会议。国际社会对两岸关系和平发展普遍表示欢迎和肯定。事实证明，在坚持一个中国原则基础上，解决台湾以适当名义和方式参与国际活动问题，在一定程度上解决了台湾同胞关心的问题，既压缩了民进党和岛内分裂势力炒作的空间，又减小了外部势力插手台湾问题的空间，巩固了国际社会一个中国格局。

三、在应对风险挑战中推进两岸关系和平发展

"树欲静而风不止"。2016 年是台湾政局发生重大变化的一年。1 月 16 日，台湾地区领导人选举和民意代表选举结果揭晓，民进党候选人蔡英文当选台湾地区领导人，民进党获得岛内立法机构 113 个席位中的 68 席，单独过半，实现全面"执政"。5 月，民进

党重新上台，两岸关系和平发展面临挑战。

"反服贸事件"与民进党再度上台

民进党在 2012 年台湾地区领导人选举中落败后，党内对两岸政策路线展开辩论检讨，一度出现"冻结台独党纲"的声音，但未能成为主流。该党依然顽固坚持"台独"分裂立场，煽动"恐中""反中"敌对情绪，蓄意制造两岸对立，阻挠、破坏两岸关系和平发展。民进党和"台独"势力欺骗、误导台湾同胞，大肆攻击污蔑马英九当局"倾中""卖台"，竭力阻止其推行促进两岸交流合作的政策，毒化了岛内政治社会氛围。

2013 年 6 月以后，民进党和"台独"势力极力阻挠两岸服务贸易协议生效，诬称两岸协商是"黑箱作业"，两岸经济合作是"图利大财团""拉大台湾贫富差距"，致使台湾社会"恐中"情绪滋长蔓延。2014 年 3 月，岛内发生"反服贸事件"，实质上是"台独"及外部势力在背后煽动、支持的一次"反中"事件，是蓄意阻挠两岸关系发展的有预谋、有组织的行动，两岸关系和平发展进程和节奏受到了相当程度的影响。与此同时，国民党当局施政不力，民意支持度显著下滑，使其推动两岸关系和平发展受到严重制约。美国为了遏制中国崛起，奥巴马政府推出"亚太再平衡"战略，加大"以台制华"力度，防止两岸"走得太近太快"，给两岸关系和平发展带来消极影响。岛内外形势消极变化，国民党接连在 2014 年台湾地区"九合一"选举、2016 年台湾地区"二合一"选举中落败。

2015 年 5 月 4 日，习近平会见中国国民党主席朱立伦

从容应对台海形势重大变化，维护和推动两岸关系和平发展

中共中央洞悉台海形势的重大变化，始终着眼于中华民族整体利益和两岸同胞长远利益，未雨绸缪，提前谋篇布局，广泛团结台湾同胞，坚定维护国家主权和领土完整，坚决反对和遏制任何形式的"台独"分裂活动，推动两岸关系持续发展，保持台海形势总体稳定。

习近平宣示决不容忍"台独"的坚定立场。2015 年 3 月，习近平在参加全国政协十二届三次会议民革、台盟、台联委员联组会议时指出："'台独'分裂势力及其活动损害国家主权和领土完整，企图挑起两岸民众和社会对立、割断两岸同胞精神纽带，是两岸关系和平发展的最大障碍，是台海和平稳定的最大威胁，必须坚决反对。两岸同胞要对'台独'势力保持高度警惕。"当年5月4日，习近平在会见中国国民党主席朱立伦时强调："国共两党应坚持对两岸关系的正确认识，旗帜鲜明反对一切损害两岸关系政治基础的言行，绝不能让来之不易的台海和平和两岸关系和平发展成果得而复失。"

2016年5月20日，蔡英文就任台湾地区领导人。在其就任演说中，对两岸关系性质这一根本问题依然采取模糊态度，没有明确承认"九二共识"和认同其核心意涵，没有提出确保两岸关系和平稳定发展的具体办法。同日，中共中央台办、国务院台办负责人受权发表谈话指出，"这是一份没有完成的答卷"。

蔡英文当局上台后，顽固推行"台独"分裂路线，采取一系列破坏两岸关系和平发展现状的政策措施，在分裂祖国的道路上越走越远。在政治上，拒不承认体现一个中国原则的"九二共识"，严重破坏两岸关系和平发展的政治基础。极力打压主张"九二共识"、反对"台独"的党派、团体和人士。迎合"台独"势力要求，修改"公投法"，降低"公投"提案、联署等门槛，伺机推动"台独公投"，纵容"台独"势力发起所谓"2020年东京奥运台湾正名公投"。在经济上，极力推动"新南向政策"，试图削弱台湾与大陆的经济联系，罔顾两岸经济密不可分的客观事实，推动所谓"贸易多元化"，企图诱导台湾企业将对外发展重心转移到东南亚国家。此外，积极寻求加强与美国、日本等国家的经贸关系，谋求加入《全面与进步跨太平洋伙伴关系协定》（CPTPP），试图把台湾经济与特定国家捆绑在一起，为此不惜以牺牲台湾民众的健康利益为代价，如执意开放含有瘦肉精的美国猪肉进口。在文教社会方面，持续推动"去中国化""文化台独"政策，强化"台湾主体意识"，企图割裂台湾与大陆的历史文化联结，磨灭台湾同胞的中华民族意识。不顾岛内舆论反对，强行通过"12年'国教'高中历史课纲"，将"中国史"并入东亚历史，企图使之变成"外国史"，以彻底切断两岸历史联结。推动"去孙中山化"，大肆宣扬"原住民史观"，切割台湾与大陆的历史联系，弱化中国史观。在对外关系上，奉行"亲美抗中"路线，配合外部势力打"台湾牌"，甘当国际反华势力的"马前卒"，挟洋自重，图谋"联美抗中""倚美谋独"。

民进党当局的倒行逆施，对2008年以来形成的两岸关系和平发展大好局面造成严重冲击。两岸双方沟通联系机制全面中断，经济合作制度化进程停滞，各领域交流成果遭到破坏，台湾同胞切身利益受损。"台独"势力日趋嚣张的分裂挑衅活动，严重威胁台海和平稳定。面对台湾政局的重大变化及随之而来的严峻挑战，中国共产党和中国政府始终保持战略定力，多管齐下，妥善应对。

坚持既定方针，保持战略定力。2016年3月5日，习近平在全国两会期间明确表示，"我们对台大政方针是明确的、一贯的，不会因台湾政局变化而改变。我们将坚持'九二共识'政治基础，继续推进两岸关系和平发展"。他还特别强调指出，"两岸同胞对推进两岸关系和平发展充满期待，我们不应让他们失望"。这一重要讲话显示了党中央"不畏浮云遮望眼"的战略定力，增强了两岸同胞推动两岸关系和平发展的信心和力量。

清晰地划出不容逾越的红线。习近平在多个场合郑重宣示决不容忍"台独"的坚定立场和鲜明意志，向"台独"和外部干涉势力明确划出不可逾越的红线。2016年11月1日，他在会见中国国民党主席洪秀柱时表示，"确保国家主权和领土完整是国家核心利益，是一条不可逾越的红线"，"捍卫国家主权和领土完整，绝不容忍国家分裂的历史悲剧重演，是全体中华儿女的坚定意志，是我们对历史和人民的庄严承诺"，"任何政党、任何人、任何时候、以任何形式进行分裂国家活动，都将遭到全体中国人民坚决反对。我们有坚定的意志、充分的信心、足够的能力遏制'台独'"。同年11月，他在纪念孙中山先生诞辰150周年大会上进一步表示："一切分裂国家的活动都必将遭到全体中国人民坚决反对。我们绝不允许任何人、任何组织、任何政党、在任何时候、以任何形式、把任何一块中国领土从中国分裂出去。"习近平的郑重宣示掷地有声，有力压制了"台独"分裂势力和外部干涉势力的嚣张气焰。

继续保持国共两党高层良性互动、增进互信。2016年11月1日，习近平会见来访的中国国民党主席洪秀柱。12月23日，国共两党在北京举行对话交流活动，重点就两党基层党际交流、两岸青年和基层交流与两岸民众权益保障三项议题交换意见。2017年5月20日，习近平致电吴敦义，祝贺其当选中国国民党主席。同日，吴敦义复电对习近平表示感谢，期盼国共两党持续深化"九二共识"，推动两岸和平制度化，弘扬中华文化，促进两岸永续发展，合作走向康庄大道。2016年6月，中国国民党副主席胡志强

2016 年 11 月 1 日，习近平会见中国国民党主席洪秀柱

参加第八届海峡论坛，表示"九二共识"是维持海峡两岸和平的重要基础，国民党会继续推动两岸增进互信，维持两岸和平交流。

加强同岛内认同"九二共识"的党派、县市和人士交流互动。2016 年 9 月，大陆有关方面邀请台湾新北、新竹、苗栗、花莲、南投、台东、金门及连江蓝营八县市负责人组团参访大陆，加强与大陆有关省市交流合作，大陆宣布赴台旅游及农产品采购等八项惠台利民措施。此外，2017 年 12 月，中共中央台办与新党举行党际对话交流活动，就服务台商等达成共识。

续办"上海—台北城市论坛"。2016 年 5 月民进党重新上台后，预定 8 月在台北市举行的第七届"台北—上海城市论坛"能否如期举行备受关注。台北市长柯文哲在接受媒体专访时提出，

他以"四个互相"（即互相认识、互相了解、互相尊重、互相合作）
为基础来看两岸交流，强调了解和尊重大陆对"九二共识"的坚
持。他还表示，台北市由秘书处大陆小组处理与上海市的交流，
另有国际事务组负责与外国城市交流，"两者没有互相混淆，是分
工独立的"。在柯文哲就两岸关系作出积极表态后，8 月 23 日，以
"发展城市活动"为主题的"台北—上海城市论坛"在台北如期开
幕。在此次论坛上，签署了《台北马拉松与上海马拉松交流合作
备忘录》《台北国际电影节与上海国际电影节合作备忘录》《台北
市文山区与上海市松江区交流合作备忘录》等文件。至此，上海
与台北之间的交流合作协议达到 26 个。此后，论坛持续在两个城
市轮流举办，成为两岸交流合作的一大亮点。

"2016 台北—上海城市论坛"签署三项合作备忘录

两岸交流合作不能停、不能断、不能少。大陆本着"两岸一家
亲"的理念，继续大力推动两岸各界交流合作，积极为广大台胞谋福

祉、办实事。继续促进两岸经济文化交流，举办海峡论坛、两岸企业家紫金山峰会、海峡两岸学生棒球联赛等一系列交流活动。积极安商稳商，助力台资企业在大陆深耕发展，坚定台资企业在大陆发展的信心。举办大陆台企产品展销会，推动"台商走电商"拓展内销市场，支持优质台企在大陆 A 股上市等等。各地各部门积极为台湾青年来大陆实习、就业、创业提供机会和平台，积极为台胞来大陆学习、工作、生活创造便利条件。大陆出台了 20 多项惠及台胞的政策措施，包括扩大台胞在大陆事业单位就业试点、扩大招收台湾学生来大陆学习规模、在火车站和民航机场增设卡式台胞证自动售取票设备等，受到台湾同胞普遍欢迎。在两岸关系僵持对立状态下，大陆继续团结广大台湾同胞开展两岸交流合作，努力为台湾同胞办好事、办实事，具有特别重要的意义，表明不论哪个政党在台湾"执政"，大陆都会坚持寄希望于台湾人民的方针，体现了大陆方面对广大台湾同胞一如既往的关心爱护。

持续巩固国际社会一个中国格局。鉴于民进党当局拒不承认"九二共识"，大陆方面采取必要措施巩固国际社会一个中国格局。在双边涉台交往方面，2016 年 3 月，当时民进党即将上台"执政"，中华人民共和国宣布和 2013 年已经与台湾"断交"的冈比亚恢复外交关系。2016 年 12 月 20 日，圣多美和普林西比宣布同台湾断绝"外交"关系，数天后中华人民共和国和该国签署联合公报，恢复了中断近 20 年的大使级外交关系。2017 年 6 月 13 日，巴拿马宣布与台湾断绝"外交"关系，并与中华人民共和国正式建交。巴拿马是台湾所谓"邦交国"中影响力最大的国家之一，是台湾在中美洲"邦交国"的龙头，中巴建交沉重打击了民进党当局。在参与国际组织活动方面，大陆方面自2016年起，未同意台湾方面参加国际民航大会。自2017年起，中止台湾方面参加世界卫生大会。

四、党的十九大与两岸关系和平发展、融合发展

党的十九大以来，大陆方面深入贯彻党的十九大精神和习近平总书记关于对台工作的重要论述，全面落实党中央对台工作决策部署，牢牢把握两岸关系的主导权、主动权，努力维护台海和平稳定，紧密团结、积极造福两岸同胞，共同推动两岸关系和平发展、融合发展，推进祖国统一进程。

党的十九大确立"坚持'一国两制'和推进祖国统一"的基本方略

2017年10月，党的十九大胜利召开，习近平在会上作了题为《决胜全面建成小康社会　夺取新时代中国特色社会主义伟大胜利》的报告。在谈到台湾问题和对台工作时，庄严的人民大会堂会场连续七次爆发出长时间的热烈掌声，这表明党中央对台大政方针和原则立场，凝聚了全党全国各族人民追求国家统一的共同心愿和反对"台独"分裂的坚定意志，在全体代表中引起强烈共鸣，得到衷心拥护。

报告将"坚持'一国两制'和推进祖国统一"确立为新时代坚持和发展中国特色社会主义的十四条基本方略之一，明确提出

中国共产党第十九次全国代表大会

"实现祖国完全统一，是实现中华民族伟大复兴的必然要求"，强调"必须坚持一个中国原则，坚持'九二共识'，推动两岸关系和平发展，深化两岸经济合作和文化往来，推动两岸同胞共同反对一切分裂国家的活动，共同为实现中华民族伟大复兴而奋斗"。明确了对台工作必须坚持什么、推动什么、反对什么、实现什么，为做好新时代的对台工作提供了根本遵循。

报告宣示了对台工作的根本目标和主要任务。强调"解决台湾问题、实现祖国完全统一，是全体中华儿女共同愿望，是中华民族根本利益所在"。这一重要宣示体现了实现中华民族伟大复兴的必然要求，彰显了全体中华儿女追求祖国统一的坚定决心和不可撼动的民族意志。报告明确现阶段对台工作的主要任务是"推动两岸关系和平发展，推进祖国和平统一进程"。党的十八大以来，习近平多次指出，两岸关系和平发展是通向和平统一的正确道路。全面建成小康社会、实现第一个百年奋斗目标并向第二个百年奋斗目标迈进，要求努力维护和推动两岸关系和平发展，营造有利的台海环境。同时，维护和推动两岸关系和平发展，也是在为最终实现祖国统一创造和积累条件，扎实推进祖国和平统一进程。

报告阐明了对台工作的基本方针和基本原则。强调"必须继续坚持'和平统一、一国两制'方针"。"和平统一、一国两制"是我们解决台湾问题的基本方针，也是实现国家统一的最佳方式。我们将继续以最大诚意、尽最大努力争取和平统一的前景，因为以和平方式实现统一最符合包括台湾同胞在内的中华民族的整体利益。强调"一个中国原则是两岸关系的政治基础。体现一个中国原则的'九二共识'明确界定了两岸关系的根本性质，是确保两岸关系和平发展的关键"。这是总结两岸关系发展历程得出的重要结论，表明了在涉及两岸关系根本性质这一大是大非问题上，我们任何时候都不会动摇、不会妥协。报告特别指出"承认'九二共识'的历史事实，认同两岸同属一个中国，两岸双方就能开展对话，协商解决两岸同胞关心的问题，台湾任何政党和团体同大陆交往也不会存在障碍"。这为破解两岸政治僵局指明了方向，表明了我们对与台湾各党派交往的态度是开放的、标准是一致的，展现了最大善意。

报告提出了对台工作的重要理念和主要措施。强调"两岸同胞是命运与共的骨肉兄弟，是血浓于水的一家人。我们秉持'两岸一家亲'理念，尊重台湾现有的社会制度和台湾同胞生活方式，愿意率先同台湾同胞分享大陆发展的机遇。我们将扩大两岸经济文化交流合作，实现互利互惠，逐步为台湾同胞在大陆学习、创业、就业、生活提供与大陆同胞同等的待遇，增进台湾同胞福祉。我们将推动两岸同胞共同弘扬中华文化，促进心灵契合"。这是对同胞之爱、手足之情最生动的表达，体现了我们对台湾同胞因特殊历史遭遇和不同社会环境而形成的特有心态的理解和包容，以及在追求国家统一进程中对拉近两岸同胞心理距离，促进心灵契合，增进共同的国家、民族、文化认同的高度重视。当然，台湾同胞也要更多了解和理解大陆同胞的感受和心态，尊重大陆同胞的选择和追求。报告提出的一系列促进两岸各领域交流合作的重大政策举措，反映了我们为台湾同胞谋福祉、办实事，希望台湾同胞能搭上大陆发展快车、分享大陆发展机遇的诚意。

报告表明了反对"台独"分裂图谋的坚定意志和鲜明态度。强调"我们坚决维护国家主权和领土完整，绝不容忍国家分裂的历史悲剧重演。一切分裂祖国的活动都必将遭到全体中国人坚决反对。我们有坚定的意志、充分的信心、足够的能力挫败任何形式的'台独'分裂图谋。我们绝不允许任何人、任何组织、任何政党、在任何时候、以任何形式、把任何一块中国领土从中国分裂出去"。这是我们党对历史、对人民的庄严承诺和责任，在关乎国家主权和领土完整的重大原则问题上清晰划出了红线，表达了我们的坚定意志，展现了我们的战略自信。岛内"台独"分裂势力在文化、教育等领域不断推行"去中国化"活动，鼓噪"台独修宪"。我们要高度警惕形形色色的"台独"活动，绝不容忍"法理台独"分裂行径，也绝不坐视"渐进台独"侵蚀和平统一的基础。

报告提出了对包括台湾同胞在内全体中华儿女的殷切期望和

伟大号召。强调"实现中华民族伟大复兴，是全体中国人共同的梦想。我们坚信，只要包括港澳台同胞在内的全体中华儿女顺应历史大势、共担民族大义，把民族命运牢牢掌握在自己手中，就一定能够共创中华民族伟大复兴的美好未来"。树立团结凝聚海内外中华儿女共同奋斗的精神旗帜，体现了寄希望于台湾同胞的一贯立场，必将极大地鼓舞和激励广大台湾同胞参与到维护和推动两岸关系和平发展、实现中华民族伟大复兴进程中来。

党的十九大报告中对台工作内容，集中反映了以习近平同志为核心的党中央推进祖国统一大业的新理念新主张新要求，构成了新时代中国特色社会主义思想和基本方略的重要组成部分，对做好新时代对台工作具有重要指导意义和深远历史影响。

持续保持高压态势，反对和遏制"台独"分裂行径

针对台湾问题，大陆方面多次阐明原则立场和政策主张。2018年3月，习近平在十三届全国人大一次会议上讲话指出，我们要坚持一个中国原则，坚持"九二共识"。维护国家主权和领土完整，实现祖国完全统一，是全体中华儿女共同愿望，是中华民族根本利益所在。在这个民族大义和历史潮流面前，一切分裂祖国的行径和伎俩都是注定要失败的，都会受到人民的谴责和历史的惩罚！中国人民和中华民族有一个共同信念，这就是：我们伟大祖国的每一寸领土都绝对不能也绝对不可能从中国分割出去！4月10日，习近平会见前来出席博鳌亚洲论坛的台湾两岸共同市场基金会荣誉董事长萧万长时表示，岛内工商界朋友要旗帜鲜明

地坚持"九二共识"、反对"台独",坚定推动两岸关系和平发展。12月18日,习近平在庆祝改革开放40周年大会上指出,我们有坚定的政治决心和强大能力维护国家主权和领土完整,祖国的神圣领土一寸都不能分裂出去!

中国人民解放军空军执行绕岛巡航任务

有针对性地开展对台军事演训,形成强大军事威慑。为了捍卫一个中国原则,展现中国人民维护国家主权和领土完整的坚定决心、坚强意志和强大能力,中国人民解放军持续扩大军机舰绕岛巡航,并逐步实现常态化、体系化、实战化,在台湾引起强烈震动。岛内各界人士坚决反对民进党当局各种阻挠两岸交流、煽动两岸敌意的恶劣行径,形成海内外同胞同心协力反对"台独"浪潮。两岸退役将领、专家学者以及几百名台湾师生代表参加第三届中华民族抗日战争史与抗战精神传承研讨会,共同弘扬抗战精神、铭记民族历史。

揭批和打击岛内形形色色的"去中国化""渐进台独",特别是图谋"台湾法理独立"行径。2019年7月,国务院新闻办公室发表的《新时代的中国国防》白皮书指出，如果有人要把台湾从中国分裂出去，中国军队将不惜一切代价，坚决予以挫败，捍卫国家统一。同月，海峡两岸旅游交流协会发布公告，鉴于当前两岸关系，决定自 2019 年 8 月 1 日起暂停 47 个城市大陆居民赴台个人游试点。同时，坚决惩处个别支持"台独"的艺人和台商，严正表明决不允许一边在大陆赚钱、一边又支持"台独"。

坚决挫败台湾当局谋求扩大"国际空间"的分裂图谋。大陆坚持按照一个中国原则处理台湾涉外事务，坚决打掉台湾当局参加世界卫生组织、国际劳工组织、国际刑警组织等只有主权国家才能参加的国际组织活动的图谋。促使东亚奥协决议取消东亚青运会台中市举办权；先后与多米尼加、布基纳法索、萨尔瓦多、所罗门群岛、基里巴斯建立或恢复外交关系；清理国际涉台不当标注，促使 44 家外国航空公司等改正相关错误涉台称谓。

持续完善保障台湾同胞福祉的制度安排和政策措施

大陆方面积极贯彻习近平以人民为中心的发展思想和关于深化两岸经济文化交流合作的对台重要主张，不断完善保障台湾同胞福祉和在大陆享受同等待遇的制度和政策，持续出台相关政策措施。2018 年 2 月，国务院台办、国家发改委等 31 个部门，发布了《关于促进两岸经济文化交流合作的若干措施》（简称"31 条措施"）。内容主要包括两大方面：一是积极促进在投资和经济合作领域给予台资企业与大陆企业同等待遇；二是逐步为台湾同胞在大陆学习、创业、就业、生活提供与大陆同胞同等的待遇，涵盖产业、财政、土地、金融、教育、文化、医疗等多个领域。"31
条措施"开放范围之广、数量之多、力度之大前所未有，对在大
陆工作、学习、生活的台湾同胞具有很强的吸引力，一出台就受
到台湾同胞的普遍欢迎，迅速引发岛内各界尤其是工商界、文化
界的强烈关注与热议。

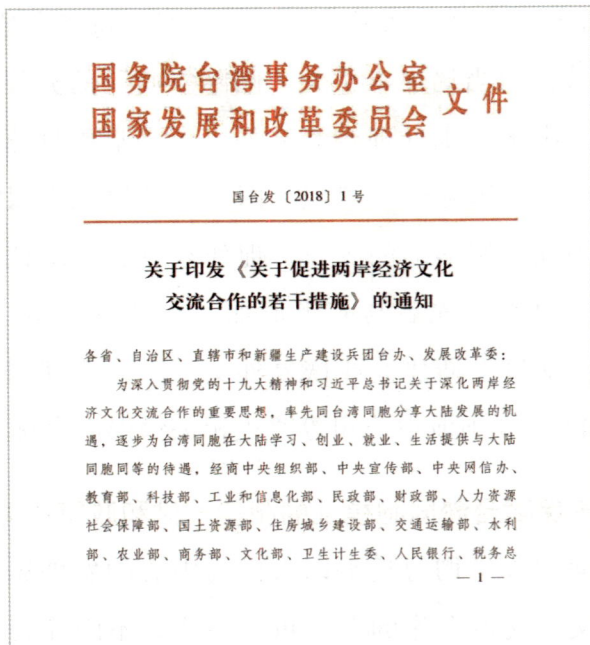

《关于促进两岸经济文化交流合作的若干措施》（简称"31条措施"）发布

2019 年 11 月，国务院台办、国家发改委等 22 个部门，出台
《关于进一步促进两岸经济文化交流合作的若干措施》（简称"26
条措施"）。其中，涉及为台湾企业提供同等待遇的措施有 13 条，
包括台资企业同等参与重大技术装备、5G、循环经济、民航、主
题公园、新型金融组织等投资建设，同等享受融资、贸易救济、

出口信用保险、进出口便利、标准制订等政策，支持两岸青年就业创业基地示范点建设等。涉及为台湾同胞提供同等待遇的措施13 条，包括为台湾同胞在领事保护、农业合作、交通出行、通信资费、购房资格、文化体育、职称评审、分类招考等方面提供更多的便利和支持。

2020 年 5 月，国家发改委、国务院台办等 10 部门联合印发《关于应对疫情统筹做好支持台资企业发展和推进台资项目有关工作的通知》（简称"11 条措施"）。主要内容包括：持续帮扶台资企业复工复产、统筹协调推进重大台资项目、积极支持台资企业增资扩产、促进台资企业参与新型和传统基础设施建设、支持台资企业稳外贸、有效引导台资企业拓展内销市场、强化金融支持台资企业疫情防控和复工复产等。这是在抗击疫情大背景下，大陆方面助力广大台商台企应对疫情和复工复产，帮助台商台企解难事、办实事的重要举措。

2021 年 3 月，国务院台办、农业农村部等 11 个部门联合发布《关于支持台湾同胞台资企业在大陆农业林业领域发展的若干措施》（简称"农林 22 条措施"）。"农林 22 条措施"秉持"两岸一家亲"理念，围绕台胞台企在农业林业领域发展涉及的农地林地使用、融资便利和资金支持、投资经营、研发创新、开拓内销市场等方面提供具体支持措施，进一步为台资企业提供同等待遇，支持台资企业参与大陆农林业高质量发展，助力乡村振兴。出台"农林 22 条措施"，是有关部门推进台湾同胞参与"十四五"规划落地实施、完善保障台湾同胞福祉和在大陆享受同等待遇的制度和政策的一项重要举措，将进一步促进两岸交流合作，深化两岸融合发展，增进两岸同胞利益福祉，受到台湾同胞广泛欢迎。

此外，2018 年 7 月，国务院宣布取消台胞在大陆就业须办理就业证的规定，随后人力资源和社会保障部宣布为台湾同胞在大陆就业提供均等化服务。9 月，《港澳台居民居住证申领发放办法》正式实施，居住证以 18 码设计，与大陆居民身份证接轨，持有居住证可以在大陆依法享受劳动就业、参加社会保险、依法缴存提取使用住房公积金等三项权利；由居住地政府提供义务教育、基本公共就业服务、基本公共卫生服务等六项基本公共服务，以及在居住地生活、工作、出行、金融和文化服务等九个方面的便利。制发台湾居民居住证是率先与台湾同胞分享大陆发展机遇、落实同等待遇迈出的重要一步。为进一步便利港澳台人员在内地（大陆）工作、生活，保障其社会保险权益，人力资源和社会保障部与国家医疗保障局于 2019 年 11 月 29 日公布《香港澳门台湾居民在内地（大陆）参加社会保险暂行办法》，并于 2020 年 1 月 1 日起施行。

台湾居民居住证

各地区各部门还结合自身情况，纷纷推出特色明显的惠台利民政策措施，形成了覆盖面极广的对台政策体系，保证了中央对台政策措施有效地落地生根，让广大台湾同胞同享祖国大陆的发展机遇和改革成果，不断增加获得感、幸福感和安全感。

大力推进两岸经济合作和同胞交流

2018 年两岸贸易额首次突破 2000 亿美元，达到 2300 亿美元。台商投资大陆稳定增长，从大陆经济高质量发展中更多受益，获得更大发展空间。73 家台企参加首届中国国际进口博览会，第二届增至 126 家。台湾工商界人士踊跃参加两岸企业家峰会年会，台商台企持续看好大陆发展前景，力求把握新一轮改革开放良好机遇。大陆持续保持台湾最大出口市场和台商岛外投资目的地首位。两岸金融合作实现新的突破，首家全牌照两岸合资证券公司在厦门落地，累计 42 家台企在 A 股上市。海峡论坛走过十年，台湾基层民众参与热情更高。8000 余人参加第十届海峡论坛各项活动。第一届海峡两岸（北京）体育交流运动会吸引台湾 36 所高校约 1800 人参加，成为迄今最大规模的两岸民间体育交流盛会。2018 年是改革开放 40 周年，两岸同胞共赞大陆发展奇迹、共享改革开放成果。12 月 18 日，部分台胞应邀参加庆祝改革开放 40 周年大会，感受走过千山万水之后的成功喜悦，共享祖国强盛、民族复兴的荣光。

为广大台湾同胞排忧解难，兴利造福

大陆方面举办"一带一路"建设说明会、"台商一起来、融

入大湾区"、"台商聚力长三角，两岸共享新机遇"等活动，协助台商台企参与国家重大发展战略，分享发展机遇，共享改革成果，深化两岸融合发展。继续扩大高校招生规模，开放台湾同胞参加大陆中小学教师资格考试，出台台湾同胞参加大陆社会保险办法。努力推动两岸应通尽通，扎实推进福建沿海地区同金门、马祖"小四通"（通水、通电、通气、通桥）。2018年8月，福建沿海地区正式向金门供水，从根本上解决了长期困扰金门的缺水问题，使得"两岸一家亲、共饮一江水"从愿景变成现实，金门民众从两岸关系和平发展中获得实实在在的红利。中共中央台办、国务院台办主任刘结一在供水工程通水现场会上表示，"这是金门发展史上的一件大事、喜事，也是两岸同胞共同庆贺的一件大事、喜事，更为两岸关系史册增添了同胞情谊、水乳交融的又一佳话"。台湾青年来大陆就业实习更为便利，各类企事业单位共为台湾青年提

福建沿海地区向金门供水工程正式通水

供逾 2.5 万个就业实习岗位。台湾青年学生报考大陆高校人数倍增。台湾同胞希望来大陆发展的意愿进一步增强。两岸命运共同体日益成为生动现实。

五、立足新时代，在民族复兴征程中推进祖国统一大业

2019 年 1 月，习近平在《告台湾同胞书》发表 40 周年纪念会上发表重要讲话，成为新时代对台工作的根本遵循和行动指南。10 月，党的十九届四中全会召开，明确了新时代坚持和完善"一国两制"制度体系和推进祖国和平统一的目标任务。2020 年 10 月，党的十九届五中全会召开，全面擘画未来五年乃至十五年经济社会发展宏伟蓝图，中华民族伟大复兴新征程的壮丽画卷加速展开。2021 年，习近平在庆祝中国共产党成立 100 周年大会、纪念辛亥革命 110 周年大会上发表的重要讲话，党的十九届六中全会审议通过的决议，阐明了党中央对台大政方针，引领和推动两岸关系航船始终朝着正确的方向前行，持续塑造祖国统一大势。

指引新时代对台工作的纲领性讲话

2019 年 1 月 2 日，《告台湾同胞书》发表 40 周年纪念会在北京人民大会堂隆重举行。习近平在会上发表题为《为实现民族伟大复兴 推进祖国和平统一而共同奋斗》重要讲话。这是在新中国即将迎来成立 70 周年的重要时间节点，在中华民族迎来从站起来、富起来到强起来伟大飞跃的新时代，在世界面临百年未有之

习近平出席《告台湾同胞书》发表 40 周年纪念会并发表重要讲话

大变局的大背景下发表的重要讲话，全面阐述我们立足新时代、在民族复兴伟大征程中推进祖国和平统一的重大政策主张，具有划时代意义，是指引新时代对台工作的纲领性文件，是习近平总书记关于对台工作的重要论述的新篇章。

讲话全面总结了新中国成立 70 年来，中国共产党、中国政府、中国人民为解决台湾问题、实现祖国完全统一进行的探索和实践，全面总结了两岸关系发生的历史性变化、取得的突破性进展。历史是最好的教科书。70 年来两岸关系发展历程跌宕起伏，我们战胜一个个艰难险阻，一步步向前迈进，今天的局面来之不易。展望未来，台海地区不会风平浪静、统一航程不会一帆风顺，我们要从丰富的历史经验中、从开拓进取的实践中，汲取智慧和力量，不忘初心、牢记使命、敢于担当，在以习近平同志为核心的党中央坚强领导下，坚定把稳推动两岸关系和平发展、推进祖国和平统一进程的航船，乘风破浪，驶向胜利的彼岸。

讲话深刻昭示了两岸关系发展和祖国必然统一的历史大势。祖国必须统一，也必然统一。这是70载两岸关系发展历程的历史定论，也是新时代中华民族伟大复兴的必然要求。台湾是中国的一部分、两岸同属一个中国的历史和法理事实，是任何人任何势力都无法改变的！两岸同胞都是中国人，血浓于水、守望相助的天然情感和民族认同，是任何人任何势力都无法改变的！台海形势走向和平稳定、两岸关系向前发展的时代潮流，是任何人任何势力都无法阻挡的！国家强大、民族复兴、两岸统一的历史大势，更是任何人任何势力都无法阻挡的！这两个"无法改变"、两个"无法阻挡"，凝练总结了70年来两岸关系发展的基本启示，深刻昭示了两岸关系发展的历史大势，明确指出了大势所趋、大义所在、民心所向，充分反映了全体中华儿女对实现祖国完全统一的决心和底气。

讲话郑重提出了新时代坚持"一国两制"、推进祖国和平统一的重大政策主张，即：携手推动民族复兴，实现和平统一目标；探索"两制"台湾方案，丰富和平统一实践；坚持一个中国原则，维护和平统一前景；深化两岸融合发展，夯实和平统一基础；实现同胞心灵契合，增进和平统一认同。这些政策主张，科学回答了新时代如何推动两岸关系和平发展、团结台湾同胞共同致力于实现中华民族伟大复兴和祖国和平统一的时代命题，丰富了新时代坚持"一国两制"和推进祖国统一基本方略的重要内涵，指明了今后一个时期对台工作的基本思路、重点任务和前进方向。

讲话深刻揭示了台湾前途命运与中华民族伟大复兴的内在联系。台湾问题的产生和演变同近代以来中华民族命运休戚相关。台湾前途在于国家统一，台湾同胞福祉系于民族复兴。台湾问题因民族弱乱而产生，必将随着民族复兴而终结。两岸同胞要携手同心，共圆中国梦，共享民族复兴的荣耀。讲话必将激励广大台湾同胞树立正确的历史观、民族观，认真思考台湾在民族复兴中的地位和每个人的责任，积极参与到推进祖国和平统一、实现中华民族伟大复兴的光辉事业中来。

讲话充分体现了对台湾同胞利益福祉的关心关怀。亲望亲好，中国人要帮中国人。我们对台湾同胞一视同仁，将继续率先同台湾同胞分享大陆发展机遇，为台湾同胞台湾企业提供同等待遇，让大家有更多获得感。"一国两制"在台湾的具体实现形式，会充分考虑台湾现实情况，会充分吸收两岸各界意见和建议，会充分照顾到台湾同胞利益和感情。讲话对台湾同胞关心的切身利益问题作出了明确回应，指出和平统一后，台湾同胞的社会制度和生活方式等将得到充分尊重，台湾同胞的私人财产、宗教信仰、合法权益将得到充分保障。就当前台湾同胞特别关心的经济发展、民生福祉等问题，提出两岸要应通尽通，提升经贸合作畅通、基础设施联通、能源资源互通、行业标准共通的"新四通"主张。这些重要论述充分体现了习近平对台湾现实情况和社情民意的深入了解，对台湾同胞的真诚关心和深切关怀。

讲话鲜明表达了坚决反对"台独"分裂、反对外来干涉的严正立场。统一是历史大势，是正道。"台独"是历史逆流，是绝路。我们绝不为各种形式的"台独"分裂活动留下任何空间。我们不承诺放弃使用武力，保留采取一切必要措施的选项，针对的是外部势力干涉和极少数"台独"分裂分子及其分裂活动。台湾问题是中国的内政，事关中国核心利益和中国人民的民族感情。任何势力都不要低估中国政府、中国人民维护国家主权和领土完整的坚定决心、强大能力，我们决不允许任何一寸领土从中国分裂出去。中国人民反对"台独"分裂、争取完成国家统一的正义事业，必将得到国际社会更加广泛的理解和支持。

讲话在海峡两岸和国际社会引发广泛关注和热烈反响。台湾主流舆论和各界人士认为，此次讲话是未来推动两岸关系走向和平统一的根本遵循，擘画了两岸和平统一的清晰图景，也凸显了大陆在主导两岸关系走向上的自信与定力。海外专家学者和华侨华人认为，讲话彰显了中国共产党和中国政府实现和平统一的决心和信心，希望中国早日完成统一大业。

坚持和完善"一国两制"制度体系，推进祖国和平统一

2019 年 10 月，党的十九届四中全会召开，审议通过了《中共中央关于坚持和完善中国特色社会主义制度、推进国家治理体系和治理能力现代化若干重大问题的决定》（以下简称《决定》）。《决定》把"坚持和完善'一国两制'制度体系，推进祖国和平统一"作为坚持和完善中国特色社会主义制度、推进国家治理体系和治理能力现代化这一全党重大战略任务的重要组成部分，明确

新时代坚持和完善"一国两制"制度体系、推进祖国和平统一的目标任务，具有重大理论和实践意义。

全会深刻总结我们党 70 年来矢志不渝致力实现祖国完全统一的理论和实践，指出"'一国两制'是党领导人民实现祖国和平统一的一项重要制度，是中国特色社会主义的一个伟大创举"。这一论断科学回答了新时代推进祖国和平统一的时代命题，丰富发展了国家统一理论和对台方针政策。"和平统一、一国两制"是解决台湾问题的基本方针，是实现国家统一的最佳方式，最符合包括台湾同胞在内的中华民族整体利益，最有利于实现"两个一百年"奋斗目标和中华民族伟大复兴，也最有利于统一后台湾的长治久安和民众安居乐业。

《决定》清晰界定了"一国两制"的完整概念，强调"必须坚持'一国'是实行'两制'的前提和基础，'两制'从属和派生于'一国'并统一于'一国'之内"。在台湾问题上，"一国"是定论。尽管海峡两岸尚未完全统一，但中国主权和领土从未分割，大陆和台湾同属一个中国的事实从未改变。"一国两制"的提出，本来就是为了照顾台湾现实情况，维护台湾同胞利益福祉。"一国两制"在台湾的具体实现形式会充分考虑台湾现实情况，会充分吸收两岸各界意见和建议，会充分照顾到台湾同胞利益和感情。在确保国家主权、安全、发展利益的前提下，和平统一后，台湾同胞的社会制度和生活方式将得到充分尊重，台湾同胞的私人财产、宗教信仰、合法权益将得到充分保障。

《决定》彰显出坚持"一国两制"、推进祖国和平统一的强大制度优势，必将进一步增强"一国两制"对台湾同胞的吸引力和感召力，有利于团结争取更多台湾同胞共同致力于祖国统一大业。

两岸各界对话协商，共商共议两岸关系和民族未来

2019 年 5 月 13 日、5 月 29 日和 6 月 28 日，海峡两岸关系研究中心先后与台湾中华青雁和平教育基金会、台湾新中华儿女学会和台湾两岸和平发展论坛举办"两岸关系与民族复兴"座谈会。中国国民党前主席、中华青雁和平教育基金会董事长洪秀柱，新党主席、台湾新中华儿女学会荣誉理事长郁慕明，台湾民意代表、两岸和平发展论坛荣誉顾问高金素梅分别率台湾有关政党、团体、界别代表性人士出席。与会人士围绕"两岸关系与民族复兴"主题，就携手推进中华民族伟大复兴、维护巩固两岸关系和平发展政治基础、深化两岸融合发展、促进两岸青年交流、共同弘扬中华优秀传统文化等议题，深入交换意见，开展对话协商，达成多项积极共识，并分别发表共同倡议。与会人士一致表示，要共同反对"台独"分裂，携手推进祖国和平统一；共谋民族复兴伟业，共享民族复兴荣光；深化两岸融合发展，推动实现应通尽通；增进两岸青年交流，强化责任担当；传承弘扬中华文化，促进同胞心灵契合。两岸有关政党、团体、界别代表性人士就两岸关系和民族未来开展民主协商活动，对推动两岸民间交流交往、促进两岸关系发展和反"独"促统产生积极影响。

"两岸关系与民族复兴"座谈会在北京举行

坚决遏制美台勾连，维护台海和平稳定

2020 年是我们全面建成小康社会和"十三五"规划收官之年，是中华民族走向伟大复兴时代征程中的重要节点。祖国大陆各项事业扎实推进，取得举世瞩目的伟大成就，人民群众的获得感、幸福感、安全感日益增强。但在岛内，年初台湾地区领导人选举尘埃落定，蔡英文通过政治操弄得以连任。民进党当局和"台独"势力误判形势，不断进行谋"独"挑衅，持续否定、攻击体现一个中国原则的"九二共识"，借香港事态肆意歪曲污蔑"一国两制"；利用新冠肺炎疫情煽动"仇中""反中"情绪，大搞"以疫谋独"，推动、鼓噪所谓"修法""立法""释宪""宪改"等，妄图推进"渐进台独"，寻机谋求"法理台独"。美国视中国为最重要的战略竞争对手，出于遏阻、迟滞中国发展的战略需要，突出加大"以台制华"。

　　特朗普政府上台以后，大打"台湾牌"，加紧挑动、扶持民进党当局与大陆对抗。尤其是特朗普在任末期，纵容国务卿蓬佩奥等人对台湾问题屡屡发表出格言论，并派遣卫生部长、副国务卿等高官窜访台湾，美台勾连达到空前危险的程度，严重冲击中美关系的原则底线，也使台海形势更趋复杂严峻。特朗普政府强化对台军售，为民进党当局"以武谋独"撑腰打气，向"台独"势力发出严重错误讯号。2019 年 7 月，美国宣称将向台湾出售总额 22 亿美元的武器装备。对此，中方表示强烈不满和坚决反对。外交部发言人严正表示，美国向台湾出售武器，严重违反国际法和国际关系基本准则，严重违反一个中国原则和中美三个联合公报规定，粗暴干涉中国内政，损害中国主权和安全利益。美国正式公布售台武器计划后，中方宣布对参与此次售台武器的美国企业实施制裁。2020 年，特朗普政府大搞"末日疯狂"，多次出台售台武器计划。2020 年 10 月，美国国防部再次声称向台湾出售总额约 18 亿美元的武器装备。中方为维护国家利益，决定对参与对台军售的洛克希德·马丁、波音防务、雷神等美国企业，以及在售台武器过程中发挥恶劣作用的美国有关个人和实体实施制裁。中方一次性对外宣布制裁多家美国企业以及有关个人和实体，力度罕见，是反制美国干涉台湾问题的正义之举。

　　2021 年 1 月，中国宣布制裁美国前国务卿蓬佩奥等 28 人，禁止这些人及其家属入境中国内地和香港、澳门，他们及其关联企业、机构也被限制与中国打交道、做生意。制裁在涉华问题上严重侵犯中国主权、负有主要责任的蓬佩奥等人，彰显了我国坚决反制美国干涉台湾问题的决心和能力。同月，拜登宣誓就任美国总统。新一届美国政府上台以后，顽固抱守"以台制华"战略，在涉台问题上不断出现消极错误言行：国务卿布林肯等高级官员不时发表不负责任的涉台言论，国会议员多次窜访台湾，邀请民进党当局派员参加所谓"民主峰会"，美军舰频频穿越台海，美军运输机多次降落台湾，怂恿日本、澳大利亚和一些欧洲国家利用台湾问题搅局滋事等等。一些"台独"政客得到美国撑腰打气后上蹿下跳，更卖力地鼓吹、兜售"台独"主张。面对美台加紧勾连挑衅，中方不得不出台反制措施，予以坚决反击。国防部发言人指出，2021年以来，解放军常态环台岛组织轰炸机、侦察机、歼击机等开展巡航，常态抵近台岛周边组织多军兵种力量联合战备警巡，常态在台岛附近海空域组织联合对海突击、联合对陆打击、联合防空作战等实战化演练，实际出动飞机架次比民进党当局炒作的数量只会多、不会少，目标十分明确，那就是以果断行动回击岛内外势力频繁勾连、挑战一个中国原则的恶劣行径，坚决捍卫国家主权和领土完整，切实维护两岸同胞共同福祉和台海地区和平稳定。

两岸同胞守望相助，共克时艰

2020年初，突如其来的新冠肺炎疫情发生后，大陆方面坚持人民至上、生命至上，像对待大陆百姓那样真诚关心照顾台湾同胞。大陆妥善安排滞留湖北台胞返台，精心救治在大陆确诊台胞，持续同岛内同胞分享疫情信息和防疫资料，在一些台胞集中地区开通台胞返岗快速通道，全力支持台企尽快复工复产达产。广大台胞台企同我们想在一起、站在一起，以各种方式奉献爱心，传递温情。台胞台企踊跃捐款捐物，台湾医护人员毅然投身抗疫一线，台湾青年积极参与志愿服务，成为最美"逆行者"。在两岸同胞携手抗疫的进程中，涌现出许多感人事迹和先进典型，多名台胞代表光荣出席全国抗击新冠肺炎疫情表彰大会，数位台胞获评抗击新冠肺炎疫情全国三八红旗手。大陆积极为台湾同胞接种疫苗提供便利服务，截至 2021 年 12 月底，在大陆接种疫苗的台胞超过 18 万人，接种量超 37 万剂。2021 年 9 月 2 日起，上海复星医药集团参与研发和代理的德国拜恩泰科公司（BNT）mRNA 新冠疫苗陆续运抵台湾，截至当年底，实现共计 15 批次到货约 1333 万剂。祖国大陆还通过各种渠道协助海外台胞抗疫，协助在泰国、越南、格鲁吉亚、毛里求斯等数十个国家的台胞接种疫苗。两岸

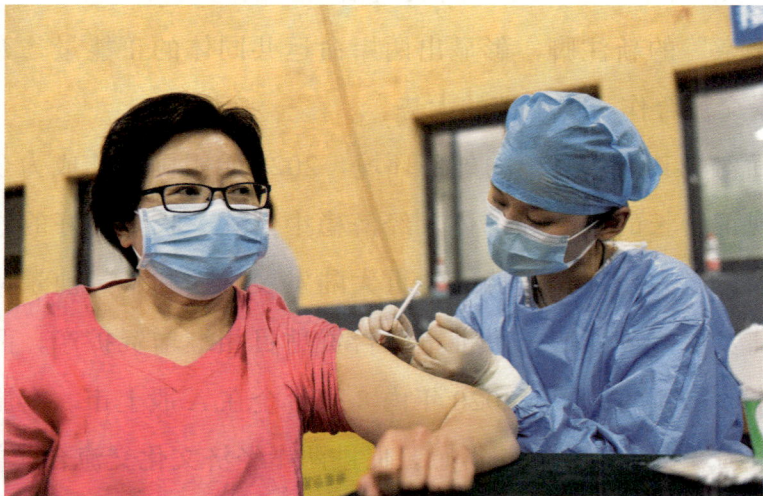

台湾同胞在大陆免费接种新冠疫苗

同胞亲望亲好、守望相助的真情流露，丰富了伟大抗疫精神，成为两岸关系向前发展的强大动力。

大陆坚持以人民为中心的发展思想，持续深化两岸融合发展，推动两岸交流合作向纵深发展。持续完善便利台胞在祖国大陆学习、工作、生活的政策措施，出台台湾教师聘任、管理办法，持续推进台湾青年创业服务中心建设，共汇聚台湾创业导师300多名、创业基地115个。积极推动两岸应通尽通，支持福建探索两岸融合发展新路，推进福建沿海地区同金门、马祖"小四通"。截至2021年11月27日，福建沿海地区累计向金门供水约1634万吨，并从2019年12月开始向马祖供水。台湾青年不惧民进党当局打压，坚定在大陆基层社区、西部对口扶贫岗位追梦筑梦圆梦，不少台胞台青获得地市级以上工会、青年、妇联系统荣誉称号。广大台湾同胞积极响应、踊跃参加海峡论坛、两岸企业家峰会年会、海峡两岸青年发展论坛等交流活动。这些生动事实写下了"两岸一家亲"的新注脚，彰显出两岸命运共同体的正能量，充分展现两岸交流合作不可阻挡的大势。

面对极其严峻复杂的外部环境，2020年祖国大陆成为全球唯一实现正增长的主要经济体，经济稳中向好、长期向好的趋势更加巩固。广大台商台企持续看重大陆发展机遇和广阔前景，对扎根大陆发展充满信心。一批重大台资项目相继增资扩产，两岸金融合作取得新的进展，2020年内8家台企在A股上市。台胞台企分享祖国发展机遇充满获得感。促进两岸经济文化交流合作的"31条措施""26条措施""11条措施""农林22条措施"等政策举措持续落实落细，为台胞台企在大陆干事创业、投资兴业拓展了新渠道新机遇。

2020 年两岸贸易额达 2608.1 亿美元，同比增长 14.3%，其中，大陆对台出口 601.4 亿美元，同比增长 9.1%；大陆自台湾进口 2006.6 亿美元，同比增长 16%。给台湾带来约 1405.2 亿美元贸易顺差。台湾对大陆（含香港）出口占比达到 43.9%，创历史新高。两岸产业链、供应链已深度相嵌、深度契合，成为大陆经济内外"双循环"新发展格局的有机组成部分。民进党当局企图趁疫情推动两岸经济"脱钩"，但这种违背经济规律的做法根本是徒劳的。2020 年全年台资来大陆投资额共计 59.6 亿美元，年增 41.5%，而台资对所谓"新南向"地区投资额仅为 28.3 亿美元。这显示台商无惧疫情与中美贸易摩擦，仍看好大陆市场。事实表明，以强大祖国做依靠，台湾同胞的发展空间才会更大，台湾才有前途。

举办对台重大活动，推出对台重大举措，释放强烈政治信号

2020 年是《反分裂国家法》实施 15 周年。5 月 29 日，《反分裂国家法》实施 15 周年座谈会在北京举行。中共中央政治局常委、全国人大常委会委员长栗战书在会上发表讲话强调，要深入贯彻落实习近平在《告台湾同胞书》发表 40 周年纪念会上的重要讲话精神，深刻认识《反分裂国家法》的重要作用，坚决反对"台独"分裂、坚定推进祖国和平统一。栗战书指出，一段时间以来，"台独"分裂势力误判形势，不断挑衅，严重损害两岸同胞切身利益

和中华民族根本利益，严重破坏台海和平稳定，严重挑战我们维护国家主权和领土完整的底线，必须坚决遏制打击。世界上只有一个中国，大陆和台湾同属一个中国。无论"台独"分裂分子使出什么谋"独"花招，都是非法无效的；无论他们怎么折腾，都是徒劳的；无论他们与外国势力如何勾连表演，都无法改变台湾是中国一部分的历史和法理事实。"台独"是绝路一条，以身试法必遭严惩。海峡两岸同胞要携手共同反对"台独"、促进统一。大陆隆重纪念《反分裂国家法》实施15周年，向"台独"分裂势力和外部干涉势力发出了强烈信号，充分展现了维护国家主权和领土完整的坚定决心和强大信心。

有媒体报道，大陆有关方面已启动研究制定"台独"顽固分子清单，对那些涉"独"言论嚣张、谋"独"行径恶劣的顽固分子及其金主等主要支持者，将采取严厉制裁等有效措施，包括依据《反分裂国家法》《刑法》《国家安全法》有关"分裂国家罪"等条款绳之以法，终身追责。2021年11月，国务院台办发言人应询表示，一段时期以来，苏贞昌、游锡堃、吴钊燮等极少数"台独"顽固分子极力煽动两岸对立、恶意攻击诬蔑大陆、谋"独"言行恶劣、勾连外部势力分裂国家，严重破坏两岸关系，严重危害台海和平稳定，严重损害两岸同胞共同利益和中华民族根本利益。大陆方面依法对清单在列的上述"台独"顽固分子实施惩戒，禁止其本人及家属进入大陆和香港、澳门特别行政区，限制其关联机构与大陆有关组织、个人进行合作，绝不允许其关联企业和金主在大陆谋利，以及采取其他必要的惩戒措施，产生了强烈震慑作用，有力打击了"台独"势力的嚣张气焰。此后不久，台湾远东集团在上海、江苏、江西、湖北、四川等五省市投资的化纤纺织、水泥企业，因在环保、土地利用、员工职业健康、安全生产及消防、税务、产品质量等方面存在一系列违法违规行为受到查处，涉事企业被处以罚款及追缴税款约4.74亿元人民币，并收回其中一家企业的闲置建设用地。台湾舆论普遍认为，这是大陆方面用实际行动宣示，绝不允许"台独"顽固分子的关联企业和金主在大陆谋利，绝不允许台企一边在大陆赚钱，一边在岛内支持"台独"、破坏两岸关系，干"吃饭砸锅"的事。十几天后，尼加拉瓜宣布断绝同台湾当局的所谓"外交"关系，并与中国签署联合公报，宣布两国政府决定自公报签署之日起相互承认并恢复大使级外交关系。在中尼复交后，台湾"邦交国"仅剩14个，创下历史新低。事实再次说明，大陆有坚定的意志、足够的手段、强大的能力遏制"台独"。

2020年以来，大陆海关多次从台湾地区输入大陆的菠萝中截获检疫性有害生物。2021年以来，又多次从岛内输入大陆的番荔枝和莲雾中检出检疫性有害生物。为防范植物疫情风险，依据国家有关法律法规和标准，大陆自2021年3月1日起暂停进口台湾菠萝，自9月20日起暂停进口台湾番荔枝和莲雾。民进党当局指责大陆方面"政治打压"，借机煽动两岸对立，遭到岛内舆论和各界人士的质疑与批评。《联合报》评论指出，台湾水果之所以大量销往大陆，除地理位置较近可缩短运时外，大陆"让利"是关键。民进党当局又要收割"反中红利"又要大陆"让利"，天底下没有这么便宜的事。台湾学者投书媒体表示，台湾当局力推"新南向政策"，宣称以农渔业为领头羊，要摆脱对大陆市场的高度依赖，但事实证明大陆依旧是台湾农产品最重要出口地。

2020年也是台湾光复75周年。75年前，随着中国人民抗日战争胜利，台湾实现光复，这是洗刷中华民族百年屈辱、捍卫国家主权和领土完整的伟大胜利。10月22日，纪念台湾光复75周年学术研讨会在北京举行。中共中央政治局常委、全国政协主席汪洋在会上发表讲话强调，要深入学习领会习近平总书记关于对台工作的重要论述，牢记历史、鉴往知来，弘扬伟大的民族精神，激励两岸同胞团结一致，共担民族大义，共促祖国统一，共圆民族复兴伟大梦想。台湾光复是包括台湾同胞在内全体中国人民前仆后继、浴血奋战铸就的伟大胜利，充分彰显了台湾同胞可歌可泣的民族气节和真挚深沉的爱国情怀，无可辩驳地证明台湾是中国领土不可分割的一部分。虽然两岸尚未完全统一，但大陆和台湾同属一个中国的事实从未改变。要坚持体现一个中国原则的"九二共识"，坚决反对"台独"势力及其分裂行径，决不容许失而复得的神圣领土得而复失。两岸与会嘉宾用铿锵有力的论述、铁证如山的史实、饱含深情的话语，阐释了台湾光复的重要历史与现实意义，揭示了台湾是中国神圣领土不可分割一部分的历史和法理事实，表达了对当前台海局势的担忧和对"台独"行径的愤慨，展现了对宝岛台湾的真挚热爱和对祖国统一的深切渴望。

同月，"金瓯无缺——纪念台湾光复七十五周年主题展"在国家博物馆举行。主题展通过历史文献和珍贵文物系统再现台湾同胞英勇反抗日本殖民统治、全体中华儿女浴血奋战、台湾光复回归祖国的历程，有力证明台湾是中国领土不可分割的一部分，有力揭示民族复兴、国家统一是大势所趋、大义所在、民心所向。

2020年还是两岸领导人历史性会晤五周年。11月6日，两岸领导人历史性会晤五周年座谈会在北京举行。两岸嘉宾在座谈会上发言，高度评价两岸领导人历史性会晤的成果和影响，强调要坚决捍卫一个中国原则和"九二共识"，坚决遏制"台独"分裂和外部势力干涉，坚定推动两岸关系和平发展、融合发展，两岸同胞应和衷共济、共同奋斗，共创民族复兴美好未来。

"十四五"规划为广大台胞台企在大陆发展创造更广阔空间

2020年10月，党的十九届五中全会召开，审议通过了《中共中央关于制定国民经济和社会发展第十四个五年规划和二〇三五年远景目标的建议》（以下简称《建议》）。《建议》擘画了未来五年乃至十五年的宏伟蓝图，明确了2035年基本实现社会主义现代化的远景目标，明确了"十四五"时期经济社会发展的指导思想、基本原则、主要目标和重点任务，作出了加快构建以国内大循环为主体、国内国际双循环相互促进的新发展格局的战略部署。《建议》是开启全面建设社会主义现代化国家新征程、向第二个百年奋斗目标进军的纲领性文件，是今后五年乃至十五年祖国大陆经济社会发展的行动指南。

《建议》把"推进两岸关系和平发展和祖国统一"列为"十四五"规划和二〇三五年远景目标的重要组成部分，明确了在全面建设社会主义现代化国家新征程中推进两岸关系和平发展和祖国统一的目标任务，具有重大理论和实践意义。《建议》强调，要坚持一个中国原则和"九二共识"，以两岸同胞福祉为依归，推动两岸关系和平发展、融合发展，加强两岸产业合作，打造两岸共同市场，壮大中华民族经济，共同弘扬中华文化。完善保障台湾同胞福祉和在大陆享受同等待遇的制度和政策，支持台商台企参与"一带一路"建设和国家区域协调发展战略，支持符合条件的台资企业在大陆上市，支持福建探索海峡两岸融合发展新路。加强两岸基层与青少年交流。高度警惕和坚决遏制"台独"分裂活动。

《建议》为两岸同胞展现了共同的光明前景、提供了共同的历史机遇。同时，《区域全面经济伙伴关系协定》（RCEP）签署，中欧投资协定谈判如期完成，也将有利于提升中国和有关经济体贸易投资自由化、便利化的水平。这些重大机遇和长期利好，将为广大台胞台企在大陆发展创造更广阔空间，为台湾同胞加入民族复兴进程提供更有力支撑。

习近平"七一"重要讲话指明新征程对台工作的前进方向

2021年7月1日，习近平在庆祝中国共产党成立100周年大会上发表重要讲话。讲话全面总结了一百年来中国共产党为中国人民谋幸福、为中华民族谋复兴作出的历史性贡献，系统提出了未来实现中华民族伟大复兴的行动纲领，是一篇在中华民族伟大复兴进程中具有重大现实意义和深远历史意义的马克思主义纲领性文献，是百年大党迈向第二个百年奋斗目标的政治宣言，是实

习近平在庆祝中国共产党成立100周年大会上发表重要讲话

现中华民族伟大复兴的政治动员令，吹响了中国共产党和中华民族奋进新征程的时代号角。

习近平在"七一"重要讲话中强调，解决台湾问题、实现祖国完全统一，是中国共产党矢志不渝的历史任务，是全体中华儿女的共同愿望。要坚持一个中国原则和"九二共识"，推进祖国和平统一进程。包括两岸同胞在内的所有中华儿女，要和衷共济、团结向前，坚决粉碎任何"台独"图谋，共创民族复兴美好未来。任何人都不要低估中国人民捍卫国家主权和领土完整的坚强决心、坚定意志、强大能力！话音刚落，全场响起雷鸣般的掌声和经久不息的欢呼声，充分反映了中华儿女期盼和追求祖国统一的强烈愿望与必胜信念。

为向广大台湾同胞深入宣介习近平"七一"重要讲话精神，强化反"独"促统大势，一系列两岸交流活动陆续举行。7月15日，以"从百年变局看中华民族伟大复兴"为主题的首届"携手圆梦——两岸同胞交流研讨活动"在上海举行。活动由海峡两岸关系研究中心与台湾统派团体联合举办，海峡两岸有关方面、党派团体负责人和代表、专家学者及台胞台青代表100余人出席，其中岛内统派政党团体负责人和代表近60人。活动围绕"百年变局与两岸关系""民族复兴与祖国统一"和"携手圆梦与青年担当"等子议题深入研讨，并安排参观中共一大纪念馆、浦东开发开放30周年主题展。参加活动的两岸青年代表纷纷表示，决心投入祖国统一和民族复兴的历史伟业，铸就华美壮丽的青春之歌。

首届"携手圆梦——两岸同胞交流研讨活动"在上海举行

7月23日，第四届海峡两岸青年发展论坛在杭州举办。论坛以"携手共促 融合发展"为主题，两岸青年代表等约350人参加。

中共中央政治局常委、全国政协主席汪洋向论坛组委会发来贺信，代表中共中央和习近平总书记，对论坛举办表示祝贺。汪洋指出，当前台海形势复杂严峻，但时与势始终在主张国家统一的力量这一边，解决台湾问题的主导权主动权始终掌握在祖国大陆这一边。希望广大台湾青年看清历史大势，担当民族大义，扛起时代重任，为推动两岸关系和平发展、推进祖国和平统一进程和实现中华民族伟大复兴贡献力量。中国国民党前主席、中华青雁和平教育基金会董事长洪秀柱应邀出席论坛。

7月29日至30日，以"两岸关系道路与选择"为主题的2021年两岸关系研讨会在南宁举行。研讨会由海峡两岸关系研究中心主办，广西桂台经贸文化交流协会承办。海峡两岸专家学者110余人以线上线下方式参会，围绕"两岸关系危机与转机""融合发展机遇与挑战"等议题进行热烈探讨。研讨会发言踊跃、交流深入，激荡思想、汇聚智慧，与会专家学者呼应习近平总书记"七一"重要讲话精神，进一步认清历史发展大势、"台独"本质与危害、外部势力干涉的图谋、两岸关系和平发展的机遇和前景，形成了不少共识，取得了积极成果。

在上述两岸交流活动中，参与台胞聚焦推进祖国统一、实现民族复兴深入研讨，踊跃发出"强国有我、统一有我"的时代强音。台湾青年代表表示，"只有两岸统一，台湾才有希望，台湾才有未来，两岸统一需要两岸青年携手合作，真心期盼我们可以早日把台湾带回祖国"。

纪念辛亥革命110周年大会在人民大会堂隆重举行

习近平在纪念辛亥革命110周年大会上的重要讲话激励中华儿女携手同心实现祖国完全统一

2021年10月9日，纪念辛亥革命110周年大会隆重举行，习近平发表重要讲话强调，台湾问题因民族弱乱而产生，必将随着民族复兴而解决。这是中华民族历史演进大势所决定的，更是全体中华儿女的共同意志，正像孙中山先生所说："世界潮流，浩浩荡荡，顺之则昌，逆之则亡"。以和平方式实现祖国统一，最符合包括台湾同胞在内的中华民族整体利益。我们坚持"和平统一、一国两制"的基本方针，坚持一个中国原则和"九二共识"，推动两岸关系和平发展。两岸同胞都要站在历史正确的一边，共同创造祖国完全统一、民族伟大复兴的光荣伟业。中华民族具有反对分裂、维护统一的光荣传统。"台独"分裂是祖国统一的最大障碍，是民族复兴的严重隐患。凡是数典忘祖、背叛祖国、分裂国家的人，从来没有好下场，必将遭到人民的唾弃和历史的审判！台湾问题纯属中国内政，不容任何外来干涉。任何人都不要低估中国人民捍卫国家主权和领土完整的坚强决心、坚定意志、强大能力！祖国完全统一的历史任务一定要实现，也一定能够实现！

习近平重申了坚持"和平统一、一国两制"的基本方针，展现了祖国大陆谋求和平统一的诚意和善意，号召海内外中华儿女共同继承孙中山先生的遗志，携手同心实现祖国完全统一。同时，对"台独"势力和外部干涉势力发出空前严厉的警告，这是继"七一"重要讲话之后，习近平再一次向世人表达中国共产党矢志不渝实现祖国完全统一、坚决维护国家主权和领土完整的坚定决心和意志。

党的十九届六中全会强调"祖国完全统一的时和势始终在我们这一边"

2021 年 11 月 8 日至 11 日，党的十九届六中全会在北京举行。这是在中国共产党成立 100 周年的重要历史节点，在党领导人民胜利实现第一个百年奋斗目标、全面建成小康社会，正意气风发向第二个百年奋斗目标进军的重大历史关头，召开的一次非常重要的会议，在党的百年奋斗史上具有里程碑、历史性意义。全会审议通过的《中共中央关于党的百年奋斗重大成就和历史经验的决议》（以下简称《决议》）是一篇闪耀着马克思主义真理光芒的纲领性文献，既是对党百年光辉历史经验的科学总结，也是党以史为鉴、开创未来，团结带领人民踏上新征程、实现中华民族伟大复兴的行动指南。

《决议》指出，在改革开放和社会主义现代化建设新时期，"党把完成祖国统一大业作为历史重任，为此进行不懈努力。邓小平同志创造性提出'一个国家，两种制度'科学构想，开辟了以和平方式实现祖国统一的新途径"。党把握解决台湾问题大局，确立"和平统一、一国两制"基本方针，推动两岸双方达成体现一个中国原则的"九二共识"，推进两岸协商谈判，实现全面直接双向"三通"，开启两岸政党交流。制定《反分裂国家法》，坚决遏制"台独"势力、促进祖国统一，有力挫败各种制造"两个中国""一中一台""台湾独立"的图谋。

《决议》强调，党的十八大以来，中国特色社会主义进入新时代。解决台湾问题、实现祖国完全统一，是党矢志不渝的历史任务，是全体中华儿女的共同愿望，是实现中华民族伟大复兴的必然要求。党把握两岸关系时代变化，丰富和发展国家统一理论和对台方针政策，推动两岸关系朝着正确方向发展。习近平就对台工作提出一系列重要理念、重大政策主张，形成新时代党解决台湾问题的总体方略。我们推动实现1949年以来两岸领导人首次会晤、两岸领导人直接对话沟通。党秉持"两岸一家亲"理念，推动两岸关系和平发展，出台一系列惠及广大台胞的政策，加强两岸经济文化交流合作。2016年以来，台湾当局加紧进行"台独"分裂活动，致使两岸关系和平发展势头受到严重冲击。我们坚持一个中国原则和"九二共识"，坚决反对"台独"分裂行径，坚决反对外部势力干涉，牢牢把握两岸关系主导权和主动权。祖国完全统一的时和势始终在我们这一边。

《决议》从党的百年征程中把握对台工作的历史方位和时代使命，展现了我们党矢志不渝解决台湾问题、实现祖国完全统一的高度战略自信和战略定力，为大力促进两岸关系和平发展、融合发展，推进祖国统一进程指明了前进方向，注入了强劲动力。

全面准确学习贯彻习近平总书记关于对台工作的重要论述

习近平总书记关于对台工作的重要论述，思想深邃、逻辑缜密、内涵丰富，丰富和发展了中央对台大政方针，是中国共产党思考解决台湾问题、推进祖国统一实践中形成的最新理论结晶，是习近平新时代中国特色社会主义思想的重要组成部分。我们要奋发有为地做好新时代对台工作，不断推动两岸关系和平发展、融合发展，推进祖国统一大业，必须全面准确理解和贯彻落实习近平总书记关于对台工作的重要论述。

（一）坚持党对对台工作的集中统一领导。对台工作事关党和国家事业发展全局，必须把加强党的全面领导落实到对台工作各方面全过程。要强化思想理论武装，持续深入学习贯彻党的创新理论和习近平总书记关于对台工作的重要论述，充分把握"国之大者"的关键所在，增强"四个意识"、坚定"四个自信"、做到"两个维护"，提高政治判断力、政治领悟力、政治执行力，切实把思想和行动统一到以习近平同志为核心的党中央决策部署上来。强化对对台工作的组织、指导、管理、协调和监督检查，有效整合资源，形成工作合力，把党中央决策部署不折不扣地落到实处。

（二）坚持立足于自身发展进步解决台湾问题。从根本上说，决定两岸关系走向的关键因素是祖国大陆发展进步。我们自身发展进步特别是40多年来改革开放和现代化建设所取得的伟大成就，决定着两岸关系基本格局和发展方向，是解决台湾问题、实现祖国统一的雄厚基础和可靠保障。台湾问题因民族弱乱而产生，必将随着民族复兴而解决。我们要在民族复兴征程中不断蓄势聚力，持续扩大对台压倒性优势，把我们日益增长的综合实力、显著的制度优势持续转化为对台工作效能和对台湾社会的影响力、塑造力，推动两岸关系朝着实现统一的方向不断迈进。

（三）坚持"和平统一、一国两制"方针。"和平统一、一国两制"是我们解决台湾问题的基本方针，也是实现国家统一的最佳方式。我们愿意以最大诚意、尽最大努力争取和平统一的前景。要坚持和完善"一国两制"制度体系，充分彰显"一国两制"在香港、澳门成功实践的启示作用，积极探索"两制"台湾方案，推动两岸平等协商、共议统一。

（四）坚持一个中国原则和"九二共识"。一个中国原则具有不可动摇的事实和法理依据，是两岸关系的政治基础。体现一个中国原则的"九二共识"明确界定了两岸关系的根本性质，是确保两岸关系和平发展的关键。我们要毫不动摇坚持一个中国原则和"九二共识"，扎实推进两岸关系和平发展和祖国统一进程。

（五）坚持推动两岸关系和平发展。两岸关系和平发展是一条维护两岸和平、促进共同发展、造福两岸同胞的正确道路，也是通向和平统一的光明大道。我们要团结两岸同胞特别是台湾同胞，凝聚一切反"独"促统力量，排除干扰、克服障碍，坚定不移地沿着两岸关系和平发展道路走下去。着力巩固和深化两岸关系和平发展的政治、经济、文化、社会基础，推动两岸关系不断取得新的进展。

（六）坚持持续深化两岸融合发展。深化两岸融合发展是推进和平统一进程的重要途径。要勇于探索海峡两岸融合发展新路，迈出更大步伐。按照"以通促融、以惠促融、以情促融"要求，在两岸关系和平发展进程中深化两岸利益联结，让发展成果更多惠及两岸同胞特别是台湾同胞，不断夯实祖国统一的物质基础。同时，要通过率先分享机遇和逐步落实同等待遇，增进台湾同胞对祖国大陆制度和治理体系的认同，促进两岸同胞心灵契合，不断夯实祖国统一的精神基础。

（七）坚持践行"两岸一家亲"理念。亲望亲好，中国人要帮中国人。要在对台工作中贯彻好以人民为中心的发展思想，对台湾同胞一视同仁，像为大陆百姓那样造福台湾同胞。着力办好增进两岸同胞亲情和福祉的事情，做好充分照顾到台湾同胞利益的安排，推动两岸同胞共同弘扬中华文化，加深相互理解，增进互信认同。广泛团结台湾同胞，努力增进他们对两岸命运共同体的认知和对祖国和平统一的认同。

（八）坚决反对和遏制"台独"分裂。维护国家主权和领土完整，绝不让国家分裂的历史悲剧重演，这是全体中华儿女的共同心愿和坚定意志，也是我们对历史对人民的庄严承诺和责任。统一是历史大势，是正道。"台独"是历史逆流，是绝路。我们愿意为和平统一创造广阔空间，但绝不为各种形式的"台独"分裂活动留下任何空间，将坚决粉碎任何"台独"图谋。我们绝不允许任何人、任何组织、任何政党、在任何时候、以任何形式、把任何一块中国领土从中国分裂出去。任何人都不要低估中国人民捍卫国家主权和领土完整的坚强决心、坚定意志、强大能力！

（九）坚决反对外部势力干涉。台湾问题是中国的内政，事关中国核心利益和中国人民民族感情，不容任何外来干涉。我们不承诺放弃使用武力，保留采取一切必要措施的选项，针对的是外部势力干涉和极少数"台独"分裂分子及其分裂活动，绝非针对台湾同胞。要坚决反对外部势力在台海兴风作浪，防范化解重大风险，积极稳控涉台外部环境。要在外部势力干涉加剧的情况下，加强统一进程谋划，保持战略定力，积极主动作为，努力推进祖国和平统一。

（十）坚持团结台湾同胞共谋民族复兴和国家统一。实现祖国统一是中华民族伟大复兴的必然要求，要坚持在民族复兴伟大征程中推进祖国统一。台湾前途在于国家统一，台湾同胞福祉系于民族复兴。要高举共圆中国梦的精神旗帜，团结广大台湾同胞共担民族复兴的责任，共享民族复兴的荣耀，激励他们做堂堂正正的中国人，认真思考台湾在民族复兴中的地位和作用，把促进国家完全统一、共谋民族伟大复兴作为无上光荣的事业。包括两岸同胞在内的所有中华儿女，要和衷共济、团结向前，坚决粉碎任何"台独"图谋，共创民族复兴美好未来。

　　办好中国的事情，关键在党。解决台湾问题、实现祖国完全统一，也是如此。我们党一经成立，就坚定走在时代前列，始终是中国人民和中华民族的主心骨，不仅是民族独立、人民解放的领路人，也是民族复兴、国家统一的领路人。台湾问题因民族弱乱而产生，必将随着民族复兴而解决。这是中华民族历史演进大势所决定的，更是全体中华儿女的共同意志。展望未来，有以习近平同志为核心的党中央坚强领导，有习近平新时代中国特色社会主义思想的正确指引，有包括两岸同胞在内的全体中华儿女团结奋斗，我们一定能够推动两岸统一的航船驶向胜利的彼岸。祖国完全统一的历史任务一定要实现，也一定能够实现！

后 记

　　为庆祝中国共产党成立一百周年，中共中央台湾工作办公室（以下简称"中央台办"）组织编写了本书，以展现一百年来中国共产党矢志不渝推动实现祖国统一的光辉历程、伟大成就和经验启示。中央台办领导高度重视本书编写工作。刘结一主任审定本书编写计划并撰写引言。刘军川副主任担任本书编写组组长，主持编写工作。

　　本书由中央台办工作人员与台湾问题专家学者合作编写。仇开明、马晓光、彭庆恩担任本书编写组副组长，参与组织、修改工作。王明鉴、鞠海涛、刘红、杨立宪、郑剑、李理、李立承担书稿写作。杨亲华承担全书统稿工作，龙虎协助统稿，谢郁、李振广协助审稿。中央台办综合局、研究局、宣传局、经济局、港澳局、交流局、联络局、法规局、政党局和机关党委（人事局）就相关内容提出修改意见，秘书局提供协助支持。海峡两岸关系研究中心承担编写的具体事务性工作。凌子章、高武平、鲁洪柯、潘伟参与部分文字工作，朱凤莲、任勉、常超、张琳、高飞、徐峰、邓鸿伟、李园勇、高云昊承担了编务、协调、配图等工作。本书编写过程中，得到中央统战部、中央党史和文献研究院、外

交部、国务院港澳办、军委政治工作部、台盟中央等单位的大力
支持。新华通讯社、中国新闻社为本书提供部分图片。人民出版
社、九州出版社承担了编校出版工作。在此一并表示衷心感谢。

本书编写组

2022 年 1 月